Peter Struck
Erziehung gegen Gewalt

Peter Struck

Erziehung gegen Gewalt

Ein Buch gegen die Spirale von Aggression und Haß

Luchterhand

Die Deutsche Bibliothek – CIP-Einheitsaufnahme

Struck, Peter:
Erziehung gegen Gewalt : ein Buch gegen die Spirale von Aggression und Haß / Peter Struck.
Neuwied ; Kriftel ; Berlin : Luchterhand, 1994
ISBN 3-472-01716-3

Titelfoto: Peter Volker Dorn
Umschlag: Reckels, Schneider-Reckels & Weber, Wiesbaden
Satz: Fotosatz Froitzheim, Bonn
Druck: Bercker, Graphischer Betrieb, Kevelaer
Printed in Germany, Februar 1994

Erwin Niß zum 70. Geburtstag

»Wer die Welt verbessern will,
muß die Erziehung verbessern.«
Janusz Korczak

Inhalt

Vorwort

Manche sprechen von der »Spirale der Gewalt«, die sich in unserer Gesellschaft angeblich immer mehr nach oben schraubt, manche malen das Bild von »einer Welt, die immer mehr aus den Fugen gerät«, weil Erziehung sich immer unzulänglicher ereignet.

Unsere Gesellschaft verändert sich immer rasanter, während junge Menschen phylogenetisch gesehen von ihrer Ausstattung bzw. ihren Grundbedürfnissen her fast noch genau so sind wie vor 5 000 Jahren. Die biologische und die psychische Ausgangslage von Kindern und Jugendlichen kollidiert immer mehr mit der Schnellebigkeit und den raschen Strukturveränderungen in Familie und Schule und mit den Trends der jugendkulturellen Szenerie.

Der Deutsche Kinderschutzbund beurteilt die Lage von Kindern und Jugendlichen in der Bundesrepublik als immer bedrückender: Weit über 500 000 Kinder bis zum 13. Lebensjahr leben in Obdachlosensiedlungen oder »absolut verheerenden Wohnverhältnissen«; eine Million Kinder leben in Deutschland von der Sozialhilfe; ebenfalls eine Million Kinder werden bei uns pro Jahr von ihren Eltern »mit Gegenständen geschlagen«; das Vertrauen in die Erwachsenengeneration und in die eigene Zukunft sind bei vielen jungen Menschen erschüttert; die Politik habe gegenüber Kindern versagt, weil das Bemühen um das Wohlergehen der Kinder von Parlamenten und Regierungen nicht als bestmögliche Zukunftsinvestition einer Gesellschaft verstanden wird.

So können die deutschen Städte und Gemeinden die vom Bundestag beschlossene Kindergartenplatzgarantie wegen ihrer Finanznot nicht umsetzen; allein die Investitionskosten würden mehr als 20 Milliarden Mark betragen.

Gleichzeitig sind aber immer mehr Mütter nicht nur wegen ihrer Berufstätigkeit, sondern auch wegen des zunehmenden Familienzerfalls auf Kindergartenplätze angewiesen.

Die Schule hingegen versteht sich nach wie vor vorrangig als Unterrichtsanstalt und wehrt sich gegen die Zuspielung eines Erziehungsauftrags, der über den Herbartschen »erziehenden Unterricht« hinausgeht.

Vorwort

Der Verlust an Erziehungskompetenz der Familie, die Vernachlässigung des Erziehungsauftrags in der Schule und in der ihr vorgeschalteten Lehrerbildung sowie der geringer gewordene Wertekonsens in unserer stetig pluralistischer werdenden Gesellschaft haben mittlerweile zu gewaltigen pädagogischen Defiziten bei der Mehrheit der deutschen Kinder und Jugendlichen geführt, die sich unter anderem in der Eskalation ihrer Gewalttätigkeiten widerspiegeln.

Mit den Ursachen der Gewaltsymptomatik, mit der Bandbreite ihrer Phänomenologie und mit den Möglichkeiten der Abhilfe bzw. der Prävention will sich dieses Buch beschäftigen.

Es soll Eltern, Lehrern, Erziehern und Politikern das Wahrnehmen einer veränderten Kindheit, das Verstehen von Aggressionen und das angemessene Handeln gegenüber den verschiedenen Formen von Gewalt erleichtern.

Gelegentliche Wiederholungen im Text sind beabsichtigt, um auch Lesern genüge zu tun, die sich nur mit einzelnen Kapiteln beschäftigen wollen. Wenn ich von Schülern und Lehrern spreche, meine ich selbstverständlich auch Schülerinnen und Lehrerinnen.

Für seine aktive Mithilfe danke ich meinem Freund Manuel Niederhagen.

Hamburg, im Januar 1994

Peter Struck
Bornstraße 25
20146 Hamburg

1. Einleitung: Was ist Gewalt?

- *Es gibt nicht nur Gewalt gegen Sachen und Menschen, sondern vor allem auch Gewalt gegen sich selbst.*
- *Regressionen bzw. Autoaggressionen sind schwerwiegender als Aggressionen.*
- *Gewalt entsteht nicht nur durch einzelne Menschen, sondern es gibt auch strukturelle Gewalt, z. B. in der Schule.*

Fassungslos stehen wir davor: Zwei zehnjährige Jungen ermorden den erst 2 Jahre alten James Bulger in Liverpool, sie entführen ihn der Mutter, foltern ihn, erschlagen ihn mit einer Eisenstange und lassen ihn von einem Zug überrollen. Wie können Kinder zu solchen Monstern werden?

Zunächst führen es alle auf die biographischen Umstände zurück: Beide Jungen stammen aus gescheiterten Ehen, beide Mütter sind Alkoholikerinnen, der eine ist Anführer einer Straßengang ...

Aber das allein erklärt noch nicht das ungewöhnliche Maß an Grausamkeit und Gefühlskälte. Es muß schon noch hinzukommen, was auch bei uns an Ursachen von zunehmender Gewaltbereitschaft junger Menschen diskutiert wird:

- Einsame Kinder wachsen mit einem Mangel an verbindlichen Werten, mit fehlenden Grenzerfahrungen und ohne eine Spur religiöser Bindungen auf.
- Ihre Kommunikations- und Spielbedürfnisse werden nicht mehr durch Bezugspersonen, sondern durch Bildschirmerfahrungen ersetzt.
- Gewaltreiche Filme, in und mit denen Kinder manchmal bis zu 9 Stunden am Tag ohne kritische Distanz, aber auch ohne Gesprächs-

begleitung leben, sorgen für ein unstimmiges Weltbild in ihnen; sie wissen nicht, was Tod ist, sie können sich nicht in das Leiden anderer hineinversetzen, weil sie sinnesgeschwächt sind und nicht mitfühlen können. Denn auch ihre Comic-Helden wie Tom und Jerry laufen sofort weiter, nachdem sie 200 m in die Tiefe und 2 m in die Erde hinein gefallen sind.

- Gewalt in der Familie, in der Sprache, im Straßenverkehr und unter Erwachsenen nimmt in England wie in Deutschland zu, sie gewinnt aber auch bei Menschen, die sich als Verlierer fühlen, eine immer größere Akzeptanz. Wer in den jugendkulturellen Nischen der Slums von Liverpool besonders brutal gegen Sachen, Menschen oder sich selbst vorgeht, erreicht auch eine besonders hohe Anerkennung, und Jugendliche geraten dabei zu Vorbildern für Kinder.
- Kinder gewöhnen sich schneller als Erwachsene an Gewalt. Fehlendes Unrechtsbewußtsein, die Unfähigkeit zu Schuldgefühlen und stetig niedriger werdende Hemmschwellen für Aggressionen sind die Folgen.
- Immer mehr Kinder wachsen ohne eine positive Väterlichkeit, aber mit den gewaltreichen Männlichkeitsidealen einer verrohten Umwelt auf. Das gilt vor allem für Jungen, die ja 90 % der Täter, aber auch 70 % der Opfer ausmachen.

In England können anders als bei uns schon 10- bis 16jährige wegen Mordes verurteilt werden: sie dürfen aber auch ohne jede Altersgrenze jeden Horror-, Zombie- oder Action-Film in jeder Videothek ausleihen.

Die Staatsanwaltschaft in Liverpool muß den beiden Kindern Unrechtsbewußtsein nachweisen, wenn es zu einer Verurteilung kommen soll, nicht aber der Gesellschaft die Schuld an ihrer Verrohung.

Immer wieder wird gefragt, woher die Gewaltbereitschaft kommt. Ist sie ein Resultat gewalttätiger Eltern? Haben die Medien und insbesondere das Fernsehen und die Videofilme schuld? Wird Gewalt über negative Einflüsse der Gleichaltrigen gelernt? Haben die Politiker versagt, die mit ihrer Mängelverwaltung Aggressionen begünstigen? Oder gibt es gar eine genetisch bedingte Neigung zur Gewalt?

Vordergründig denken die meisten Menschen beim Stichwort Gewalt an Gewalt gegen Sachen und Menschen. Vernachlässigt wird dabei der größte und problematischste Bereich der Gewalt gegen sich selbst, also der Autoaggression, die sich bei gleichzeitiger Akzeptanz der Gewalttabus gegen Sachen und Menschen zum Beispiel in Form von Magersucht, Freßsucht, Bulimie (Eß-Brech-Attacken), Tablettensucht, Alkoholismus und Nikotinsucht, Drogenabhängigkeit, Depressionen, Suizidversuchen, Spielsucht, psychosomatischen Störungen wie Stottern, Asthma, Allergien, Bettnässen und Hyperaktivität äußern.

Dem Aspekt Gewalt gegen sich selbst soll in diesem Buch breiter Raum gewidmet werden; früher sprach man von regressiven Störungen im Unterschied zu den Aggressionen, heute nennt man die Regressionen stimmiger Autoaggressionen und meint damit die gegen den eigenen Körper gerichtete Gewalt.

Jeder Gewalttätigkeit gehen aufgestaute Aggressionen voraus, die wiederum in Frustrationen, also in tiefen Enttäuschungen, Verletzungen, Entbehrungen oder Demütigungen ihre Ursachen haben.

Nach der Frustrations-Aggressions-Hypothese führt jede Vernachlässigung, Enttäuschung oder Kränkung, die nicht verarbeitet werden kann, zu einer erhöhten Aggressionsbereitschaft, die sich dann in Form von Gewalt gegen Sachen, andere Menschen oder gegen den eigenen Körper richten kann; dabei werden vielfach die Spielregeln des Zusammenlebens in der Gesellschaft verletzt, in Form von Sachbeschädigung, Körperverletzung, Diskriminierung oder von Mißachtung der Menschenrechte wie beim Rassenhaß oder der Fremdenfeindlichkeit.

Neuerdings glauben einige Wissenschaftler, eine Verbindung zwischen Erbanlagen und ungewöhnlich starker Aggressivität entdeckt zu haben:

Mediziner des Universitätshospitals im niederländischen Nijmegen berichteten jetzt über eine Häufung aggressiven Verhaltens bei männlichen Mitgliedern einer niederländischen Familie. Diese mehrere Jahrzehnte hindurch beobachtete Neigung zu Gewalttätigkeiten trat bei insgesamt 14 Männern zutage.

Einer vergewaltigte seine Schwester und fiel später in einer psychiatrischen Klinik einen Wächter mit einer Heugabel an. Ein anderer der Männer bedrohte seine Schwester mit einem Messer und zwang sie, sich nackt auszuziehen, ein dritter versuchte, nach einer Rüge seinen Arbeitgeber mit dem Auto zu überfahren. Zwei der betroffenen Familienmitglieder waren Brandstifter.

Die Mediziner entdeckten bei der Analyse der Erbanlagen, daß in der Familie offenbar ein krankhaft verändertes Gen vererbt wird, das die Erzeugung eines Enzyms namens Monoamine Oxidase (MAOA) steuert. Dieses Enzym spielt beim Abbau sogenannter Neurotransmitter eine wichtige Rolle. Eine hohe Konzentration dieser Stoffe kann zur Folge haben, daß ein Mensch auf emotionelle Belastung überaus heftig reagiert. Die beiden Brandstifter in der holländischen Familie zum Beispiel begingen ihre Taten unmittelbar nach dem Tod enger Verwandter.

Genbiologen sind jedoch der Ansicht, daß sich die Erkenntnisse über die Ursachen der Gewalttätigkeiten in der holländischen Familie nicht verallgemeinern lassen. Selbst wenn die Gen-Mutation auch bei anderen Familien festgestellt werden würde, müßte sie nicht die gleichen Folgen haben: Unterschiedliche soziale und ökonomische Bedingungen könnten auch ein unterschiedliches Verhalten bedingen.

Aggressionen sind jedoch nicht durchweg etwas Negatives; sie sind teilweise biologisch normal und zur Wiederherstellung des seelischen Gleichgewichts geradezu erforderlich:

Wenn auf amerikanischen Militärübungsplätzen eine Ecke mit Schrottautos und einem Hammer eingerichtet wird, damit Soldaten, die sich über ihre Vorgesetzten geärgert haben, mit eben diesem Hammer auf das Autoblech schlagen können, wenn nach Spielregeln Kampfsportarten ausgeübt werden oder Kinder sich lustvoll balgen, wenn aufgestauter Ärger in Leserbriefe oder Rollenspiele einmündet, dann sind Aggressionen sinnvoll kanalisiert.

Kinder finden dafür in vielen Schulen und Stadtteilen Bolzplätze, Entlastungs- und Kuschelecken, aber auch Punching-Bälle. Aggressionen führen übrigens in der Regel schneller zur Abreaktion als Regressionen, mit denen Menschen ihren Frust in sich hineinfressen und konservieren.

In der Verhaltensgestörtenpädagogik gilt daher die Regression bzw. Autoaggression als die schwerwiegendere und schwieriger zu therapierende Störung im Vergleich zur Neigung zu Aggressionen.

Wenn sich Aggressivität so manifestiert, daß Menschen physisch, psychisch oder in ihren Rechten beeinträchtigt oder geschädigt werden oder wenn Menschen sich selbst schaden, wenn Sachen sinnlos oder zum Ärger anderer Menschen beschädigt oder zerstört werden, spricht man von Gewalt.

Sie geht nicht nur von einzelnen Menschen aus, sondern es gibt sie auch in Form der strukturellen Gewalt, wie sie der norwegische Friedensforscher Johan Galtung beschreibt: Wenn gesellschaftliche Ordnungssysteme oder ökonomische Prinzipien die materielle, soziale oder ideelle

Entwicklung des einzelnen Menschen oder von Gruppen, Schichten oder Milieus beeinträchtigen oder verhindern, dann ist das auch Gewalt. Keine Gesellschaft ist frei davon, denn in jeder werden entweder Kinder oder Alte oder Arme oder Frauen oder Hauptschüler oder Zuwanderer oder … benachteiligt.

Eine Institution der Gesellschaft mit Formen struktureller Gewalt ist beispielsweise die Schule. Schulen, wie sie heute gestaltet sind, und Lehrer, wie sie heute ausgebildet und eingesetzt sind, sind immer gegenüber einzelnen Kindern gewalttätig.

Wir werden im folgenden darauf zurückkommen.

2. Veränderte Kinder in veränderter Lebenswelt

- *Gewalt ist in vielen jugendkulturellen Nischen ein hochanerkanntes und rangordnungsbildendes Kommunikations- und Interaktionsmittel geworden.*
- *Kinder gewöhnen sich an Gewalt, auch in der Sprache.*
- *Die Väter tragen mehr Schuld an der Gewalteskalation als die Mütter.*
- *Das moderne Kind ist einsam, bildschirmorientiert und ständig auf der Suche nach Familienersatz.*

In einem ersten großen Durchgang möchte ich in diesem Abschnitt die wichtigsten Aspekte einer veränderten Kindheit heute als synoptische Grundlage für eine detaillierte Analyse in den folgenden Kapiteln vorstellen:

Wenn junge Menschen nach einem schweren Leben 16 oder 18 Jahre alt sind und als Verlierer gesellschaftlicher Konkurrenzkämpfe mit einem Mangel an Bildung, Sinnerfüllung und Perspektiven durch Fremdenhaß auf sich aufmerksam machen wollen, dann ist allzu viel schon zu spät. Es ist unendlich schwieriger, im Nachhinein etwas reparieren zu wollen, als vorbeugend dagegen zu erziehen.

Erziehung zu Toleranz und Solidarität gegen Vorurteile und zur übernationalen Mitmenschlichkeit, ja zur Freude über das lebensbereichernde Andere ist erfolgreich, wenn sie früh beginnt. Dazu gehören stimmige Informationen, die z.B. vielen jungen Menschen der neuen Bundesländer wegen der Defizite an sozialen Lernformen, an politischer Bildung und infolge eines bewußt unrichtigen Geschichtsunterrichts mit dem Lernziel »Erziehung zum Haß« zu DDR-Zeiten fehlen. Schon Kinder müssen aber wissen, daß 5,4 Millionen Ausländer (= 8,2 % der Gesamtbevölkerung) durch ihre Arbeitskraft, ihre Steuern und ihre Sozialbeiträge 1991 mit 200 Milliarden Mark zum deutschen Bruttosozialprodukt von 2200 Milliarden Mark beigetragen haben und daß wir dringend noch weitere Ausländer für unseren Arbeitsmarkt bis zum Ende dieses Jahrzehnts benötigen.

Aber auch der Verlust an verbindlichen Normen wirkt sich auf Kinder verheerend aus:

Sie sehen, daß Gewalt in vielen gesellschaftlichen Nischen, in einigen Subkulturen Jugendlicher, in der Familie, auf dem Bildschirm, in Bosnien und in der politischen Auseinandersetzung ein anerkanntes Kommunikationsmittel geworden ist, worunter sie häufig mehr leiden als Erwachsene. Sie lernen, daß man Waffen schon in die Schule mitbringen muß, um sich verteidigen zu können, und daß es wichtig ist, sich in Kampfsportarten ausbilden zu lassen.

Den Vätern kommt dabei eine bedeutende Rolle zu. Erstens weil sie viel zu selten präsent sind, zweitens weil sie oft einen emotionsarmen Führungsstil ohne das gerade auch für Jungen erforderliche Mindestmaß an Körperkontakt pflegen, drittens weil sie bei »Wohlverhalten« eher auf Lob und Zuwendung verzichten, bei Problemen aber zu einer fordernden und sanktionierenden Körpersprache – manchmal mit Schlägen – neigen, mit der sie die Entwicklung zu Machos begünstigen.

Die Gesellschaft versagt hingegen, wenn sie ein Schulwesen einrichtet und erhält, das Gewinner und Verlierer schafft. So wurde den neuen Ländern nach der Wende ohne Not das dreigliedrige System mit Hauptschule, Realschule und Gymnasium übergestülpt, das mit seinem übertriebenen Fachlehrer- und Kursprinzip und seinem Mangel an Klassenlehrerpädagogik Kinder schon früh Erfolgszwängen und Konkurrenzmechanismen aussetzt, denen sie gerade auch wegen des Fehlens an ausgleichenden Freizeitangeboten und des stadtteilarchitektonisch- und arbeitsmarktbedingten Familienzerfalls nicht gewachsen sind.

Prävention gegen Gewalt und Haß ist also nur möglich, wenn ab jetzt auch die kleinen Einflußfaktoren in der erzieherischen Umwelt der Kinder beachtet werden, nämlich die Gewalt in der Sprache, in den Medien, im Sport, im Straßenverkehr, gegenüber der Umwelt und in den Umgangsformen zwischen Erwachsenen. Der Staat, neue Gesetze oder die Polizei allein können den Anfängen nicht wehren; jeder einzelne Bürger ist aktiv als Vorbild, Informant und Erzieher für junge Menschen gefragt.

Die Hamburger Schulsenatorin Rosemarie Raab hat 1993 eine Behördenstudie vorgelegt, in der die Leitungen von 169 der 421 staatlichen Schulen, aber auch Beratungslehrer und einzelne Schüler befragt wurden, welche Schülergewalt sie im Zeitraum von August 1991 bis Mai 1992 beobachtet hatten.

Aus 56 Prozent dieser über das ganze Stadtgebiet verteilten Schulen werden Probleme mit Gewalt berichtet, das sind 96 Schulen: 26 Schulleitungen halten die erzieherische Arbeit dadurch für »erheblich belastet«, 75 melden Vorfälle wie Nötigung, Erpressung und Bedrohung, 67 geben Körperverletzung an, 47 sprechen von »Aneignung von Sachen« durch Gewalt, also von »Abpressen« von Geld, Klamotten und teuren Sportschuhen, und immerhin 26 von Sexualvergehen.

90 Prozent der Täter sind Jungen; jedoch auch die Opfer sind fast ausschließlich männliche Schüler, gelegentlich aber auch Pädagogen, Eltern und natürlich »schulfremde« Personen.

Spätestens seit der Frankfurter Schulamtsstudie zur Gewalt vor anderthalb Jahren und durch die permanente Berichterstattung der Medien über die Zunahme aggressiver Kommunikation und Interaktion junger Menschen zwischen Rostock und München und zwischen Görlitz und Mölln überraschen die nackten Zahlen eigentlich niemanden mehr. Wichtiger sind da schon die mit ihnen angedeuteten Nuancen und Tendenzen sowie die Frage nach den Ursachen und die Antworten in bezug auf Auswege.

Zu den Nuancen gehört, daß die verbale Gewalt erheblich zugenommen hat, daß Schüler sich häufiger »anmachen«, daß sie verstärkt Freude an sprachlicher Verrohung haben und daß ausländische Schüler nicht gewalttätiger sind als deutsche.

An Tendenzen ist zu beobachten, daß erstens Gewaltdelikte an sich unter Schülern zunehmen, daß zweitens immer jüngere Altersstufen zur Gewalttätigkeit gegenüber Menschen, Sachen und sich selbst neigen und daß drittens die Qualität der Gewaltmittel schlimmer wird. Während man früher aufhörte, wenn der Gegner am Boden lag, tritt man ihm heute noch ins Gesicht. Während sich früher oft nach einer Gewalttat das schlechte Gewissen rührte, beklagen Lehrer heute das nachlassende Unrechtsbewußtsein bzw. die Unfähigkeit zu Schuldgefühlen und eine immer niedriger werdende Hemmschwelle für sprachliche und körperliche Aggressionen.

Kinder gewöhnen sich an Gewalt, wenn man sie alleine und gewähren läßt. Sie brauchen politische Entscheidungen, in denen sie wieder als gesellschaftliche Zukunftsinvestition vorkommen; sie benötigen neben dringend erforderlichen Familienhelfern Lehrer, die sich mit ihrer Biographie und ihrem Milieu auseinandersetzen können, die über Klassenlehrerstunden Zeit für Hausbesuche, Elterngespräche und für außerunterrichtliches Zusammenleben mit ihren Schülern bekommen, die für den Umgang mit Verhaltensstörungen ausgebildet sind und Lust haben, nicht nur Stundengeber zu sein, sondern auch den Erziehungsauftrag der Schule z. B. mit einer Werteerziehung zu übernehmen.

Gewalt ist eben auch Protest gegen Einsamkeit, Langeweile, Vernachlässigung, fehlende Anerkennung und Perspektivlosigkeit. Frieder Burkhardt, Professor für Sozialethik in Potsdam, hat das einmal auf folgende Formel gebracht: »Die Bereitschaft zur Änderung seiner Ideale ist auch beim härtesten Skinhead da, denn die Jungen haben kleinbürgerlichste Ideale: eine Wohnung, ein Auto, ein Mädchen, das sie liebt; es kommt darauf an, ihnen einfach mal drei Stunden zuzuhören, ihre Lebensgeschichte anzuhören.«

Kinder leben heutzutage in Nischen, die mehr oder weniger lieblos gestaltet sind, ihre Biotope sind von großen Straßen zerschnitten bzw. eingegrenzt oder ganz und gar öde. Sie müssen außerhalb der Wohnung zwischen stehendem und rasendem Autoblech spielen, so daß so manche Mutter sie selbst zum Spielen mit dem Auto hin- und herfahren muß. Ihr Bewegungsmangel und ihr Defizit an Umwelterfahrungen bewirken Koordinations- und Sinnesschwächen.

Während Kinder früher in Großfamilien, die auch geräumiger wohnten, eine ganze Menge von Ansprechpartnern hatten, leben sie heute vielfach in Kleinstfamilien mit nur einer Mutter unter den beengten Bedingungen einer 2-Zimmer-Wohnung auf der Etage. Ihre Welt ist nur noch selten kindgemäß, der Bildschirm hat teilweise die Funktion der sozialen Kontakte ersetzt, und wenn sie von der Halbtagsschule nach Hause kommen, ist es häufig so, daß sie niemand empfängt und daß sie den Nachmittag ganz allein verbringen müssen. Kein Wunder ist es dann, wenn sie ständig das Gefühl haben, etwas zu versäumen.

Das moderne Kind ist einsam oder fühlt sich, zumal wenn es auf dem Lande lebt, benachteiligt. Es ist auf der Suche nach Ersatz für fehlende Mitmenschlichkeit und beschäftigt sich mehr mit sich selbst, mit Sachen und mit Medien, muß mit sich alleine sprechen, kompensiert sein Auf-sich-allein-Geworfensein mit psychosomatischen Störungen und kanalisiert seine Zuwendungsbedürfnisse eher in Richtung unerwünschte Freunde, unangepaßtes Verhalten und Sehnsucht nach Geborgenheit auch in kriminellen Nischen der gleichaltrigen Szene (Jugendbanden, Crash-Kids, Jugendsekten, Drogenmilieu, S-Bahn-Surf- und Graffiti-Szene, rechtsradikale Gruppen ...).

Aggressionen junger Menschen in solchen subkulturellen Nischen richten sich entweder gegen Sachen oder gegen Menschen oder auch gegen sich selbst; Vandalismus, Beleidigung und Körperverletzung sowie Drogenabhängigkeit, ungesunde Lebensweise und Todessehnsucht können die Folge sein. Häufig geht das Gefühl voraus, ungerecht behandelt worden zu sein, und das passiert leicht in einer Welt voller Oben und Unten, voller Ellenbogengewalt im Konkurrenzkampf von Karrieren und voller sichtbarer Gewalt in der Umwelt und in den dazugehörigen Medien. Die Akzeptanz von Aggressionen und Gewalt ist bei vielen Gruppen der Jugendszene reichlich hoch, manchmal geraten sie zum wichtigsten Erfolg garantierenden Interaktionsmittel und verschaffen in der jeweiligen Szene einen besonders hohen Anerkennungsgrad. Und wenn junge Menschen erst einmal gelernt haben, daß es einen Zusammenhang zwischen Aggression und Erfolg gibt, dann verlieren althergebrachte Normen und Werte, die noch irgendwo in ihnen als sinnvolle Regularien mitmenschlichen Zusammenlebens schlummern, ständig an Bedeutung; stattdessen wird aggressives Sich-Wehren trainiert und mit anderen Menschen, die ebenso vorgehen, gerechtfertigt.

Es ist daher besonders fatal, aggressiven Kindern keine Grenzen zu zeigen und stattdessen aus falsch verstandener Liebe zum Kind immer weiter zurückzuweichen. Gerade den Anfängen muß gewehrt werden, damit sich gar nicht erst Erfolg durch Gewalt einstellt, der dann zur Wiederholung ermuntert.

Jedes Jahr werden in Deutschland mehr als 100 Kinder so geprügelt, daß sie sterben; über 300 000 überstehen Schläge nur mit körperlichen Folgen, und eine Untersuchung des Deutschen Kinderschutzbundes hat ergeben, daß etwa 70 % aller Eltern einer Erziehung mit Prügeln zustimmen. Nach der Frankfurter Schulamtsstudie trägt jeder fünfte Schüler eine Waffe bei sich, im Berliner Abgeordnetenhaus wurde das sogar jedem dritten Schüler unterstellt, wobei die Bandbreite des Begriffes »Waffe« vom Taschenmesser über Schlagringe, Ketten, Gaspistolen, Spring-, Klapp- und Butterflymesser, Wurfsterne bis zu Knüppeln, Baseballschlägern, Elektroschockgeräten und Sprühdosen mit Reizgas reicht.

Von dort, wo die Gewaltszenerie noch bedeutsamer ist als bei uns, nämlich in Los Angeles, kann man einiges lernen: »Tabus gelten nur, wenn sie mir nützen, ansonsten greift die doppelte Moral«, sagte unlängst ein 16jähriger in L. A. Weil die von »Crips« und »Bloods« kontrollierten Stadtteile als Wirtschaftszonen für Drogenhandel wegen der rückläufigen Erträge nicht mehr tauglich sind, kämpfen die »Gangstas« mittlerweile in der Form jeder gegen jeden. Der solidarische Schutz der Bande ist dem Einzelkämpferdasein gewichen, persönlicher Profit ist wichtiger geworden als ein ideologieersetzendes Feindbild oder so etwas wie Gruppenehre. Deshalb laufen inzwischen auch schon kleine Kinder mit Gewehren durch die Gegend. Das große Geld ist höchstes Ziel für die vielen Schwarzen, von denen jeder dritte nicht zur Schule geht, arbeitslos ist oder im Gefängnis sitzt. Ihre Idole sind »Magic« Johnson oder Michael Jordan, und zwar nicht als konkrete Persönlichkeiten im Sinne von Vorbildern, sondern als Sporthelden, die das materielle Ziel erreicht haben, zu dem man auch ganz gern kommen möchte.

Jugendliche aus kaputten Familien und benachteiligenden Nachbarschaften mit geringem Selbstwertgefühl, ohne Schulabschluß und ohne sie befriedigende berufliche Perspektiven haben Geborgenheitsdefizite und Orientierungsschwierigkeiten, die sie in Süchte oder in familienersetzende subkulturelle Nischen mit weltbildersetzenden Feindbildern zwingen. So haben sich 100 000 Bandenmitglieder (meist Schwarze und Latinos) in L. A. jahrelang gegenseitig als blaugekleidete »Crips« und rotgekleidete »Bloods« bekämpft und reviermäßig abgegrenzt, was einen Teil ihrer Sinnerfüllung ausmachte. Als sich ihnen nun jüngst ein gemeinsames Feindbild in Form einer verständnislosen und brutal vorgehenden Polizei bot, haben sie sich sofort zusammengeschlossen, um mit Gegengewalt auf die Gewalt der amerikanischen Gesellschaft zu reagieren.

Gewalt hat also soziale und erzieherische Ursachen; Feindbilder haben ungeachtet ihres mehr oder weniger zufälligen konkreten Gehaltes auch eine formale Funktion, die Sinnerfüllung schafft und zu Wir-Bewußtsein zusammenschließt. Politiker müssen sich um ein Wahrnehmen und Verstehen der Wurzeln von Gewaltbereitschaft und Feindbildsehnsucht in Kindheit und Gesellschaft bemühen, wenn sie nicht Politikverdrossenheit ernten wollen.

Die von Konsumzwängen und Werbung gesteuerten Motivationen junger Menschen sind übrigens auch schuld daran, daß die Kindheit langsam ausstirbt. Kinder wollen heute so früh wie möglich erwachsen sein, erwachsen leben und wie Erwachsene behandelt werden. Sie lehnen ihre von den Erwachsenen gestaltete Kindheit ab, wenn sie die Autos der Erwachsenen zu Schrott fahren; sie treten mit ihren Provokationen pausenlos die Erwachsenenwelt, der sie möglichst früh angehören wollen, die sie aber gleichzeitig hassen, weil sie ihr noch nicht gleichberechtigt teilhaftig werden dürfen und weil sie ihrerseits von ihr ständig getreten werden.

Alles, was die Familie nicht bietet, wird stellvertretend über Sachen, Stoffe, Tiere, Freunde und andere Bezugspersonen angestrebt; ob das gelingt, ist allerdings mehr als fraglich. Denn Kinder, die nicht ganz und gar in ihrer Familie behaust sind, zeigen sprachliche Defizite, psychosomatische Störungen und Verhaltensprobleme, die ihnen die ersatzweise gesuchten Kontakte erheblich erschweren. Sie werden oft nur von Menschen akzeptiert, die ähnliche Defizite haben, so daß sie sich mit ihnen zu Not- und Liebesgemeinschaften zusammenschließen, die eher grob geraten und das Aushalten härterer Umgangsweisen voraussetzen.

Schließlich befriedigt deshalb gewöhnlich auch diese familienersetzende Interaktion nicht ganz, so daß wieder andere neue Beziehungen gesucht werden, die dann ähnlich enden.

In einer Teufelskreis-Automatik liegt begründet, warum die unzureichende Familiensituation, in der ein Kind aufwächst, bei ihm später wieder Familienunfähigkeit initiiert, und warum junge Menschen aus kaputten Familienverhältnissen ihr Leben lang mit Beziehungskrisen und Bindungsproblemen zu kämpfen haben. Da die Zahl der »heilen« Familien seit Jahrzehnten abgenommen hat, hat auch die Zahl der jungen Menschen zugenommen, deren Ehen wieder auseinanderbrechen. Die Durchschnittsdauer einer deutschen Ehe von zur Zeit 7 Jahren wird also zwangsläufig noch weiter abnehmen; gleichzeitig wird dadurch die Zahl der »Scheidungsopfer« (zur Zeit jedes dritte 13jährige Kind) zunehmen.

Manchmal finden Kinder so wenig Beachtung, daß ihnen jede Art an elterlicher Reaktion lieber ist als gar keine. Besonders spannend ist es, etwas Verbotenes zu tun, und keiner merkt es, oder keiner bekommt heraus, wer es war. Klingelstreiche oder ein Apfel aus Nachbars Garten waren früher solche Reize; heute muß es schon gelegentlich etwas deftiger sein, also ein Warenhausdiebstahl, die telefonische Bestellung bei einem Pizza-Service für einen ungeliebten Lehrer, ein geknacktes Auto und das Fahren mit ihm quer durch die Stadt, bis der Tank leer ist, oder gar brennende Fackeln gegen Wohnungen ausländischer Mitbürger.

Von den Ausschreitungen junger Menschen gegen Asylbewerber und ausländische Mitbürger in Rostock berichtete der ZDF-Reporter Lutz Panhaus: »Ich war im Baltikum, ich habe von der Golf-Krise berichtet und aus der Mainzer Straße in Berlin; aber so eine Form von Aggressivität, die quer durch die gesamte Bevölkerung geht – das habe ich noch nicht erlebt«.

Haß kann unvorstellbar tief sitzen und stark sein, er kann sich in Kulminationssituationen gegen die besten Freunde und gegen die eigenen Familienmitglieder richten. Haß hat aber vor allem eine derart lange Vorgeschichte an Enttäuschungen, Mißerfolgen, Demütigungen, Kränkungen und Liebesversagungen, daß Umerziehung, wenn sie überhaupt je gelingt, ebenso lange Zeit braucht.

Wenn es um Verteilungskämpfe zwischen gesellschaftlichen Verlierern geht, dann richtet sich der Haß Untenstehender gegen Untenstehende; Arbeitslose kämpfen gegen Ausländer, Schulversager gegen Asylbewerber, Türken gegen Roma, Ostdeutsche gegen Osteuropäer, Heimkinder gegen Stricher, Drogenfreaks gegen Stadtstreicher, Hooligans gegen Alkoholiker und Männerwohnheiminsassen gegen Schwule. Wer selbst vom Leben bestraft ist, möchte dieses Unrecht so gern an andere Benachteiligte weiterreichen, z. B. auch bei den vielen Millionen Nachbarschaftsstreitereien pro Jahr. Wer ganz unten steht, sucht jemanden, der noch tiefer hängt, um selbst in besserem Licht stehen zu können; Sozialneid ist der Motor dafür, und er erklärt auch die steigenden rechtsradikalen Tendenzen in unseren Nachbarländern Italien, Frankreich und Großbritannien.

Wer sich geliebt fühlt, gewinnt Selbstvertrauen, hat damit Erfolge und erhält Anerkennung. Er freut sich dann auch auf die Lebensbereicherung durch andere Kulturen, denn Fremdes kann Angst, aber bei großer Selbst- und Verhaltenssicherheit auch neugierig machen. Haß ist nicht angeboren, er wächst erst langsam aus großer und langanhaltender Bedrängnis und Verletzung heraus. Je jünger Kinder sind, desto weniger Haßfähigkeit bringen sie auf. Häufig braucht es Jahre starken negativen Einflusses durch Eltern und Gleichaltrige, um Haß in jungen Menschen zu entwickeln. Immer wieder muß dazu die Schuld denselben vermeintlichen Verursachern zugewiesen werden, die sich ihrerseits schließlich auch so verhalten, daß sie Anlässe zur Ablehnung anbieten. Mit diesem Mechanismus produziert Haß dann auch Gegenhaß, der allerdings eher bei schlichten bzw. dummen Menschen entsteht als bei differenziert denkenden.

In Situationen, die auf eine Gratwanderung zwischen Ängstlichkeit, Neugier und Offenheit treffen, sind Kinder besonders anfällig für negative Urteile erwachsener Menschen gegenüber Fremden: sie werden dann leicht als Vorurteile, die noch nicht durch eigene Erlebnisse bestätigt sind, übernommen. Wenn dann durch irgendeine Kleinigkeit, durch einen Gewaltakt oder weil sie bestohlen wurden, dieses Vorurteil zum Urteil aus eigener Anschauung wird, dann wird es schnell hochgerechnet und auf alle Mitglieder der Gruppe, der Religion, der Rasse oder der Nation übertragen. Eine negative Erfahrung mit einem Rom oder Cinto oder mit einem Asylbewerber kann schließlich durch verstärkende Verallgemeinerungen der Eltern oder anderer Bezugspersonen zu dem Urteil führen, daß alle »Zigeuner« und alle Ausländer zur Kriminalität neigen.

Frustration über die eigenen Lebensumstände gepaart mit Enttäuschungen in bezug auf nicht erreichte, aber zuvor einmal angestrebte Ziele wie ein gewünschter Schulabschluß, Ausbildungs- oder Studienplatz, ein hoher Lebensstandard, teure Klamotten, ein Motorrad oder Auto, eine schicke Wohnung oder eine attraktive und nette Freundin, fehlende Nestwärme in der eigenen Familie und unzureichende Wertschätzung durch Gleichaltrige und Gesellschaft können das Gefühl vermitteln, ganz unten zu stehen. Die Angst, daß man auf Dauer Verlierer der sozialen Konkurrenzkämpfe nicht nur ist, sondern auch bleiben könnte, macht aggressiv, gerade dann, wenn man viel Körperkraft, aber nur wenige Chancen zur Verbesserung seiner Lebenssituation hat.

Wer ganz unten steht und wenig im Kopf hat – was ihn schon in der Schule scheitern ließ –, kann sich leichter mit Muskeln als mit Sprache durchsetzen. Er ist froh, wenn er noch andere unter sich oder neben sich findet, auf die er beim Strampeln nach oben treten kann; und da bieten sich einerseits die durch Armutswanderungen zu uns verschlagenen Ausländer als Schuldige an und andererseits Gewalt als Mittel. Da man sich selbst als Opfer des Kampfes aller gegen alle fühlt, braucht man Opfer, die einen selbst in etwas besserem Licht dastehen lassen. Deutschtümelei und Vaterlandsliebe, Stolz auf geschichtliche Phasen des Kraftstrotzens und Stärke demonstrierende Äußerlichkeiten wie Springerstiefel, Bomberjacken, Waffen, Glatzköpfe, tätowierte Muskeln, Aufnäher mit schwarz-weiß-roten oder hakenkreuzähnlichen Emblemen, Ohren- sowie Kettenschmuck und machtvolle Begriffe wie Volk, Front, Liga, Deutsch und National helfen, die schwache Seele, den dürftigen Geist und das liebeshungrige Herz zu verkleiden.

Gewalt hat aber auch Ursachen in immer wieder erlebter Ohnmacht und im allgemeinen Stillstand in bezug auf Problemlösungen: »Reden bringt nichts, man muß zuschlagen« ist das Resümee vieler junger Menschen mit reichlich unerfüllten Perspektiven um die Grundbedürfnisse Bestätigung und Sinnhaftigkeit herum. Wir sollten darüber nachsinnen, ob wir die uns nachwachsende Generation dabei auch künftig alleinlassen wollen.

Im Laufe der Jahrzehnte ist das Leid der Kinder der Welt nicht geringer geworden – im Gegenteil. Nach Angaben von Unicef sind im vergangenen Jahrzehnt eineinhalb Millionen Kinder in Kriegen getötet worden, vier Millionen wurden durch Bomben, Minen, Schüsse oder Folterungen so schwer verletzt, daß sie zeitlebens behindert bleiben, fünf Millionen wurden durch Kriege vertrieben und leben in Flüchtlingslagern.

Vom »Krieg gegen Kinder« spricht daher Unicef-Direktor James P. Grant in dem Bericht »Zur Situation der Kinder in der Welt«. Weltweit, so schätzt man, leiden rund zehn Millionen Kinder unter psychischen Folgen der Kriegserlebnisse, die auf sie mit einem besonders hohen Gewaltgrad wirken und in ihnen ein hohes Haßpotential aufbauen. Und auch in zwei aktuellen Konflikten sind Kinder besonders betroffen: In Somalia stehen wegen des Bürgerkrieges eine Million Kinder vor dem Hungertod; der Krieg in Jugoslawien hat bisher rund drei Millionen Menschen in die Flucht getrieben, die Hälfte davon sind Kinder.

Geht man in irgend einen deutschen Kindergarten, hört man die Erzieherinnen unisono klagen: »Die Kinder sind sehr viel aggressiver als früher und tragen Konflikte immer brutaler aus.«

Es wird immer öfter gestritten, immer öfter auch anlaßlos und immer häufiger mit völlig fehlendem Unrechtbewußtsein auf beiden Seiten.

Im Bundesdurchschnitt werden 5 % der Drei- bis Sechsjährigen als aggressiv und gewalttätig beschrieben, in vielen Kindergärten liegt die Quote sogar schon bei 20 %.

70 % aller Erzieherinnen geben ihren Beruf irgendwann mit der Begründung auf, daß sie mit dem zunehmend aggressiven Verhalten der Kinder nicht mehr fertigwerden.

Der »Verband Bildung und Erziehung« ist inzwischen der Meinung, daß die Kindergärtnerinnen an der Grenze ihrer körperlichen und seelischen Belastbarkeit angelangt seien, und wenn die 365 000 vorhandenen Erzieherstellen in Deutschland nicht bald um 36 000 aufgestockt werden, bricht bereits im Vorschulalter in unserer Gesellschaft eine ganze Menge zusammen. Die »Gesellschaft würde dann noch brutaler« werden, weil die Kindergärtnerinnen mit den hohen Gruppenfrequenzen überfordert seien, so daß Gewalt zwischen den Kleinen eskaliere und über Modelllernen und Gewöhnung zu einem hochanerkannten Kommunikations- und Interaktionsmittel werde. Die Kids nehmen die Gewalt zunächst in die Schule und später in die Gesellschaft mit, denn sie gewährt ihnen Anerkennung, Macht und hohe Rangordnungspositionen in vielen jugendkulturellen Nischen.

3. Sinnesschwächen des modernen Kindes

- *Immer mehr Kinder leiden unter einem Mangel an Bewegungs-, Koordinations- und Sinneserfahrungen.*
- *Wer nicht rückwärtsgehen kann, kann auch nicht rückwärtszählen, wer nicht balancieren, klettern, schaukeln und draußen spielen kann, wird rechenschwach.*
- *Kinder mit wenig Ansprache bleiben vom etablierten Sprachcode des Fernsehens abgekoppelt; sie weichen auf gewaltreiche Körpersprache aus und gewöhnen sich an sie.*

Jedes zweite Kind hat heute körperliche Defizite durch Mangel an Bewegungserfahrungen und Sinnesschulung. Vor 40 Jahren gab es nur wenige »Stubenhocker«, heute sitzen die meisten Kinder zu viel in einer kleinen Wohnung mit einer meist alleinerziehenden, berufstätigen Mutter.

Während um die Jahrhundertwende Kinder etwa 100 verschiedene Spiele im Freien beherrschten, sind es heute im Schnitt nur noch 5.

Das liegt an immer kleiner werdenden Etagenwohnungen, an der Geschwisterlosigkeit, mit der immer mehr Kinder aufwachsen, an den Gefahren in Städten, draußen zwischen parkendem und rasendem Autoblech zu spielen, an den zunehmenden Ängsten der Mütter, ihre Kinder den vielen Risiken außerhalb der Wohnung aussetzen zu wollen, aber auch an der Zunahme der Bildschirmerfahrungen in Form von Fernsehen, Video und Computer.

Mehr als 9 Stunden sitzen beispielsweise in Hamburg-Horn viele 5- bis 6jährige Kinder pro Tag vor dem Fernseher, am Wochenende insgesamt mehr als 30 Stunden.

Der geballte Bildschirmkonsum führt zur Überforderung von Auge und Ohr, so daß diese beiden Sinne geschwächt werden, denn nur in Kombination von optischem und akustischem Reiz gelangen Botschaften noch in den Kopf des Kindes. Der Hörsinn allein ohne die Verknüpfung mit dem Bild wird dabei so unsensibel, daß Lehrer am Montagmorgen bloß mit dem Wort das Kind nicht mehr erreichen, wenn es überdosiert am Wochenende Bildschirmerfahrungen konsumiert hat. In vielen deutschen Schulklassen ist daher, nachdem vor Jahren der Sonnabend für unterrichtsfrei erklärt wurde, auch am Montag kein herkömmlicher Unterricht mehr möglich, sie haben nur noch eine 4-Tage-Woche für die übliche »Stundengeberei« (»Montagssyndrom«).

Der Montag dient der Aufarbeitung der unverarbeiteten Eindrücke nach einem Übermaß an Fernseh- und Videofilmen sowie Computerspielen über Gesprächskreise, Rollenspiele, Zeichnen und Aufschreiben, insbesondere aber über »psychomotorisches Extraturnen«, in dem Sinneserfahrungen und Sinnesschulung in bezug auf Körperkontakt, Hautsinnwahrnehmung, Bewegungskoordination, Rückwärtsgehen, Balancieren, Klettern, Schaukeln, Rutschen, Matschen, Hüpfen, Springen und akustische Differenzierung per Musikkassette nachgereicht werden, die das Landkind auch heute noch im Freien machen kann.

Vor 30 Jahren war die fast einzige Teilleistungsschwäche die Lese-Rechtschreibschwäche (LRS), für die eigens der Fachausdruck Legasthenie kreiert wurde.

Heute hat die Rechenschwäche, Dyskalkulie genannt, bei den Kindern die Legasthenie längst überholt, die mit einem Mangel an Bewegungs- und Sinneserfahrungen aufgewachsen sind.

Kinder, die nicht toben können, die keine ausreichenden Erfahrungen mit Zahligkeiten in ihrer Umwelt gemacht haben, die zu wenig mit verschiedenen Materialien wie Holz, Glas, Metall, Ton, Stein, Matsch hantiert haben, die noch nie einen Fluß aufgestaut haben, die nie auf Bäume geklettert sind oder zu selten balanciert haben, lernen beispielsweise sehr schlecht und langwierig Fahrradfahren, sie werden häufig Opfer von Unfällen, sie können nicht gut rückwärtsgehen, aber sie können auch ganz schlecht rückwärtszählen, sind also rechenschwach. Sie addieren mit den Fingern, können zwar von 1 bis 10 zählen, nicht aber rückwärts von 10 bis 1.

Die Hamburger Kinderärztin Inge Flehmig hat mit ihrem Institut für Kindesentwicklung mit vielen Mitarbeitern und mehreren hundert betreuten Kindern ein spezielles psychosomatisches Turnprogramm für Kinder mit Wahrnehmungsdefiziten und Koordinationsproblemen entwickelt, das mittlerweile viele Vor- und Grundschulen nutzen, auch um der Rechenschwäche entgegenzuwirken. Immer mehr sechsjährigen Kindern fehlt heute die körperliche Reife für die Schule, weil bei ihnen das Zusammenspiel der Sinne aus dem Gleichgewicht geraten ist, so daß die abstrakten Inhalte der Mathematik von ihnen einfach nicht mehr begriffen werden können. Sie versagen aber auch beim Dauerlauf und beim Weitspringen: Untersuchungen einer Frankfurter Unfallversicherung haben ergeben, daß Kinder vor 7 Jahren im Schnitt 100 Meter weiter laufen und 45 Zentimeter weiter springen konnten. –

Die Sinnes-, Bewegungs- und Koordinationsschwächen haben aber auch etwas mit der aktuellen Gewalt-Diskussion zu tun:

Kinder, mit denen nur wenig gesprochen wird, weil sie als Einzelkinder einsam sind, weil sie unerwünscht sind oder stören, versuchen zunächst schnell zu sprechen. Wenn sie dann aber immer noch nicht genügend Aufmerksamkeit und Ansprache finden, weichen sie auf deftigere Ein-Wort-Sätze aus, die in die Richtung Fäkaliensprache gehen, weil sie glauben, damit deutlicher zu werden, mehr Beachtung zu finden. Wenn sich die aber dann immer noch nicht ausreichend einstellt, unterstützen sie ihre Botschaften mit Knuffen und Schlägen, immer in der Hoffnung auf das Erreichen des Inneren der Mutter oder anderer Bezugspersonen. Und dabei gewöhnen sie sich dann rasch an die Unterstützung des Verbalen durch die Körpersprache. Sie werden in bezug auf Mimik, Gestik und Gewalt in der Kommunikation einfallsreicher als Kinder aus etablierten Sprachmilieus, letztlich vernachlässigen sie sogar die Weiterentwicklung ihrer verbalen Kompetenz zugunsten des Nonverbalen. Ein geringer Wortschatz, unvollständige Kurzsätze und das Trainieren der Körpersignale und der Unterstützung durch Hände bzw. Fäuste sowie der Füße sind dann die gewaltreichen Folgen einer defizitären Interaktionskultur. Von der komplizierten Tagesschau-Sprache des Fernsehens bleiben sie dann weitgehend abgekoppelt, ebenso von der Mittel- und Oberschichtsprache der Lehrer. Um so mehr verfallen sie in der Folge optischen Signalen, so daß sie das den Spielfilm oder die Kriegsberichterstattung des Fernsehens begleitende und vielfach relativierende Wort kaum wahrnehmen und schon gar nicht recht verstehen können.

Die gewaltreiche Körpersprache von Bud Spencer-Filmen wird auf diese Weise modellhaft für ihr Imitationslernen, sie dient dem Ausbau ihrer gewaltreichen Möglichkeiten.

Schließlich wird Gewalt zu einem hochakzeptierten und auch rangordnungsbildenden Kommunikationsmittel in der Gleichaltrigkeit, an das sie sich nicht nur gewöhnen, sondern daß sie auch zur Problem- und Konfliktlösung schätzen lernen.

Irgendwann ist dann die besonders prägende Phase für die Sprachentwicklung vorbei, der Zug in Richtung etablierte Sprachkompetenz ist abgefahren, was bleibt, ist lediglich der Verlaß auf die eigenen Fäuste und Tritte, ergänzt durch Floskeln wie »Arschloch«, »Sau«, »Idiot«, »Fick dich!«, »Hau ab!« und »Ich mach dich platt«.

4. Gewalt in der Sprache

- *Gewaltreiche Sprache muß früh, also schon im Kindergarten und in der Grundschule verpönt werden.*
- *Wer mit kultivierter, wortreicher Sprache nicht viel Aufmerksamkeit gewinnt, weicht auf Körpersprache und deftiges Fäkalienvokabular aus, immer in der Hoffnung, mehr Beachtung und damit mehr Macht zu gewinnen.*

In bezug auf menschenverachtende Vorurteile, Haß und Gewalt müssen Eltern, Erzieher und Lehrer früh den Anfängen wehren. Die Akzeptanz gewaltreichen Umgangs fängt in der Kindheit und gerade auch mit der Sprache an.

Wir brauchen in der Erziehung die Wiederentdeckung der Grenze, nachdem wir zwei Jahrzehnte lang auf die Selbstregulierung der Kinder untereinander und auf das bloße Wachsen des Guten in den jungen Menschen vertraut haben. Die negativen Einflüsse der Gleichaltrigkeit und gewaltverherrlichender Szenen in Comics und auf dem Bildschirm wirken auf Kinder genauso stark wie das elterliche Bemühen; und wenn Eltern und Lehrer nicht aufpassen, dann gewöhnen sich Kinder an die gewaltreiche Sprache ihrer Freunde mit Floskeln wie »Ich mach die platt«, »Geh doch abkacken«, »Ich hau die tot«, »Du Fotze« und an Vokabeln wie »Fresse«, »Arsch«, »Schweinepriester« und »Sau«. »Scheiße« ist ja heute schon ein Wort, das auch Eltern und Lehrern immer wieder herausrutscht, wenn sie sich und ihre Vorbildfunktion in Streßsituationen vergessen. Zwar sind solche deftigen Formulierungen in der Regel nicht im wörtlichen Sinne ihres Ursprungs gemeint; sie sollen weniger direkt beleidigen als vielmehr in Kurzform, also eher nonverbal, tiefe Betroffenheit, Hilflosigkeit, Aggressionsstau oder einfach Unzufriedenheit anstelle eines komplizierten Satzes von der Art »Was du da eben getan und gesagt hast, gefällt mir ganz und gar nicht« ausdrücken.

Aber der Weg zu in schlimmer Weise diskriminierenden Äußerungen wie »Wir gehen Asys und Schwule klatschen« wird damit ebenso geebnet wie zur direkten Gewalt gegen Sachen, gegen Menschen und gegen sich selbst. Wer mit der Sprache so gewaltreich umgeht, wie das auch viele amerikanische Rap-Musik-Texte tun, behandelt schließlich auch Menschen und sich selbst schlecht. Schlagen ist die nächste Stufe, und der Tritt ins Gesicht eines am Boden liegenden Opfers mit dem Kommentar »Er ist ja sowieso hin«, Drogenabhängigkeit sowie Suizidgedanken sind dann die traurigen Höhepunkte dieser Entwicklung.

Die »Spirale der Gewalt« beginnt in der Kommunikation von Kindern. Aggressionen können demnach bei Jugendlichen ein rangordnungsbildender »Wert« auf der Suche nach Anerkennung und Erfolg werden. Wer nachts 100 Fensterscheiben einer abgestellten S-Bahn zerschlägt oder besonders brutal einem 15-jährigen die Lederjacke und die Sneakers abzieht, wer mit einem Baseballschläger, einem Springmesser oder einer Würgekette das Mitglied einer gegnerischen Straßenbande zu Boden streckt, kann in der Hierarchie seiner eigenen familienersetzenden Gruppe ein paar Punkte nach oben kommen, zumal wenn seine Aktion in der Zeitung steht.

Bevor die »Welt endgültig aus den Fugen gerät«, müssen also Eltern und Lehrer schon bei den ersten Anzeichen von Gewalt in der Sprache, im Straßenverkehr, im Sport, beim Spiel und bei der Lösung von Konflikten deutliche Grenzen setzen und Gewalt verpönen. Dazu gehört, gewaltreiche Sprache zum Unterrichtsgegenstand zu machen, aus Anlaß von Dilemmata alternatives Handeln zu trainieren, mit Informationen gegen Vorurteile zu feien um mit einer bewußten Sprachkultur den Kindern eine vorbildliche Orientierung zu geben.

Gewalt in der Sprache ist ein unverzichtbares Thema für Elternabende, und zwar vor allem unter dem Motto »Wehret den Anfängen!«, um frühzeitig den negativen Einflüssen von Gleichaltrigkeit und Bildschirm entgegenzuwirken; denn ein deutsches Kind verbringt bis zu seinem 14. Lebensjahr nur rund 15 000 Stunden im Unterricht der Schule, aber etwa 18 000 Stunden vor dem Fernseher, und diese Bildschirmerlebnisse wirken sich auch »sprachbildend« aus, wie an einer Passage über Sprachverrohung aus dem »Spiegel« Nr. 38 vom 20. September 1993 deutlich wird:

»Auch in der Schule tropfen den Kids nur noch (Schlag-) Wörter aus den Mündern. Differenzierte Gedanken, Argumente sind kaum mehr zu haben. Statt dessen lust- und frustvolle Gefühlsausbrüche: ›Wahnsinn‹,

›Kotz-Würg!‹, ›Ich glaub', ich spinne‹, ›Hast du 'n Rad ab oder was?‹. Vor allem aber werden Meinungen geäußert über alles und jedes, schnell, knapp und unbegründet: ›Echt klasse‹, ›Find' ich ätzend‹, ›Ist doch Schrott‹, ›Die machen doch nur Scheiße‹. Solche Werturteile geben sie nahezu pausenlos von sich. Kausalsätze sind weitgehend unbekannt. Mehr erwarten sie auch voneinander nicht. Und fragt doch jemand, warum denn das Konzert der Scorpions so ›geil‹ gewesen sei, dann kapitulieren sie: ›Ich weiß nicht. Irgendwie war's eben echt geil.‹ Die Wiederholung ist die Begründung...«

5. Gewalt in der Gleichaltrigkeit

- *Niemand wird gewalttätig, wenn er nicht schon vorher selbst Opfer von Gewalt war.*
- *Jugendkulturelle Lebensweisen bleiben vielen Erwachsenen und insbesondere Eltern weitgehend verborgen.*
- *Jugendkulturelle Nischen bieten Familienersatz, Orientierung, Identifikation, Feindbild, Aufgabe und Sinnerfüllung, Bewährung und Rangordnung, Alltagsverdrängung und Freizeitgenuß gegen Alltagsfrust und Langeweile.*
- *Die Welt ist so trostlos, daß nur die Summe von Drogen und ihre hohe Dosierung sowie Gefahren und Gewalt prickelnden Lebensgenuß verschaffen; nur Exzessivität schafft Befriedigung.*

Wenn man am Wochenende nachts zwischen 3 und 4 Uhr durch Hamburg fährt, sieht man überwiegend 13- bis 18jährige junge Menschen auf den Straßen. Es ist Party-Time. Man geht von Fete zu Fete und von Disco zu Disco, immer auf der Suche nach irgend etwas, das man nur selten findet.

Ablösung vom Elternhaus ist angesagt und Ausprobieren von Aspekten, die man ansonsten zu versäumen meint: Musik, Alkohol, Drogen, Konversation, Sex und Gleichaltrigkeit, als Entlastung und zur Entspannung vom Wochenalltag und von den Zwängen in Schule, Ausbildung und Elternhaus. Erwachsene sind selten dabei, Eltern schon gar nicht, sie erfahren auch kaum, was dann abgeht, denn die Partys finden meist dort statt, wo die Eltern gerade nicht zu Hause sind. Natürlich leben viele Jugendliche dabei eine Phase des Austestens und der Selbstfindung auf der Suche nach unreglementierter Selbständigkeit und einem neuen Selbstbewußtsein aus.

Aber auch Verdrängung von Problemen, Suche nach Sinnerfüllung gegen den grauen Wochentrott und gegen Langeweile liegen diesem umtriebigen Aktionismus zugrunde. Und Anpassungsprozesse an jugendkulturelle Lebensformen ereignen sich auch: Wenn Techno-, Rap- oder HipHop-Musik angesagt ist, Caps falsch herum getragen werden oder Hasch, Ecstasy und Koks angeboten werden, dann muß man schon sehr eigenwillig bzw. willensstark sein, um das nicht auch gut zu finden, um dem Sog zu widerstehen und den herumgereichten Joint an sich vorbeizureichen. Als Außenseiter muß man stark sein, man muß es ertragen, irgendwo nicht »in« zu sein.

In dieser Jugend liegt aber auch ein Stück Zukunft unserer Gesellschaft. Wissen wir genug über sie? Wer weiß schon, daß auf den Partys und Sit-ins von Oberstufen-Schülern einiger Hamburger Gymnasien fast 100 % aller Teilnehmer Drogen konsumieren, auch wenn es überwiegend das von einigen Fachleuten für harmlos gehaltene Hasch ist?

Beruhigt es dabei, daß diese 100 %-Marge nur für diejenigen gilt, die auch auf diese Partys gehen, und daß ja viele Jugendliche solche Partys nicht mögen und stattdessen etwas anderes machen?

Um 1970 herum zeigte die Jugend eine ziemlich homogene Internationalität: blauer Jeansanzug, schwarze Bodden, Schlüsselanhänger, Beatle-Frisur und ähnlicher Musikgeschmack in Richtung Rock und Pop.

Heute gibt es diese einheitliche Jugendkultur nicht mehr, sie ist zerfallen in mehr als 200 beschriebene Nischen mit jeweils anderem Bekleidungs-, Freizeit-, Partnerschafts-, Musik- und Sprachverhalten. Rapper, S-Bahn-Surfer, Techno-Freaks, Skins, Hooligans, Grufties, Computerfans, Video-Besessene, Fahrstuhl-Surfer, Jugendsektenmitglieder, Stricher, Crash-Kids, Skateboard-Fahrer, Neonazis, autonome Spontigruppen, Stadtteilgangs, okkultistischen bzw. Satanskultgruppen, Hochleistungssportler, Cruiser und Freeclimber haben jeweils andere Lebensformen, Feindbilder und Erprobungs- bzw. Bewährungsfelder.

In der 3. Maiwoche 1993 der »Deutschen Lehrerzeitung« schreibt Hans-Dieter Schütt:

»Einmal der Größte sein. Wenn der Tod kommt, mit 70 km/h.

Sie sind zwischen 14 und 25. Sie gehen zur Schule, zur Arbeit, und sie fallen kaum auf.

Aber: Sie führen ein zweites Leben. Sie brauchen dazu nur eine S-Bahn-Karte. Und natürlich: das Feeling für den richtigen Augenblick.

Mit aller Kraft stemmen sie sich gegen den Schließmechanismus der Tür, um den Luftdruck zu überwinden. Die Leute im Abteil greifen nicht ein. Das wissen die Surfer aus Erfahrung. Ist die Tür offen, folgt der Ausstieg.

Draußen krallen sich die Finger blitzartig an der zentimeterbreiten Regenrinne fest, die unterm Dach verläuft. Die Füße finden notdürftigen Halt auf der schmalen, schrägen Leiste an der unteren Außenwand. Hinein jetzt in die langgezogene Kurve. Dann der Bahnhof. Davor noch der Betonpfeiler, 30 Zentimeter vom Gleis entfernt...

S-Bahn-Surfen.

Ein Sinnbild. Eine Lebensart. Eine Abart. Wahnsinn und zugleich Methode.

›Ich krieg da Gefühl für Spaß und Körper. Nur hinterher, wenn ich drüber nachdenke, wird mir übel. Aber ich brauche die Anspannung‹, sagte der blonde Rainer D. (17), Schüler in Berlin-Steglitz, Rainer, der Brillenträger.«

Es geht um das Prickelnde, um das Ausprobieren der eigenen Möglichkeiten und Grenzen, um das Überstehen des Risikos, das im Nachherein Selbstwertgefühl erhöht und für Anerkennung in der Gruppe Gleichaltriger sorgt.

Subkulturelle Nischen in der Jugendszene mögen zwischen Skateboardfahrern, Jugendsekten und Skinheads inhaltlich noch so verschieden sein, sie haben aber formal vieles gemeinsam: Sie schaffen Überschaubarkeit in bezug auf Normen und Werte und damit Orientierung; es wird einem abgenommen, wie man sich zu kleiden hat, welche Sprachcodes man zu benutzen hat, wie man die Nacht oder das Wochenende zu verbringen hat, wer das die eigene Gruppe zusammenschmiedende und ihr Sinn gebende Feindbild ist und welche Musikrichtung man für gut zu befinden hat. Sie bieten aber auch familienersetzende Geborgenheit, Trost, Bewährung in der Rangordnung, sexuelle Erfüllung, rasche Identifizierung von ähnlich Denkenden und vor allem Alltagsfrust verdrängenden Freizeitgenuß neben »Action« gegen Langeweile. Sportvereine, Parteien, Kirchen, Jugendfeuerwehren, bei denen immerhin 145 000 Jungen und Mädchen Mitglied sind, und Schützenfeste sind in ländlichen Regionen kaum noch in der Lage, Jugendliche zu binden. Sie bieten nicht das Maß an Spannung, Geborgenheit, Feindbild und problemverdrängenden Reizen, das aus kaputten Verhältnissen stammende Jugendliche heute zum Aufputschen brauchen. Die gesellschaftlich akzeptierten

Drogen Alkohol, Koffein und Nikotin allein bewirken offenbar nicht den Grad des problemverdrängenden Rausches und des vorübergehenden Ausstiegs, wie ihn die als Ergänzung zum »Kampfrauchen« und exzessiven Saufen eingenommenen Cannabis-, Heroin-, Kokain- und Designerdrogen sowie Psychopharmaka den Kids verschaffen. Das Motto ist: Die Welt ist so trostlos, daß die Summe von Drogen und ihre Dosen nicht hoch genug sein können; nur Exzessivität schafft Befriedigung. –

Mittlerweile ist von den USA und England zu uns herübergeschwappt, daß immer mehr rivalisierende Gangs »auf dem Kriegspfad wandeln«, wie Klaus Farin und Eberhard Seidel-Pielen in ihrem Buch »Krieg in den Städten, Jugendgangs in Deutschland« schreiben: »Sie kämpfen um Ruhm, Ehre und die Kontrolle über ihre Hoheitsgebiete. Mit Fahrradketten, nagelbespickten Baseballschlägern, Butterfly-Messern, Wurfsternen, Leuchtspurgeschossen, Molotowcocktails und asiatischen Kampfhölzern bewaffnet, ziehen sie in die Schlacht. Allein in Westberlin schlagen nach Schätzungen der Polizei mehr als 4000 Jugendliche zwischen vierzehn und fünfundzwanzig Jahren brutal aufeinander ein« (S. 7/8).

Die Orientierungsprobleme auf der Suche nach einem Weg in ihre Zukunft stammen jedoch keineswegs nur aus pubertärer Verwirrung der Jugendlichen selbst, sie werden auch von den Eltern, Lehrern und Politikern provoziert, wie gerade auch die Ereignisse von Hoyerswerda, Rostock, Mölln und Solingen deutlich gemacht haben; Farin und Seidel-Pielen schlußfolgern: »Freilich sind die Platzhirschrituale der Gangs ein Gradmesser für den aktuellen Entwicklungsstand der multikulturellen Gesellschaft. Die blutigen Gruppenkämpfe zeigen, wie konzeptionslos die Einwanderungspolitik der Bundesrepublik verfahren ist. Anders als die Generation der Erwachsenen können sich die Heranwachsenden der achtziger und neunziger Jahre um eindeutige Stellungsnahmen zur Zukunft eines neuen, multiethnischen Deutschlands nicht mehr herumdrücken. Diese Jugendlichen spüren, daß der unangefochtenen Dominanz der Mehrheitsgesellschaft in Wirklichkeit die Stunde geschlagen hat. Und ihre ›ausländischen‹ Altersgenossen fordern die Bürgerrechte ein ... In der Zwickmühle stecken vor allem deutsche und türkische Jugendliche ...« (S. 10).

Gleichaltrigkeit begünstigt also offenbar durch ungelöste Probleme, Vorurteile, Feindbilder und Anpassungsprozesse Gewalt. Letztlich stammt sie aber trotz des in jedem Menschen steckenden Aggressionspotentials nicht aus den Kindern und Jugendlichen selbst, denn niemand wird gewalttätig, der nicht vorher schon selbst Opfer von Gewalt geworden ist. Wir müssen uns also auf die Suche nach den Ursachen in der Familie, in den pädagogischen Institutionen, in der Gesellschaft, in den Medien und in der Politik begeben, und das soll in den folgenden Kapiteln geschehen. Denn Gewalt ist nur ein Symptom defizitärer bzw. unangemessener Erziehungsprozesse.

6. Familiäre Gewalt

- *Scheidung der Eltern, Schlüsselkinddasein, Alkoholismus, Nikotin-, Tabletten- und Drogenkonsum im Umfeld der Kinder, Schlagen, sexuelle Übergriffe, aber auch ein Mangel an Haut- und Körperkontakten sowie Ansprache sind neben Übererwartungen und schlechten Wohnbedingungen Formen familiärer Gewalt.*
- *Mit Ausreißen und Terrorisierung ihrer Eltern weisen Kinder auf unangemessene Erziehungsstile hin.*
- *Väter, die einen frauenfeindlichen und Macho-Verhalten fördernden Erziehungsstil pflegen, überfordern die natürliche Sozialkompetenz ihrer Kinder.*

Etwa 3 Millionen Kinder leiden in Deutschland nach Schätzungen des »Fachverbandes Freier Einrichtungen in der Suchtarbeit« unter ihren zuviel Alkohol trinkenden Eltern, die Hälfte davon erbt den Alkoholismus »sozial«, also durch Modellernen. Ungefähr 1 Million Kinder werden pro Jahr von ihren Eltern mit Gegenständen schwer geprügelt. 2 Millionen Kinder leben in Deutschland als Scheidungskinder nur noch mit einer Mutter, seltener nur mit einem Vater. Die familiäre Gewalt ist vielfach: Kinder sind schon vor der Geburt unerwünscht oder werden es nach der Geburt, z.B. auch weil sie nicht dem Geschlechtswunsch ihrer Eltern entsprechen. Oder ihnen wird ständig das Gefühl vermittelt, daß sie stören, sie sollen ruhig sein, ins Bett gehen, spielen gehen oder fernsehen, so daß sie mit zu wenig Ansprache, Gespräch, Körperkontakt und Spiel aufwachsen.

In der Folge bleibt ihre Sprachentwicklung retardiert, und sie werden gezwungen, sich familienersetzende Geborgenheit außerhalb der Wohnung, auch bei für sie schädlichen Bezugspersonen und mit allen negativen Einflüssen der Gleichaltrigkeit zu suchen. Wenn sie dabei in eine

Nische mit hoher Akzeptanz von Gewalt geraten, dann werden sie gewalttätig, auch dann, wenn sie eigentlich Aggressionen ablehnen. Überhaupt eine Bezugsperson oder die Einbettung in eine Gruppe zu haben ist ihnen wichtiger als die Ablehnung von Gewalt.

Kinder als Schlüsselkinder allein bzw. einsam zu lassen ist eine Form von Gewalt. So beklagt der »Verein Hamburger Tagesmütter und -väter«, daß die Zahl der alleingelassenen Mädchen und Jungen steigt, weil ihre Eltern die Beiträge für Kindergärten oder -tagesheime nicht mehr bezahlen können und es auch nicht genügend Familien gibt, die bereit sind, Kinder tagsüber aufzunehmen.

In Deutschland laufen jährlich etwa 80 000 Kinder und Jugendliche von zu Hause oder aus einem Heim weg. In Hamburg jährlich etwa zweitausend, 450 von ihnen für sehr lange Zeit oder für immer. Die Ursachen dafür sind vielfältig: grundsätzliche Ablehnung durch die Eltern (neuer Lebenspartner), Übererwartung oder ständige Kritik, Familienstreit, Schulversagen, Angst vor der Arbeitswelt, Mißhandlungen oder sexueller Mißbrauch in der Familie, Abenteuerlust, Liebeskummer oder Sehnsucht nach positiveren Bindungen, Abdriften in die Drogenabhängigkeit oder eine Jugendsekte.

Manchmal steht am Beginn eines solchen »Trebeganges« nur der Wunsch, daß die Eltern aus Sorge um ihr abhandengekommenes Kind ihren Erziehungsstil ändern und mehr Gefühl und Verständnis zeigen. Schon immer liefen Kinder von ihrem Zuhause weg – beispielsweise, um als Schiffsjungen anzuheuern; doch in den vergangenen 20 Jahren hat sich ihre Zahl wegen zunehmend zerfallender Familien verdoppelt.

Was sie sich von ihrem Ausreißen erhoffen, erfüllt sich allerdings so gut wie nie, es sei denn, in der Familie wird es danach ein wenig besser. In der »großen weiten Welt« werden sie immer enttäuscht. Oft zieht es sie in das Milieu der Bahnhöfe großer Städte. Dort werden sie leicht Opfer von kaputten Menschen wie Freiern, Drogenfreaks, kriminellen Cliquen oder religiös verirrten Gruppen, die Familienersatz zu bieten scheinen.

Die Ausreißer unterschätzen ihre finanzielle Not und sind daher gefährdet, ihren Körper und ihre Seele mitsamt ihren Illusionen zu verkaufen. Je länger sie von zu Hause weg sind, desto mehr rutschen sie ab, desto weniger mögen sie das zugeben und desto geringer wird ihre Bereitschaft, je wieder zurückzukehren. Findet man sie, müssen sie »decodiert« und mühselig an ihre Familien gewöhnt werden, die auch verändert werden müssen. Kinder, die aufwachsen zwischen Liebe, Ansprache, Forderungen und mit Bezugspersonen, die es auch in Krisen mit ihnen aushalten, kommen nie auf die Idee, wegzulaufen.

Junge Ausreißer kündigen ihre Absicht in der Regel mehrmals an, weil sie sich schon von der bloßen Ankündigung eine Verbesserung ihrer Situation voller innerer und äußerer Not erhoffen. Eltern, die sich nicht selbst zu helfen wissen, sollten sich an einen vertrauenswürdigen Lehrer oder Schulleiter, eine Erziehungsberatungsstelle oder an die Sozialen Dienste wenden.

Im Moment wird viel über sexuelle Gewalt durch Väter, Mütter, Freunde und Verwandte in Familien geklagt. Angeblich steigen die Zahlen derartiger Übergriffe enorm, so werden für 1992 etwa 50 000 Sexualdelikte in Familien, meist gegen Mädchen, etwas seltener gegen Jungen angegeben. Wahrscheinlich hat sich das Phänomen aber weniger verändert als die Wahrnehmung dafür, so daß lediglich die Dunkelziffern abgenommen haben.

Eine traurige Begleiterscheinung der Diskussion über sexuelle Gewalt gegenüber Kindern in Familien ist, daß aus Angst vor falscher Bewertung immer mehr Väter und auch Mütter darauf verzichten, ihren Kindern die notwendige Dosis an körperlicher Zuwendung zu geben, denn jedes Streicheln, Kuscheln im Bett oder gemeinsame Baden könnte als Perversion oder Inzestvorspiel mißverstanden werden.

Besonders schlimm sind Heimkinder dran, sie wachsen weitgehend ohne den zwischen Eltern und Kindern üblichen Körper- und Hautkontakt heran, bleiben dabei so defizitär, daß sie sich das auch für sie notwendige Maß an Zuwendung dann vielfach in geballter Form durch sexuelle Kontakte in der Gleichaltrigkeit, auf dem Strich oder durch Vergewaltigungen selbst verschaffen; und das alles geschieht nur, weil ihre Erzieher und Erzieherinnen es sich nicht leisten können, dem Wunsch der Heimkinder nach harmlosen Körperkontakten zu entsprechen.

Kinder, die mit wenig körperlicher Nähe zu ihren Eltern aufwachsen, haben eine andere, eine fahlere, sprödere Haut; sie versuchen sich durch Onanie, durch homoerotische Kontakte, durch Eincremen, Sonnenbaden, Massagen und Saunieren kompensatorisch selbst Zuwendung nachzureichen, damit ihre Hautsinnlichkeit wieder stimmt.

Verzärteln, Verhätscheln und ein Übermaß an Schmusen sind also nicht der einzige Weg, um in der emotionalen Erziehung von Kindern etwas falsch zu machen; auch der asketische, soldatisch-preußische und klerikal-körperfeindliche Verzicht auf emotionale Nähe zum kindlichen

Körper ist eine vergleichbare Gewalt. Kinder, die mit einem Mangel an Haut- und Körperkontakten aufwachsen, auch weil sie vielleicht nicht besonders niedlich oder anfassig sind, leiden ebenso wie die, die mit einem Übermaß an Liebe oder gar mit sexuellen Übergriffen ihrer Bezugspersonen fertig werden müssen.

Es gibt aber nicht nur Gewalt von Eltern gegen Kinder, beispielsweise auch in der Form von permanenten Überforderungen bzw. Übererwartungen in Richtung auf das »verplante Kind«, und Gewalt durch Geschwister, sondern auch die Art der familiären Gewalt, daß Eltern von ihren Kindern tyrannisiert werden.

Der Würzburger Kinder- und Jugendpsychiater Gerhardt Nissen stellt einen rasanten Anstieg dieses Phänomens bei Familien mit inkonsequentem Führungsstil, mit laissez-faire bzw. »antiautoritärem« Wachsenlassen des Kindes ohne Forderungen und Grenzerfahrungen fest:

»Gabi Berg liebt ihren Sohn Mike über alles. Wenn der 14jährige nachts Spaghetti haben möchte, springt sie aus dem Bett. Für Wochen erstellt der Gymnasiast einen Küchenplan für seine Mutter. Hält sie sich nicht daran, muß Frau Berg sich übel beschimpfen lassen.«

Ein anderes Beispiel aus seiner Praxis: »Der 15jährige Marek ist ein Scheidungskind. Nachdem der Vater die Familie verlassen hatte, übernahm der Junge seine Rolle im schlechten Sinne. Er erteilt der Mutter Befehle. Manchmal setzt es sogar Ohrfeigen.«

Der Grundstein für dieses Verhalten wird meist im Säuglingsalter gelegt. »Eltern müssen schon früh klar abgrenzen. Wer seinem Kind immer wieder zu verstehen gibt, daß es das Liebste und das Schönste auf der Welt ist, und alles gewährt, gerät in einen Teufelskreis. Anfangs mag es ja amüsant sein, sich dem Kommando des Nachwuchses zu unterstellen. Später wird es schwierig«, sagt Nissen. Die Weichen für ein ausgeprägtes Gewissen müßten rechtzeitig gestellt werden. »Je länger dem Kind keine Grenzen gesetzt werden, um so schwieriger wird es.« Auch die Kinder, so der Arzt, sind nicht glücklich, wenn sie die Eltern beherrschen. »Sie wissen, daß sie etwas Falsches tun, daß sie im Unrecht sind.«

Die Gründe für eine »weiche Erziehung« sind vielfältig. Sie können in der psychischen Veranlagung der Eltern liegen. So hat ein Elternteil vielleicht Depressionen, möchte in Ruhe gelassen werden und erlaubt alles, um Konflikten aus dem Wege zu gehen. Oder die Eltern sind sich selbst genug, das Kind stört sie eigentlich nur. »Es gibt jedoch auch viele Familien, in denen Uneinigkeit herrscht. Der Vater sagt hü, die Mutter hott.

Die Kinder machen, was sie wollen, spielen die Eltern gegeneinander aus«, sagt Nissen.

Nicht nur Jungen, auch Mädchen können zu Tyrannen werden. Sabine (13) etwa nutzt ihr Elternhaus als »Hotel«. Sie weigert sich zu helfen, läßt sich nur bedienen. Nissen: »Das ist kein Einzelfall.« Besonders häufig seien alleinerziehende Mütter betroffen, die ihre ganze Liebe auf das Kind konzentrieren. Sie wissen von klein auf an, daß sie alles fordern können. Auch berufstätige Eltern, die oftmals »ein schlechtes Gewissen mit Freizügigkeit kompensieren wollen«, können zur Zielscheibe ihres Nachwuchses werden.

Gerhardt Nissen möchte diese Beispiele jedoch nicht als einen Aufruf zur autoritären Erziehung verstanden wissen. »Das Wichtigste für ein Kind ist Liebe. Sie darf aber nicht zur Affenliebe ausarten«, sagt er. »Kinder müssen, um auch im späteren Leben bestehen zu können, früh ihre Grenzen kennenlernen.« –

Abschließend soll noch erwähnt werden, daß familiäre Gewalt sich auch in Fehlernährungen der Kinder offenbart, deren Körper bestimmte Vitamine und Spurenelemente entweder zuwenig oder zuviel erhalten, die einseitig beispielsweise mit Cola, Ketchup, Zucker, Weißbrot, Schokolade, Pommes frites und Hamburgern vollgestopft werden, die überfüttert oder unterernährt werden oder die bei jeder Kleinigkeit mit Medikamenten abgespeist werden. Opfer von Fehlernährungen sind übrigens insbesondere Jungen, die bis zur Mitte des Jugendalters stärker von Krankheiten bedroht sind als Mädchen.

Auch eine zu kleine Wohnung, kettenrauchende und drogenkonsumierende Eltern, das Fehlen eines Arbeitsplatzes für die schulischen Hausaufgaben, der Mangel eines eigenen Zimmers oder gar eines eigenen Bettes für das Kind können familiäre Gewalt sein, ganz zu schweigen von einem Macho-Verhalten fördernden und frauenfeindlichen Erziehungsstil, den viele Väter nicht nur in zugewanderten Familien anderer Kulturen (Roma, Cinti, Türken, Araber, Inder ...), sondern leider auch immer noch in deutschen Familien pflegen. Sie überfordern damit die natürliche Sozialkompetenz und den noch heilen Gerechtigkeitssinn ihrer Kinder auf grausame Weise, zumal in Anbetracht der Kollision mit den Werten unserer Gesellschaft, die diesen Kindern in Deutschland täglich durch das Kennenlernen anderer Familien, in der Schule und durch die Medien bewußt wird.

7. Gewalt in der Schule

- *Gewalt in der Schule hat es schon immer gegeben, aber die Wahrnehmung dafür hat erst in letzter Zeit zugenommen.*
- *Immer jüngere Schüler neigen zu immer mehr Gewalt, die Gewalttätigkeiten werden immer brutaler.*
- *Lehrerbildung und Arbeitsplatzbeschreibung der Lehrer sind zu fachwissenschaftlich; sie sorgen für Defizite in der sozialpädagogischen Kompetenz und vernachlässigen den Erziehungsauftrag der Schule.*

Anfang 1993 hat das schleswig-holsteinische Bildungsministerium eine Studie zur Gewalt an Schulen veröffentlicht. 2300 Lehrer, Schüler und Eltern wurden an 59 Schulen des Landes anonym befragt. Als Resümee kommt dabei heraus: »Der Gewalt-Sockel ist sehr hoch«. 14 % der Schüler haben »häufig bis sehr häufig« Prügeleien unter Schülern beobachtet, 7 % registrierten den Einsatz von Waffen, 13 % körperliche Gewalt von Schülern gegen Lehrer und gar 52 % »verbales Fertigmachen der Lehrer durch Schüler«. 4 % der Mädchen und 2 % der Jungen sind sexuell in der Schule belästigt worden.

Vor allem in den Pausen und auf dem Schulweg ereignet sich Gewalt. Als Tendenz wird beschrieben: Je niedriger die soziale Schicht, desto mehr Gewalt in der Schule, je kleiner die Stadt, desto mehr Aggressionen sind zu beobachten, große Städte wie Lübeck oder Kiel haben friedlichere Schüler. Insgesamt wird ein Zusammenhang zwischen Gewalt und Unterrichtslärm bzw. Unterforderung und Langeweile beschrieben.

Parallel dazu hat der Landesverband Hamburg der »Gewerkschaft Erziehung und Wissenschaft« eine Studie über die Berufszufriedenheit der Lehrer erstellt, aus der hervorgeht, daß jeder 2. Lehrer unter Lärm, Unruhe, Aggressionen und unsozialem Verhalten der Schüler leidet und daß deswegen nur noch etwa 10 % aller Lehrkräfte das Pensionsalter erreichen.

Von 400 befragten Lehrern beklagen 103 »zu komplizierte, problembeladene, verhaltensauffällige Kinder«, 67 fühlen sich durch »destruktives, unsoziales Schülerverhalten« und 58 durch »Lärm und Unruhe in der Klasse« belastet.

Der Landesverband Hamburg des »Deutschen Lehrerverbandes« faßt die Lehrersituation noch anders zusammen: »Die Lage spitzt sich zu, weil es zu viele alte und zu wenige junge Lehrer gibt«; an vielen Schulen ist kaum noch ein Lehrer unter 50 Jahren zu finden.

Der Bielefelder Jugendforscher Klaus Hurrelmann bedauert, daß »Schulhöfe immer mehr zu Orten der Gewalt« werden würden: »Wenn Schüler heute aufeinander einprügeln, geht es weit brutaler zu als früher... Die Täter kennen keinen Ehrenkodex mehr.« Nach seiner Auffassung sind rund 15 % eines Altersjahrgangs gewalttätig, für Mecklenburg-Vorpommern wird aber bereits eine Zahl von 45 % angegeben. Nach Hurrelmann sind 20 % aller deutschen Schüler »verwahrlost«, d. h. bindungslos, bindungsarm oder bindungsunfähig gegenüber Bezugspersonen, Normen und Werten sowie der eigenen Zukunft.

Gewalt ist aber – und darin liegt noch ein Stück pädagogischen Optimismusses – auch ein »sozialer Notruf nach Aufmerksamkeit, Zuwendung und Anerkennung«. Aggressiv reagieren auch Kinder, die von ihren Eltern mit dem ständigen Schielen auf die Abitur-Bescheinigung unter Leistungsdruck gesetzt und bei schulischem Versagen bestraft werden.

Im »stern« Nr. 8 aus dem Februar 1993 findet sich ein bezeichnendes Stimmungsbild aus der Berliner Karl-Bröger-Schule:

»Manchmal, während einer Regenpause im Schulgebäude etwa, hat man den Eindruck, als wäre man in einen aufgestörten Hornissenschwarm geraten. Hornissen, die jede Orientierung verloren haben und jetzt in Panik übereinander herfallen: jeder auf der Hut, den Springmesserblick eingeschaltet. Jeder gegen jeden. Aus dem Stand explodieren sie wegen nichts: ein ungebührlicher Blick, ein zufälliges Anrempeln im Gedränge, ein versehentliches Touchieren beim angetäuschten Kickboxen – ein ›Sport‹, den die Mehrheit der Jungs perfekt beherrscht und täglich in den Pausen übt – so ein Nichts reicht, daß sie übereinander herfallen.

Dazu das Gebrülle. Schrill, überkippend; plötzlich ausbrechend aus dem allgemeinen Lärmpegel. Ein gellendes ›Arsch‹, ›Fotze‹, ›Stech dich ab!‹

oder ›... lebend hier nicht raus!‹ Und dazu: Türkisches in höchsten Tönen.«

An deutschen Schulen entsteht jährlich durch Zerstörungswut ein Sachschaden von 200 Millionen Mark – mit steigender Tendenz und vor allem an großen Schulen.

Schon 1974 hat die Hamburger Schulbehörde eine Gewaltstudie über die Hauptschulen im Aufsichtsbezirk Altona/Elbgemeinden erstellt, und bereits damals wurde in ihr von »Formen massiver Opposition gegen die Schule«, von »Verrohung der Verhaltensweisen«, von »brutalen Schlägereien«, von »Mitführen von Messern, Würgeketten, Schlagringen u. ä.«, von »Terrorisierung oder Erpressung einzelner Mitschüler«, von »völlig fehlendem Gemeinschaftsgefühl der Schüler« und von »Hilflosigkeit der Lehrkräfte« gesprochen; im Detail wurde über »Urinieren in Manteltaschen« oder über Hauptschüler geklagt, die »Unterstufenschüler in einen Kellerschacht sperrten und einen schweren Fußabtrittrost darübersetzen«.

Aber die Zeit war für die Wahrnehmung von Schulgewalt noch nicht reif, so daß der Landesschulrat anordnete, die Studie unter Verschluß zu nehmen.

Vor fast 2 Jahren hat dann das Frankfurter Schulamt eine Studie zur Gewalt vorgelegt, die bundesweit mit hoher Aufmerksamkeit ausgeschlachtet wurde: im Oktober letzten Jahres folgte die Hamburger Schulbehörde mit einer »Erhebung« der Gewaltphänomene an 169 Schulen, und jüngst gab es auch in München einen derartigen Aufschrei.

Die Phänomene sind überall gleich:

- 90 % der Täter sind Jungen, aber auch die Opfer sind fast ausschließlich männlich.
- Nötigung, Erpressung, Bedrohung, Körperverletzung, Diebstahl und Sexualvergehen werden bei immer jüngeren Schülern, in stetig größer werdenden Zahlen und mit einer Steigerung der Gewaltqualität beobachtet. Während man früher aufhörte, wenn das Opfer am Boden lag, tritt man ihm heute noch ins Gesicht.
- Lehrer beklagen das nachlassende Unrechtsbewußtsein bzw. die Unfähigkeit zu Schuldgefühlen und eine immer niedriger werdende Hemmschwelle für Aggressionen.

- Kinder gewöhnen sich an Gewalt als Kommunikationsmittel, so daß auch die sprachliche Verrohung immer mehr zunimmt.

Nach jahrelanger Verdrängung aller Vorboten in bezug auf die Veränderungen von Kindern und Jugendlichen bedurfte es offenbar der traurigen Höhepunkte von Hoyerswerda, Rostock, Mölln und Solingen, um die Wahrnehmungsbereitschaft der Öffentlichkeit für Gewaltphänomene zu erhöhen und nach Ursachen und Auswegen zu suchen.

Bezogen auf die Ursachen hat man zunächst in die USA geguckt und dort die »Spirale der Gewalt« in Städten wie Los Angeles und New York, wo schon Schulanfänger mit kugelsicheren Westen ausgestattet werden und Lehrer mit Waffen in den Unterricht gehen, analysiert und sich gefragt, ob unsere Gesellschaft früher präventiv zu reagieren in der Lage ist als die amerikanische.

Sodann hat man nach Auslösern von Gewalt in unseren Familien, in den Medien, in den Schulen und in vielen gesellschaftlichen Nischen gesucht. Und da fielen zur Erklärung vor allem der Familienzerfall, die Vaterlosigkeit vieler Kinder bzw. die lieblose Väterlichkeit, Morde auf dem Bildschirm, gewaltreiche politische Auseinandersetzungen bis hin zum Golfkrieg und zu den Nationalitätenkonflikten auf dem Balkan, aber auch ein Mangel an historischer und politischer Bildung sowie die schulische Systemgewalt auf, die mit einer nur vierjährigen Grundschule, mit der konkurrenzschürenden Dreigliedrigkeit in der Sekundarstufe I, mit Noten, Leistungskursen, Zeugnissen, Abschlußberechtigungen, Numerus-clausus-Engpässen, Sitzenbleiben und Rückläuferschicksalen, also mit Selektionsmechanismen so angelegt ist, daß sie Gewinner und Verlierer produziert. Eine Überbetonung der Wissenschaftsorientierung, die sich in für Kinder unüberschaubar großen Schulen mit der Dominanz von Fachlehrer- und Kurssystemen niederschlägt, habe – sagen viele – zur Vernachlässigung des pädagogischen Anteils von Schule geführt und ihr den Vorwurf eingehandelt, sie erfülle nicht ihren Erziehungsauftrag.

Viele fordern daher eine veränderte Schule für veränderte Kinder, mit einem Mehr an sozialpädagogischer, psychologischer und präventionspädagogischer Kompetenz in der Lehrerbildung, mit einem Mehr an Klassenlehrerpädagogik und mit einer zeitgemäß reformierten Arbeitsplatzbeschreibung für Lehrer, die weniger Stundengeber und mehr Sozialarbeiter sein müßten, die in der Lage sein sollten, Kinder in ihrer Biographie und in ihrem Milieu zu verstehen sowie mit ihnen eine Werteerziehung auf der Grundlage der »Wiederentdeckung der Grenzen« im mitmenschlichen Zusammenleben durchzuführen, und die bereit sein müßten, mit ihnen ein Stück des Weges zusammenzuleben, und zwar auch begrenzt familienersetzend.

Das moderne Kind ist einsam; seine Gewaltbereitschaft gegen Sachen, gegen Menschen oder gegen sich selbst (Magersucht, Flucht in Drogen, Todessehnsucht) ist eine Antwort auf Bindungsdefizite, Langeweile, Vernachlässigung, fehlende Anerkennung, mangelnde Sinnerfüllung und Perspektivarmut. Seine Lebensumwelt ist allzu oft lieblos gestaltet, ist von großen Straßen zerschnitten und vielfach auf kleinste Wohnungen mit einer häufig abwesenden alleinerziehenden berufstätigen Mutter begrenzt. Es muß zwischen stehendem und rasendem Autoblech spielen, sein Bewegungsmangel und sein Defizit an Umwelterfahrungen bewirken Koordinations- und Sinnesschwächen. Auf der Suche nach Ersatz für fehlende Mitmenschlichkeit beschäftigt es sich bis zu 9 Stunden am Tag mit Bildschirmen oder mit Game-Boys; es kompensiert sein Auf-sich-allein-Geworfensein mit psychosomatischen Störungen und kanalisiert seine unerfüllten Zuwendungs-, Geborgenheits- und Bestätigungsbedürfnisse in soziale Nischen hinein, in denen Stärke bzw. Gewalt ein anerkanntes rangordnungsbildendes Mittel ist, weil es mit den sonst üblichen Kategorien Tüchtigkeit oder Beliebtheit erfolglos blieb (Straßencliquen, Stadtteilgangs, Jugendbanden, Graffiti-Szene, Crash-Kids, S-Bahn-Surfer, rechtsradikale Gruppen...).

Wenn junge Menschen erst einmal gelernt haben, daß es in ihrer subkulturellen Nische einen Zusammenhang zwischen Aggression und Erfolg gibt, dann verlieren für sie althergebrachte abendländische Normen ständig an Bedeutung; sie trainieren im Alltag aggressives Sich-Wehren, gerade auch an Orten ihres Scheiterns, also beispielsweise in der Schule, und gegenüber sich gerade anbietenden, also zufällig aktuell vorhandenen, aber austauschbaren Feindbildern (Asylbewerber, Ausländer, Behinderte, Homosexuelle oder politisch Andersdenkende), die ein geborgenheitgebendes Wir-Bewußtsein fördern. Wer als Verlierer unten steht, ist froh, wenn er noch andere unter oder neben sich findet, auf die er beim Strampeln nach oben treten kann; er braucht Opfer, um selbst in etwas besserem Licht dazustehen.

Daß alle 16 deutschen Bundesländer jeweils ein anderes Schulsystem haben und daß auch innerhalb der Länder eine Fülle verschiedenster Schulformen und Schulversuche angeboten wird, wird unter dem Aspekt »exzessiver Pluralismus« häufig beklagt. Einen Vorteil haben die vielen Modelle jedoch; sie führen rein erzieherisch gesehen zu höchst unterschiedlichen Effekten, gerade auch in bezug auf Integration, Solidarität,

Sozialverhalten, Toleranz und Werteerziehung. Landauf und landab zeichnen sich schulgestalterische Lösungen ab, die gegen Haß, Fremdenfeindlichkeit, Diskriminierung und Gewalt und damit auch gegen die Tendenz einer »immer mehr aus den Fugen geratenen Welt« wirken und deren flächendeckende Ausweitung häufig nur an ihren zusätzlichen Kosten scheitert bzw. weil Kinder in politischen Kreisen immer noch nicht als wichtigste Zukunftsinvestition einer Gesellschaft verstanden werden.

Dazu gehören so unterschiedliche Elemente wie die sechsjährige Grundschule (Berlin, Brandenburg) statt der vorherrschenden vierjährigen, Vorschulklassen, »Volle Halbtagsschulen«, die die Schüler von 7 bis 14 Uhr unabhängig vom Unterricht versorgen, der Hort an der Grundschule, der »Pädagogische Mittagstisch«, Ganztagsschulen, nachmittägliche Neigungskurse und Hausaufgabenhilfe, Patenschaften zwischen älteren und jüngeren Schülern und die Vermeidung der »Restbewußtsein« begünstigenden Hauptschule durch ein zweigliedriges Schulsystem mit einerseits eher studienbezogenen Schulen, die man auch nach Klasse 10 verlassen kann (Gymnasien), und andererseits eher berufsbezogenen Schulen, über die man auch das Abitur erreichen kann (Gesamtschulen, Sekundarschulen, Stufenschulen, Schulzentren, Regionale Schulen, »Regelschulen« [Thüringen], Differenzierte Mittel- oder Realschulen, Integrierte Haupt- und Realschulen). Gewaltmindernd sind aber auch Integrationsklassen und Integrative Regelklassen, überschaubare Schulen mit höchstens 800 Schülern, Stadtteil- bzw. Nachbarschaftsschulen mit hohem Autonomiegrad (Hamburg, Berlin), Berichts- statt Notenzeugnisse, Profilabschlüsse statt des herkömmlichen dreigliedrigen Abschlußsystems, die von Fach zu Fach beschreiben, was der einzelne Schüler kann, eine Klassenlehrerpädagogik mit Hausbesuchen, Elternstammtischen, Klassenlehrerstunden und Engagement für das außerunterrichtliche Schulleben oder die Gemeinwesensarbeit, Offener Unterricht, Soziales Lernen, Projektunterricht, gemeinsames Frühstükken und Stuhlkreisgespräche am Beginn eines jeden Unterrichtstages und schließlich eine Lehrerbildung, die vom Primat der fachdidaktischen Qualifikation weg zu einem sozialpädagogischen, psychologischen und lern- sowie verhaltensgestörtenpädagogischen zweiten Standbein führt. Denn neue Lehrer braucht unser Land; bislang treten allzu viele junge Menschen in das Lehrerstudium ein, die lediglich ebensolche Stundengeber werden wollen, wie sie sie selbst als Schüler hatten.

Gewalt an Schulen ist kein neues Phänomen. Schon 1974 hat eine Hamburger Behördenstudie an Hauptschulen ein erschreckendes Aggressionspotential ausgemacht, nur die Zeit war für seine entschiedene Wahrnehmung noch nicht reif. Offenbar war sie es auch 1982 noch nicht, als eine Analyse über das Wohlbefinden der deutschen Hauptschullehrer konstatierte, daß 90 % von ihnen »das Klassenklima durch Schüleraggressionen als erheblich belastet empfinden. Aber 1990 steht in dem Bericht der Gewaltkommission der Bundesregierung: »Noch haben wir keine amerikanischen Zustände,« aber schon 27 % aller Schülerunfälle seien die Folge gewalttätiger Auseinandersetzungen...

8. Gewalt durch die Schule

- *Schule übt mit ihrem Selektionsmechanismus, mit einer unzeitgemäßen Lehrerbildung, mit unangemessenen Lehrerverhaltensweisen, mit Stundengeberei, mit übertriebenem Fachlehrer- und Kursprinzip in übergroßen Systemen, mit zu großen Klassenfrequenzen und durch Stundenausfall strukturelle Gewalt aus.*
- *Fachwissenschaftliche, sozialpädagogische, psychologische und präventionspädagogische Kompetenz müssen möglichst in der Person des engagierten Klassenlehrers gebündelt sein*
- *Bildungspolitische Sparmaßnahmen fördern schulische Gewalt.*

Einerseits bringen immer mehr Schüler Aggressionen in die Schule mit, tragen also Gewalt von außen hinein, andererseits gibt es Gewaltopfer von Mitschülern auf Schulweg und Schulhof.

Die Schule als Institution und das Lehrerverhalten können aber auch gewalttätig gegenüber dem Schüler sein, wobei die Schuld zum Teil auch wieder bei den Eltern liegt.

Wenn heute in Großstädten etwa 40 % der Viertkläßler von ihren Eltern zum Gymnasium gemeldet werden, obwohl manchmal die Hälfte von diesen Schülern keine Gymnasialempfehlung hat, wenn Eltern mit aller Gewalt aus Sozialprestige- und Berechtigungsgründen im Kampf um die Verteilung von Lebenschancen ihren dafür ungeeigneten Sohn, etwas seltener ihre Tochter, zum Abitur treiben wollen, dann muß sich das dreigliedrige Schulsystem zwangsläufig gewaltsam auf die Kinderseele auswirken.

Gewalttätig ist die Schule selbst aber auch, wenn sie sich nicht auf eine veränderte Schülerschaft umstellt, wenn sie unzeitgemäß mit ihrem Fachlehrer- und Kurssystem, mit wissenschaftsorientierter Stundengeberei in übergroßen Systemen ohne Klassenlehrerpädagogik, ohne Präventionspädagogik und ohne sozialpädagogische Kompensation die veränderten Familien- und Gesellschaftsstrukturen vernachlässigt.

Die Lehrerbildung mit sozialpädagogischen, psychologischen, ernährungswissenschaftlichen, verhaltensgestörtenpädagogischen und lernbehindertenpädagogischen Defiziten und die Arbeitsplatzbeschreibung für Lehrer, die sich auf Unterricht, Stundenvorbereitungen, Klassenarbeiten, Konferenzen, Elternabende und gelegentliche Ausflüge, Klassenfahrten, Besichtigungen und Praktika beschränkt, die den Klassenlehrer durch den Tutor ersetzt hat und den einzelnen Pädagogen mit etwa 200 Schülern pro Woche in seiner Wahrnehmungs-, Verständnis- und Zuwendungskompetenz überfordert, sie lassen Schule als Selektionsbetrieb im Kampf um die Noten, Punkte und Abschlüsse etwas gewalttätiger geraten, sie geben ihr einen Anflug von Charles Darwins »Kampf ums Dasein«.

Klaus Hurrelmann hat dazu recherchiert: »Wo scharfer Wettbewerb und unfaire Leistungsbeurteilung herrschen, steigt das Gewaltniveau deutlich an. Auch große Schulen mit anonymen Beziehungen sowie unübersichtliche und ungepflegte Schulgebäude machen die Schüler aggressiver.«

Um 1970, als der Deutsche Bildungsrat mit seinem Strukturplan die moderne wissenschaftsorientierte Schule in Form von Schulzentren und übergroßen Gesamtschulprojekten initiierte, wollte man Begabungsreserven unter der Landbevölkerung, den Mädchen und den Arbeiterkindern auftun, um im Wettkampf der Systeme zwischen Ost und West nach dem »Sputnikschock« mehr Abiturienten zur Überwindung des vermuteten Technologiedefizits im Westen produzieren zu können. Integration aller Schichten, Differenzierung und Individualisierung waren die begleitenden Schlagworte, die über Jahrhunderte gewachsene pädagogische Grundeinsichten abholzten: Mobilität stand plötzlich gegen Geborgenheit und den Wert der festen Gewohnheiten, ein breites Fächer-, Kurs- und Niveauangebot, das jedem Schüler einen maßgeschneiderten Bildungs-Anzug ermöglichen sollte, stand gegen den Wert von Klassenverbänden und Klassenlehrerprinzip. Die Lehre von den sinnvollen Größen in der Pädagogik wurde mit der Konzeption von Großsystemen für 2400 Schüler vernachlässigt: Elemente wie Hausbesuche, Klassenleben, Kontinuität der Betreuung durch die Bezugsperson des Lehrers und Kontrolle des Erziehungsfortschritts, Hausaufgabenhefte, gemütliche Gestaltung der Wände und des Klassenraumes mit Schülerarbeiten, Bildern, Aquarien, Pflanzen, Kerzen in der Adventszeit, Klassenchronik, Fahrradtouren am Wochenende mit Schlafsack, Gitarre, Lagerfeuer und Geländespielen, alles das wurde in die pädagogische Klamottenkiste verdammt und durch kahle Räume, Fachlehrer, die auch am Ende des Schuljahres noch nicht alle Namen ihrer Schüler kannten, Sozialflächen und durch das Motto ersetzt: in jeder Stunde sitzt man in einem anderen Raum bei einem anderen Lehrer in einem anderen Fach neben einem anderen Schüler, und wenn es nicht klappt, gibt es ein Beratungszentrum, in dem Sozialpädagogen, Psychologen, Präventionslehrer, Beratungslehrer und neuerdings auch Familienhelfer an dem Kind herumreparieren.

Kinder brauchen aber nicht die Aufteilung ihrer Persönlichkeit auf die Kompetenzen verschiedenster Fachleute, sie benötigen die Bündelung möglichst vieler Kompetenzen in einer Person, und das kann nur die Bezugsperson Klassenlehrer sein, die dafür aber auch ausgebildet sein muß. Die Gefahr, einer solchen Person mit Haut und Haaren ausgeliefert zu sein, kann durch das Co-Teaching (2 Lehrer, also auch 2 Klassenlehrer) oder durch das Team-Teaching (mehrere Lehrer wachsen z.B. mit 3 Klassen hoch, jeder Schüler findet unter ihnen eine ihm angemessene Bezugsperson) minimalisiert werden.

Wie in jedem Beruf gibt es auch im Lehrerberuf viele ungeeignete Personen, die Schüler nicht zu motivieren vermögen, die sich nicht individuell auf den einzelnen Schüler und seine Probleme einstellen wollen oder können, die Lieblinge haben und andere verächtlich machen, die sich nicht außerhalb der Stunden für ihre Schüler engagieren, die langweilig sind oder permanent überfordern, ungerecht benoten, mit dem Schlüsselbund werfen oder gar schlagen und sexuelle Motivationen gegenüber einzelnen Schülern nicht verbergen können. Die zufällige Komposition der Lehrer, die eine Klasse unterrichten, begünstigt oder benachteiligt die Schüler, bringt sie Erfolgen näher oder verhindert sie. Schule muß daher von vielen ungeeigneten Lehrern her zwangsläufig ungerecht und daher gewalttätig sein. Jede Schule hat nur etwa 10 bis 20 % wirklich gute Lehrer, so daß manch ein Schüler trotz seiner Lehrer zum Abitur kommt, manch einer aber auch wegen seiner Lehrer erfolgreich ist oder gar scheitert.

Und die schulsystembedingte Gewalt wird wohl noch zunehmen:

Größere Klassen, weniger Unterricht und Mehrarbeit für Lehrer: Den Schulen in den alten Bundesländern drohen angesichts der prekären Finanzlage düstere Zeiten. Besonders hart trifft es die ärmeren Bundesländer. Überall wird es zu Einschränkungen der Schulangebote kommen, wenn nicht die staatlichen Ausgaben in den kommenden Jahren gewaltig gesteigert werden. Diese Prognose ergibt sich aus der jüngsten Untersuchung des Bildungsforschers Klaus Klemm.

Ursache der Entwicklung ist der Anstieg der Schülerzahlen von derzeit 9,1 Millionen auf bis zu 10,7 Millionen (2003). Dies ist vor allem eine Folge der höheren Geburtenzahlen. Sie stiegen im Westen von 586 000 (1985) auf 723 000 (1991). Hinzu kamen Zuwanderungen in die alten Länder. Wenn die zusätzlich erwarteten 1,6 Millionen Schüler unter den gleichen Lernbedingungen wie zur Zeit unterrichtet werden sollten, müßten in kürzester Zeit 100 000 neue Lehrstellen geschaffen werden.

Als Reaktion auf diesen zu erwartenden Trend greifen die Länder bereits heute zu Sparstrategien: Überall kommt es zu einer schleichenden Erhöhung der Klassengrößen. In Bayern werden die Höchstgrenzen heraufgesetzt, in Rheinland-Pfalz und NordrheinWestfalen verringern die Schulen die Unterrichtszeit in den Klassen fünf bis zehn um ein bis zwei Wochenstunden, in Schleswig-Holstein, Hamburg und Berlin wird die Unterrichtsverpflichtung der Lehrer heraufgesetzt.

Gegenwärtig ist, so die Studie, die Ausstattung der Schulen noch nicht durch das westdeutsche Wohlstandsgefälle geprägt. So ist zum Beispiel das reiche Baden-Württemberg unter den Flächenstaaten bei den Ausgaben je Schüler Schlußlicht, das eher arme Niedersachsen ist nach Bayern Spitzenreiter.

Bei der Umsetzung der Sparstrategien werden, so fürchtet Klemm, die ärmeren unter den alten Bundesländern radikaler vorgehen müssen. Spätestens nach der Neuregelung des Länder-Finanzierungsausgleichs von 1995 an erwarten die Wissenschaftler die »Etablierung eines Nord-Süd-Gefälles« bei den Schulangeboten. Die Sparpolitik werde in den Schulhaushalten »tiefe Spuren hinterlassen«.

Mögliche Folgen: Sportunterricht wird an Sportvereine delegiert, Musik an Musikschulen und die Förderung schwacher Schüler an private Nachhilfeinstitute. Schulen, so ist zu befürchten, werden noch mehr zu reinen Lernanstalten ohne Sozialpädagogik.

Ursache der Unwissenheit der Schüler ist weder ein Mangel an Intelligenz noch an Lerneifer, sondern vielmehr die herkömmliche Art und Weise der Wissensvermittlung in Schule und Hochschule, behauptet Howard Gardner, Psychologe an der Harvard-Universität in seinem Buch »Der ungeschulte Kopf«.

Wenn Kinder mit dem Schulbesuch beginnen, schreibt Gardner, haben sie bereits primitive Theorien entwickelt, mit deren Hilfe sie die Schwerkraft und den Blutkreislauf, das Geld und den lieben Gott erklären.

Diese Vorstellungen erweisen sich als außerordentlich robust und beständig gegenüber Veränderungen. Die meisten Schüler und auch Studenten kehren wider besseres Wissen zu ihren früher entwickelten »Urideen« und »Fehlauffassungen« (Gardner) zurück, sobald sie ihre in der Schule erworbenen Kenntnisse nicht mehr im Kontext einer Formel, sondern im Alltag oder in einem unbekannten Zusammenhang anwenden müssen.

Warum aber halten wir unbewußt so hartnäckig an den kindlichen Erklärungsmodellen fest? In der Schule, so der Buchautor, wird eine Fülle von Wissen weitergegeben; jedoch gelingt es den Lehrern nur selten, bei den Schülern Verständnis für biologische, gesellschaftliche oder physikalische Phänomene zu erzielen.

»So wie Schulen gegenwärtig organisiert sind, begünstigen sie ein oberflächliches, rigides und mechanisches Lernen und verhindern zugleich das eigentliche Erkennen«, schreibt Gardner. Schüler, denen vermittelt wurde, daß die Gründe für den Ersten Weltkrieg über ein einzelnes Attentat hinausgehen, seien nicht in der Lage, dieses Wissen auch auf andere Situationen zu übertragen. Sie verlassen die Schule und kehren schnell zur kindlichen Uridee vom »bösen Mann« zurück, der allein für den Ausbruch eines Krieges verantwortlich ist.

Der Prozeß der Verständnisbildung in der Schule erfordert nach Angaben Gardners in erster Linie eine Didaktik und Methodik, die die verschiedenen »Intelligenzen« der Kinder – unter anderem auf sprachlicher, logisch-mathematischer, bildhafter, musikalischer, ästhetischer Ebene – gerecht wird. Bisher aber werde der Unterrichtsstoff in den meisten Schulen einseitig auf der sprachlichen und mathematisch-logischen Ebene dargeboten.

Möglicherweise aber, argwöhnt Gardner, ist die Vermittlung von tiefem Verständnis gar nicht das Ziel der modernen Schule. Zu bequem sei für Bildungspolitiker und Pädagogen schließlich der »Kompromiß der korrekten Antwort«: Die Schule fragt Fakten- und Regelwissen ab, benutzt standardisierte Formen der Bewertung und trennt nach statistischen Kriterien in Versager und Aufsteiger.

Abschließend sei nur noch daran erinnert, daß Schülern durch permanenten Unterrichtsausfall, durch ständigen Wechsel der Lehrer eines

Faches und auch dadurch, daß ihre Eltern keinen Nachhilfeunterricht bezahlen können, die der Freunde aber schon, systembedingt Gewaltsames zugefügt werden kann. Einige Schulen bieten nachmittägliche Hausaufgabenhilfe an, andere arbeiten ohnehin ganztägig und integrieren die Schularbeiten, einige hingegen sortieren sehr schnell Schulversager als Rückläufer aus, andere arbeiten jedoch unter dem Motto: »Bei uns kann man auch den Realschul- oder Hauptschulabschluß machen« und entscheiden sich per Konferenzbeschluß gegen Sitzenbleiben und Rücklaufen. Und in Hamburg bekommt man den Realschulabschluß und das Abitur leichter als in Schleswig-Holstein oder Niedersachsen. Also auch landes- und bundesweit ist Schule nicht gleich Schule; es gibt ein Gefälle – bzw. besser ein buntes Bild – von Ansprüchen, von Integrations- oder Selektionsabsichten, von Förderungen, von Überforderungen und damit auch von höchst unterschiedlichen Gewaltstrukturen.

9. Gewalt durch Übererwartungen und Überfürsorge

- *Kinder, die mit Überfürsorge oder mit ständigen Überforderungen aufwachsen, werden genauso lebensuntüchtig wie Schlüsselkinder.*
- *Übererwartungen sind eine Form von Gewalt; sie zwingen Kinder in die Versagens- bzw. Verliererrolle, aus der sie ihrerseits nur wieder gewaltsam ausbrechen können.*
- *Analphabeten waren meist als Kinder mit Lesestoff unterfordert; Kinder nicht zum Lesen anzuhalten, ist auch eine Spielart von Gewalt.*

Die Amerikaner nennen es »Overprotection«, wenn Kinder unter einem Übermaß an Fürsorge und Verplanung leiden müssen. Das verwöhnte Kind ist im allgemeinen genau so gering sozialisiert wie das Schlüsselkind, was den Grad der Lebenstüchtigkeit anbelangt. Das Schlüsselkind ist vernachlässigt, zeigt einen Mangel an Normen, an Grenzerfahrungen und ist vielfach partiell oder ganz verwahrlost, auch wenn es durch das Auf-sich-allein-Geworfensein gelernt hat, irgendwie zurechtzukommen und sich zu behaupten.

Das Gegenteil ist bei dem mit Übererwartungen geführten Kind der Fall: es leidet unter der erzieherischen Enge, hat wenig Chancen auf Freiräume und das Erproben von Selbständigkeit, es erlebt allzu viele Grenzziehungen, es wird ständig korrigiert, andererseits wird ihm aber auch meist »jeder Stein aus dem Weg geräumt«, so daß es auch nicht richtig lebenstüchtig wird.

Mit elterlichen Übererwartungen erzogene Kinder müssen einem Langzeitprogramm und auf Jahre hin verplanten Lebenszielen ihrer Eltern entsprechen; schon gleich nach der Geburt wird das Abitur angepeilt, sie können schon schwimmen, bevor sie zu laufen vermögen, sie beherrschen schon das Lesen, Schreiben und Rechnen, bevor sie eingeschult werden, sie müssen während der Grundschulzeit Klavier und Geige lernen, werden auf das altsprachliche Gymnasium geschickt, und zwar auch gegen die Grundschulempfehlung, lernen Tennis, Hockey oder Reiten, werden später in den Frühjahrsferien in ein Ski-Camp in die Alpen geschickt und in den Sommerferien zu einem Sprachenaufenthalt nach England oder in die USA. Und wenn es dann in der Schule nicht so läuft, wie die Eltern es sich erhofft hatten, dann kommt noch zweimal in der Woche Nachhilfeunterricht hinzu, so daß solche Kinder mit einem Terminplan wie ein Manager ausgebucht sind, denn die Mütter fahren sie auch noch quer durch die Stadt zum Kindergeburtstag, Training, Musikunterricht...

Verplante bzw. unter Übererwartungen leidende Kinder erleben ständig Niederlagen, sie fühlen sich als Versager oder Verlierer, weil sie immer wieder ihre Eltern enttäuschen. Sie haben, wenn sie klein sind, Angst, die Liebe ihrer Eltern zu verlieren. Wenn sie älter werden, leidet ihr Selbstwertgefühl, sie bekommen Minderwertigkeitskomplexe, aber auch psychosomatische Störungen.

Typisch für verplante, überforderte Kinder sind Asthmaanfälle. Und wenn sie noch älter werden, brechen sie plötzlich aus; die jahrelange sie einengende Erwartungsgewalt läßt sie weglaufen, ausrasten, nikotin- und alkoholabhängig oder drogenabhängig werden, läßt sie in eine Jugendsekte, zu den Autonomen, den Punks oder zu den Grufties abdriften, verleitet sie zu Musik-, Haarschnitt- und Bekleidungsverhaltensweisen, mit denen die Eltern provoziert werden sollen, und animiert sie schließlich, absichtlich in der Schule scheitern zu wollen, um Rache an der vergangenen elterlichen Folter zu nehmen. Solche Jugendlichen verlassen meist auch früher als andere das Elternhaus, sie heiraten früher, und sie sind später nicht nur eher als Gleichaltrige geneigt zu heiraten, sondern sie sind auch stärker gefährdet, gewalttätig zu werden. Für sie gilt ganz besonders die These: »Niemand wird gewalttätig, der nicht zuvor selbst Opfer von Gewalt war.« Ständige elterliche oder durch Eltern bedingte schulische Überforderungen sind eben eine Variante von Gewalt.

Immer wieder beobachtet man, daß Eltern sich selbst Brücken bauen, um ihr Kind auch nach Versagenserlebnissen noch für außergewöhnlich intelligent halten zu können. Zu solchen Rechtfertigungsstrategien gehört nicht nur, daß die Lehrer die allgemeine Schuld bekommen, sondern auch ein Drehen und Wenden aller glücklichen und unglücklichen

Faktoren, wie Elfriede Hammerl es einmal im »stern« im Januar 1993 glossiert hat:

»Plötzlich hat das Kind nicht mehr lauter Einsen. Mit einem Mal ist das Kind nicht mehr die Freude aller seiner LehrerInnen. Neue Lehrpersonen haben die alten abgelöst, die eine mäkelt an des Kindes Schrift, die andere orientiert sich bei der Benotung seiner Weitsprünge am Ergebnis, nicht an seinen Bemühungen (oder umgekehrt). Die Anforderungen ändern sich, und das Kind ist ihnen nicht mehr spielend gewachsen. Es verrechnet sich und schreibt ›angenehm‹ ohne ›h‹. Die Eltern sehen es mit Grausen.

Jahrelang haben sie locker behauptet, daß es auf die Schulnoten nicht wirklich ankäme und daß Intelligenz und Rechtschreibung nur bedingt miteinander zu tun hätten.

Mit guten Noten und einem tadellos rechtschreibenden Kind ließ es sich leicht reden. Jetzt erfahren sie zweierlei: Ersten, daß es ihnen schwerfällt, nicht an der Intelligenz eines Menschen zu zweifeln, der ›angenehm‹ ohne ›h‹ schreibt, und zweitens, daß es ihnen auf die Schulnoten leider doch ankommt.

Weil: Die anderen – die, deren Kinder nach wie vor Einsen und ›angenehm‹ selbstverständlich mit ›h‹ schreiben – schauen so geringschätzig.

Die Kindeseltern selber wissen ja, daß ihr Kind in Wirklichkeit hochbegabt, äußerst intelligent und ungewöhnlich künstlerisch veranlagt ist. Na gut, es schreibt ›angenehm‹ ohne ›h‹ und ›Bundstift‹ statt ›Buntstift‹, das ist in der Tat ein dicker Otto in einem an und für sich gebildeten Haushalt, aber – die Kindeseltern haben sich inzwischen gefaßt und wieder zu ihrer ursprünglichen Auffassung durchgerungen – Intelligenz kennt viele Spielarten. Das Kind ist mindestens so intelligent wie Simone, die beim Rechtschreibtest null Fehler macht und fünf Textrechnungen in 45 Minuten schafft. Ja, im Grunde ist das Kind eigentlich intelligenter, sofern man unter Intelligenz nicht bloß das quasi mechanische Ausführen von Befehlen versteht, sondern auch Phantasie und Originalität und Sensibilität und Kreativität.

Das Kind ist viel zu phantasievoll, um in beschränkten schulischen Normen zu denken. Dem kreativen Kind sind ellenlange Divisionen und öde Brüche einfach stinklangweilig, deshalb verrechnet es sich.« –

Wenn Kinder mit »Samthandschuhen« angefaßt werden, mit übertriebener Fürsorge aufwachsen, damit sie nicht Opfer von Gefahren werden, ereignet sich Ähnliches wie bei Übererwartungen. Sie haben es schwer, lebenstüchtig zu werden.

Der Londoner Psychologe Mayer-Hilman behauptet, daß »overprotected children« in ihrer sozialen und emotionellen Entwicklung gebremst würden. Ihnen würde nicht genug Gelegenheit gegeben, sich frei von elterlicher Aufsicht zu bewegen.

Die Fähigkeit, auch schwierige Situationen zu bewältigen, Selbstachtung und Verantwortungsgefühl würden dadurch nicht ausreichend entwikkelt.

Als Beispiel für den Trend zur Verzärtelung nennt der britische Experte die Neigung vieler Eltern, ihre Kinder mit dem Auto zur Schule zu fahren und wieder abzuholen, anstatt sie allein den Weg zu Fuß oder mit dem Rad bewältigen zu lassen. Waren 1971 noch 80 Prozent der Sieben- bis Achtjährigen ohne elterliche Begleitung zur Schule gekommen, so sind es heute laut Hilmann nur noch neun Prozent:

»Den meisten Kindern wird die Gelegenheit genommen, sich routinemäßig ihre Gesundheit zu bewahren, indem sie sich zu Fuß oder mit dem Fahrrad bewegen. Die überwiegende Mehrzahl bleibt bei Fitneß-Tests hinter den Durchschnittswerten des Herzschlags zurück.« Dadurch würden Kinder für schwere Krankheiten im späteren Leben anfälliger. Hauptgrund für das Verhalten der Eltern, so ergab eine Befragung: Sie wollen ihre Kinder vor Unfällen schützen.

Gewalt kann sich auch in Form von Unterforderungen zeigen, wie die Zahl von 4 Millionen Analphabeten in Deutschland (1 Million im Osten, 3 Millionen im Westen) deutlich macht: meist sind das Menschen, die nie zum Lesen angehalten werden, also anfangs auch nicht zum Lesen von Bilderbüchern. Kinder aus Familien, in denen nie gelesen wird, wissen gar nicht, was Lesen ist. Sie müssen diese Schwäche dann in der Schule in der Rolle des Klassenkaspers, aber auch mit Körpersprache kompensieren, und diese Körpersprache kann dann auch sehr gewalttätig sein...

10. Sexuelle Mißhandlungen und Körperfeindlichkeit

- *Die augenblickliche Diskussion um sexuelle Gewalt gegenüber Kindern führt tragischerweise dazu, daß immer mehr Eltern, Erzieher und Lehrer auf das notwendige Maß an zärtlicher Zuwendung zum Kind verzichten.*
- *Kinder brauchen aber viel Haut- und Körperkontakt, fehlt er, driften sie in Perversionen oder gewaltsames Nachholen von Sexualität ab.*
- *Ein Zuwenig an körperlicher Zuwendung ist für Kinder genauso gewalttätig wie der sexuelle Übergriff.*
- *Insbesondere Väter, aber auch Lehrer und Erzieher müssen zu mehr Zärtlichkeit, Emotionalität und Körperkontakt ermuntert werden.*

13196 Kinder sind laut Bundeskriminalitätstatistik 1991 sexuell mißbraucht worden. Schätzungen zufolge liegt die Dunkelziffer aber mindestens sechsmal so hoch. Wie das Bundeskriminalamt (BKA) ermittelte, stammten 70 Prozent der Täter aus dem sozialen Nahbereich des Opfers. Nur in etwa jedem 20. Fall seien sich Täter und Opfer völlig fremd gewesen. Neun von zehn sexuell mißbrauchten Kindern sind Mädchen, 98 Prozent der Täter sind Männer. Es gibt jedoch auch zunehmend Mütter, die, weil sie alleinerziehend sind, ihren Sohn als Partnerersatz mißbrauchen.

Etwa 250000 deutsche »Sextouristen« reisen jedes Jahr ins Ausland. Vor allem in Thailand, Kenia, Sri Lanka und auf den Philippinen würden sogenannte »Sex-Urlaube« mit Prostituierten und minderjährigen Mädchen und Jungen verbracht. Dabei würden, so jüngste Ermittlungen des Bundeskriminalamt, sogar Videoaufzeichnungen hergestellt, die als Souvenirs mitgenommen werden.

In Deutschland werden jährlich 300 000 Mädchen und Jungen sexuell mißbraucht. In 23 Prozent aller Fälle sind Täter Sprech- oder Sehbekanntschaften, darüber hinaus Nachbarn und andere Bekannte (17 Prozent). In der BKA-Statistik folgen Lehrer und Familienbekannte (18 Prozent). Beim sexuellen Mißbrauch von Kindern ist jeder vierte Täter der eigene Vater oder Stiefvater. Insgesamt kämen in 36 Prozent aller Fälle die Täter aus der Verwandtschaft.

Nach den BKA-Erkenntnissen verdienen Schwarzhändler jährlich bis zu 400 Millionen Mark an Videofilmen und Pornoprodukten, bei denen unter anderem auch Sexpraktiken mit Kindern gezeigt werden.

Solche Meldungen stehen im Moment immer wieder in den Zeitungen.

Sexueller Mißbrauch von Kindern ist mehr als schlimm. Er trifft aber auch auf die Neugier, auf pubertäres Suchen von Kindern im Umgang mit ihrer Sexualität, und er mißbraucht auch den Wunsch nach emotionaler Zuwendung auf seiten des Kindes.

Kinder brauchen viel Liebe und Körperkontakt; wachsen sie aber unerwünscht, störend und ungeliebt heran, ist ihnen der sexuelle Kontakt gelegentlich lieber als gar keine Zuwendung. Für sie und für viele Erwachsene ist die Grenze zwischen liebevoller körperlicher Zuwendung und sexuellem Übergriff aber oft auch unklar.

Das Kuscheln im Bett der Eltern, das Schmusen und das gemeinsame Baden in der Wanne können in einer guten Familie völlig harmlos und normal sein; in einem Heim mit Erziehern als Bezugspersonen wird es aber in die Schublade der Sexualität gebracht.

Natürlich fängt der weiteste Begriff von Sexualtität beim Streicheln über das Haar, beim tröstenden In-den-Arm-Nehmen, beim liebevollen Blickkontakt und beim Balgen an, und am anderen Ende steht die Vergewaltigung des Kindes, die nicht nach seiner Zustimmung fragt.

Körperkontakt, der von beiden Seiten gewollt wird, ist in den meisten Fällen zu bejahen. Tragisch wird es jedoch, wenn ein Kind sich um Nähe und Hautkontakt bemüht, die Erzieherin, der Lehrer oder gar der Vater diesen Wunsch aber abwehren, um nicht sexuell mißverstanden zu werden.

Die augenblicklich intensive Diskussion um sexuelle Gewalt gegenüber Kindern hat leider dazu geführt, daß immer mehr Pädagogen und Eltern auf die für das Kind notwendige körperliche Zuwendung aus Unsicherheit über die Interpretation durch das soziale Umfeld verzichten.

Kinder, die deshalb mit einem Defizit an Emotionalität aufwachsen, sind gefährdet, sich späterhin explosionsartig Körperkontakt nachzureichen, in Form von überdosierter Masturbation, von Vergewaltigungen, von Auf-den-Strich-Gehen, von sexuellen Perversionen und von exzessivem Porno-Film-Konsum.

Ein Zuwenig an körperlicher Zuwendung kann für Kinder also genauso gewalttätig sein wie ihre sexuelle Mißhandlung.

Insbesondere Väter, Erzieher und Lehrer müssen daher ermuntert werden, Kindern ein normales Maß von Haut- und Körperkontakten, von Streicheleinheiten, liebevoller Zuwendung, Trost und Kuscheln zukommen zu lassen, damit sexuelle Fehlentwicklungen, aber auch die Erziehung von Jungen zu gewalttätigen Machos vermieden werden.

Der Schriftsteller Stefan Tomas zeigt in seinem Roman »Knieriesen« (S. 166ff.) eindringlich auf, was mit Kindern passiert, die mit einem Übermaß an Disziplin, Askese und Körperlosigkeit in einem von Mönchen geführten Internat in Euskirchen bei Köln aufwachsen; sie kompensieren ihre Zuwendungsdefizite auf ihre Weise, versuchen eine Gratwanderung zwischen Körperkontakt und der Angst, als schwul eingeordnet zu werden, sie kanalisieren auf mißliche Weise ihre ganz normale Liebessehnsucht, für die ihre Bezugspersonen keinen Ort vorgesehen haben:

»In alten Priesterseminaren, Männerheimen, Zuchthäusern, Militärkasernen werden analerotische Verdächtigungen empört zurückgewiesen. Umsonst. Die Analerotik gehört zu den künstlichen Männergemeinschaften wie der Mond zum heulenden Kojoten...

Jungen, die sich tagsüber meiden, melken sich nachts gegenseitig unter der Decke mit leerem Blick. Andere wichsen, im Kreis sitzend, im Waschsaal ohne Neugier oder Anteilnahme vor sich hin. Wer Signale echter Zärtlichkeit aussendet, wird brutal zurückgestoßen. Allenfalls mißbraucht wie ein Handtuch für untenrum... In dieser Kälte verzweifeln einige an ihrem Geschlecht...; sie gebärden sich brutal oder beten die Brutalität eines Ranghöheren an, der dann aufgefordert ist, sie zu mißbrauchen... Da für sie die innere Sättigung unerreichbar bleibt, setzen sie eine meßbare Leistung dagegen: wie viel gespritzt, wie hoch gespritzt, wie weit gespritzt, wie häufig gekommen... Sie beißen sich in ihre ausgelaugten Eier, ohrfeigen ihre Schlappschwanze, legen gegenseitig Hand an, suchen und bieten Stellungen, die sie vielleicht doch noch mal hochbringen... Jedes Gefühl ist ihnen verdächtig, schon die weicheren Gesten unerwünscht, Lippenküsse ein Greuel... Gerade weil sie jeden, der daherkommt, mit der gleichen Geschäftsmäßigkeit eiern und bespringen, glauben sie dem Vorwurf zu entgehen, schwul zu sein.«

Die sexuelle Gewalt in der Gleichaltrigkeit von Kindern und Jugendlichen ist eben oft die Folge eines Mangels an Zärtlichkeit im normalen familiären Miteinander. Väter, die sich scheuen, liebevoll oder zärtlich zu ihren Kindern zu sein, Mütter, die nicht mit ihren Kindern schmusen mögen, Eltern, die ihre Kinder allzu früh in Heime oder Internate geben, und Heime, die körperliche Zuwendungen durch Erzieher für sittenwidrig halten, begünstigen letztendlich das, was Stefan Tomas nur stellvertretend aus dem Euskirchener Internat berichtet, was Erwachsene in der Regel aber gar nicht wahrnehmen und wahrhaben wollen.

11. Psychosomatische Gewaltfolgen

- *Warzen, Ekzeme, Allergien, Neurodermitis, Nägelkauen, Asthma, Bettnässen, Alkoholismus, Nikotinsucht, Drogen- und Tablettenkonsum, Magersucht, Freßsucht, Bulimie, Depression und Todessehnsucht als autoaggressive Gewaltformen nehmen als Zeichen des Unwohlseins bei Kindern zu.*
- *Wenn Kinder gelernt haben, daß man Gewalt gegen Sachen und Menschen sowie in der Sprache nicht als Ausweg einsetzen darf, bleibt ihnen oft nur die Alternative der Aggressionen gegen den eigenen Körper.*
- *Die Ursachen psychosomatischer Leiden sind den meisten Kindern, aber auch vielen Eltern nicht bewußt.*

Psychische Probleme bei Jugendlichen wie Nervosität und Verhaltensstörungen werden zu oft mit Psychopharmaka bekämpft. Fast jeder dritte Jugendliche in Deutschland zwischen 12 und 17 Jahren nimmt regelmäßig Schlaf-, Beruhigungs- oder Anregungsmittel. Das teilte der »Bayerische Lehrer- und Lehrerinnenverband« mit. Allein 1990 wurden Kindern den Angaben zufolge in 490 000 Fällen Psycho-Pillen verschrieben.

Schon jedes fünfte Vorschulkind in Deutschland leidet an einer Allergie. Die rapide Zunahme dieser Erkrankungen ist unter Medizinern zwar unbestritten, die Rolle der Umweltbelastung und der Schadstoffe an dieser Entwicklung jedoch völlig unklar, hieß es bei einer Tagung der Deutschen Dermatologischen Gesellschaft. Etwa jeder fünfte Allergiker leidet an Heuschnupfen, mehr als jeder zehnte an Neurodermitis und etwa jeder 20. Patient an Bronchialasthma. Fachleute gehen davon aus, daß die Umweltschadstoffe die allergischen Reaktionen nicht hervorrufen, sondern sie lediglich nachhaltig verstärken.

Allergische Ekzeme nehmen bei Kindern seit mehreren Jahrzehnten stetig zu. Untersuchungen an 8 000 Jungen und Mädchen im Einschulungsalter in Baden-Württemberg bestätigen diesen Trend.

Das erklärte Erwin Schöpf von der Universitäts-Hautklinik in Freiburg auf einem Symposium.

Während bei den Jahrgängen vor 1960 noch bei 1,5 bis 3 Prozent der Kinder ein sogenanntes atopisches Ekzem festgestellt wurde, leiden heute daran zwischen 8,6 und 13,2 Prozent der Vorschulkinder.

Auffallend ist, daß diese Entwicklung bislang nur in Industrieländern zu beobachten ist. Eine Ursache durch vermehrte Schadstoffe in der Luft sei aber wissenschaftlich nicht nachzuweisen, erklärte Schöpf.

Schädliche Umwelteinflüsse im weitesten Sinne sind der wichtigste Gewaltfaktor in der Kindererziehung. Sie reichen von Giften, über falsche Ernährung und einen zu engen bzw. überfordernden Führungsstil bis zur Bedrohung durch Straßenverkehr, durch Vernichtung von Spiel-, Entfaltungs- und körpertrainierenden Sinneserfahrungsmöglichkeiten (Balancieren, Klettern, Schaukeln, Matschen, Rutschen) sowie zum Liebes- und Ansprachentzug des einsamen Kindes in beengten Wohnungen.

Das frustrierte Kind hat dann die Möglichkeit, Aggression gegen Sachen oder Menschen zu richten und in sein Sprachverhalten zu kanalisieren, oder – wenn es die Tabus, Gewalt nicht gegen Sachen und Menschen einzusetzen und sprachlich nicht ausfallend zu werden, aufgrund seiner Erziehung akzeptiert – autoaggressiv zu werden, also gegen sich selbst aggressiv zu werden, was sich dann unbewußt gegen den eigenen Körper richtet. Kinder, die sich ungeliebt oder nicht geschätzt fühlen, reagieren sehr oft im Hautbereich. Warzen, Ekzeme, Allergien, Neurodermitis, und auch Nägelkauen gehören dazu; Kinder, die mit übertriebener Enge oder asketischer Disziplin, häufig durch den Vater repräsentiert, überfordert werden, neigen zu asthmatischen Anfällen; Kinder, die in ihren körperlichen Ausscheidungen abgelehnt werden (Urin, Kot, Schweiß, Erbrochenes, Speichel, Tränen), werden leicht Bettnässer; Kinder, die äußerlich nicht den Erwartungen ihrer Eltern entsprechen, weichen in Fettsucht, Magersucht, Bulimie (Eß-Brech-Attacken) aus; und Jugendliche, die im Leistungsbereich überfordert werden oder das Gefühl haben, die Ehe ihrer Eltern nicht retten zu können, verdrängen gern ihre Probleme durch Tabletten, Nikotin, Alkohol oder Drogen. Kinder und Jugendliche schließlich, die sich unverstanden, in auswegloser Lage völlig hilflos und ohne Sinn und Perspektive erleben, laufen weg, werden depressiv, oder in ihnen wächst Todessehnsucht, so daß sie selbstmordgefährdet sind, was die schlimmste psychosomatische Gewaltfolge sein kann.

Silke Hesse und Klaus Hurrelmann schreiben in einem Aufsatz über »Gesundheitserziehung in der Schule«, daß »das Dilemma aller konzeptionellen Bemühungen« gegen psychosomatische Störungen bei Schülern sei, »daß Gesundheit für Kinder und Jugendliche ein selbstverständlicher Wert ist, der (aus ihrer Sicht) keinen Anlaß zur Vorsorge bietet, solange sie nicht wirklich krank sind«.

Jungen Menschen mit psychosomatischen Störungen muß also mehr als in anderen Altersgruppen der Zusammenhang zwischen den ihren körperlichen Beschwerden zugrunde liegenden seelischen Leiden und den Ursachen in der Familie, in der Schule, in der Gleichaltrigkeit und in der Gesellschaft deutlich gemacht werden, wenn die organischen und verhaltsmäßigen Symptome überwunden werden sollen. Natürlich müssen diese autoaggressiven Gewalt auslösenden Ursachen dann auch gleichzeitig abgestellt oder im Bewußtsein des jungen Menschen relativiert werden.

12. Orientierungsschwächen zwischen Normen, Werten, Weltbild und Pluralismus

- *In einer totalitären Gesellschaft fallen die Werte »vom Himmel herunter«; in einer pluralistischen Gesellschaft mit vielen rivalisierenden Werten ist nur eine Erziehung zu Werteentscheidungen über das Auskosten von Normenkollisionen bzw. Dilemmata möglich.*
- *Das Autoritäre fragt nicht nach der Zustimmung des Kindes; es wurde nach 1968 zu recht verpönt.*
- *Die Autorität hätten die 68er nicht in Frage stellen dürfen, weil sie als positiver Begriff die freiwillige Zustimmung des Kindes impliziert.*
- *Für viele Kinder ist die Schule die einzig verbliebene Institution, die Werteerziehung leisten kann.*

Der abnehmende Einfluß der Kirchen und der Familienzerfall, der auch die positive Einwirkung gestandener Generationen – beispielsweise also diejenige der Großeltern – reduziert, sind die wichtigsten Gründe für den Werteverlust in unserer Zeit.

Darüber hinaus sind viele Menschen verunsichert durch das Überangebot an rivalisierenden Normen in unserer pluralistischen Gesellschaft. Das »Abholzen« von Autoritäten nach 1968 hat schließlich ein Übriges zur Orientierungsschwäche gerade bei den Eltern beigetragen.

Eine Abgeordnete der Grünen im Landtag Nordrhein-Westfalens hat gerade in einer Denkschrift zum 25. Jahrestag der 68er Bewegung zugegeben, daß es verhängnisvoll war, mit dem zu recht über Bord gekippten Autoritären, das ja nicht nach der Zustimmung des Kindes fragt, auch den positiven Begriff der Autorität, der ja die freiwillige Zustimmung des Kindes beinhaltet, in Frage zu stellen.

Vieles, was 13jährige junge Menschen tun, dient dem Ausprobieren von Grenzen des Zusammenlebens, also auch der Neugier, was passiert, wenn man allgemein akzeptierte Tabugrenzen verletzt und überschreitet. Und wenn junge Menschen dann erleben, daß gar nichts geschieht, lernen sie das Falsche; sie können dann kein stimmiges Weltbild aufbauen, ihr Egoismus wird gestärkt, ihre Sozialkompetenz, zu der auch Solidarität, Verständnis, Toleranz, Rücksichtnahme und Hilfsbereitschaft gehören, wird beeinträchtigt.

Die Wertvorstellungen unserer Gesellschaft ändern sich rasant. Traditionelle Tugenden wie Gemeinsinn, Bescheidenheit, Respekt, Ehrlichkeit, Nächstenliebe, Höflichkeit, Takt und Arbeitsdisziplin werden heute bei Jugendlichen weniger geschätzt. Materielles Streben, Politikverdrossenheit und eine hohe Rangordnungsposition in der Gruppe, die auch durch Gewalt erreicht werden kann, haben vielfach Altruismus, politische Mündigkeit und Idealismus verdrängt.

Das Allensbacher Institut für Demoskopie hat gerade eine Analyse veröffentlicht, nach der 1967 noch 76 % der Bundesbürger gewissenhafte Verrichtung der Arbeit für wichtig hielten, heute sind es nur noch 44 %. Sich in vorgegebene Ordnungen einzufügen hielten 1967 noch 61 % für erstrebenswert, heute nur noch 34 %. Auf religiöse Bindung vertrauten früher 39 %, jetzt nur noch 24 %. Andererseits wollen immer mehr Menschen die »Vollkasko-Gesellschaft«, in der ein persönliches Risiko ausgeschlossen ist, weil es der Staat trägt. Und 46 % aller befragten Bürger geben zu, »die Welt nicht mehr zu verstehen«.

Nun kann man Werte, bei der Vielfalt ihres Angebots, nicht einfach überstülpen; das würde Lehrer, Eltern, Erzieher und auch die Kinder überfordern. Bewußte Wertentscheidungen müssen genauso mühselig wie Lesen, Schreiben und Rechnen gelernt werden. Am besten geht das über das Ausschlachten von Dilemmata, also über Diskussionen, Rollen- und Planspiele mit Abwägen aller Vor- und Nachteile der jeweiligen Entscheidungsalternativen.

Wenn Kinder zwischen der Wahrheit oder der Solidarität zu einem Freund, der etwas verbrochen hat, zu entscheiden haben, dann muß man ihnen eine Fülle von Gesichtspunkten für die Entscheidung an die Hand geben; abnehmen kann man ihnen diese Entscheidung nicht; das ist die wichtigste Strategie der in Nordrhein-Westfalen an drei Schulen erprobten Werteerziehung über Normenkollisionen bzw. Dilemmata. Nur sie funktioniert in einer pluralistischen Gesellschaft. Totalitäre Systeme haben es da einfacher, sie können Normen einfach vorgeben und bei ihrer Verletzung strafen; dort fallen die Werte »vom Himmel herunter«, bei uns nicht.

Aus Anlaß der Shell-Jugendstudie des Jahres 1992 formuliert Bartholomäus Grill in der »Zeit« vom 3. Dezember 1992 sehr treffend unter der Überschrift »Die Supermarkt-Kids«:

»Die traditionellen Vermittler von Normen, Werten und Rollen ›kränkeln‹ oder verlieren an Bedeutung. Zum Beispiel die Familie: Die Zahl der Ein-Kind- und Ein-Eltern-Familien wächst: viele Kinder werden aus gestörten Verhältnissen in die soziale Beziehungslosigkeit entlassen. ›Die Eltern geben die Verantwortung einfach an der Schulpforte ab‹, sagt Rita Fenzl, Sozialpädagogin in Hoechst, ›und wir sollen dann alles irgendwie richten‹.«

Die Schule wird überfrachtet, andere Institutionen entlasten sie nicht mehr. Welchen Jugendlichen drängt es heute noch zum Sportverein, in die Gewerkschaftsjugend oder zur kirchlichen Jungschar? An die Stelle der Pfadfinderzelte und Spielstunden sind längst Videoclubs, Spielsalons, Freizeitcenter, Fitneß-Studios oder Computer-Workshops gerückt. Das Motto heißt nicht mehr »Gemeinsam handeln«, sondern »Einzeln kämpfen«, um im gnadenlosen Getriebe der Wettbewerbsgesellschaft zu bestehen. »Gerade dort, wo (noch) Gemeinsamkeiten stehen, werden diese im Säurebad der Konkurrenz aufgelöst«, warnt der Soziologe Ulrich Beck.

Seine Kollegen Dieter Baacke und Uwe Sander pointieren: »Die stille Revolution der Moderne löst den alten Kitt der traditionellen Gesellschaft auf und entläßt ihre Kinder in die vereinzelte Existenz ... und die alte Utopie der Selbstverwirklichung entpuppt sich als Kampfarena der Selbstbehauptung und Selbsterhaltung.«

Vielleicht verstehen wir unsere Gesellschaft etwas besser, wenn wir einmal über den Tellerrand nach England gucken, wo sich die »Spirale der Gewalt« schon ein wenig weiter gedreht hat als bei uns.

Jürgen Krönig schreibt in der »Zeit« vom 5. März 1993 aus Anlaß des Mordes durch zwei Kinder an dem 2jährigen James Bulger in Liverpool:

»Was immer die beiden Kinder in Liverpool zu ihrer Tat getrieben hat – aus den Schilderungen von Nachbarn ergibt sich ein Bild von Verwahrlosung und Hoffnungslosigkeit. Beide stammen aus zerrütteten Familien; die Mutter des einen Jungen ist Alkoholikerin, der Vater vor Jahren schon von der Bildfläche verschwunden; der zehnjährige Junge gilt als Rüpel und Unruhestifter. Er schwänzt, wie 200 000 seiner Altersgenossen, notorisch die Schule, geht auf Beutezüge und drangsaliert kleinere, schwächere Kinder. Wenn er und sein Freund sich nicht draußen herumtrieben, hingen sie vor dem Fernseher und schauten sich Horror- und Gewaltvideos an.

Die beiden Kinder, die offenbar zu Mördern wurden, zählen zum Nachwuchs der Unterklasse. Ihre Angehörigen leben in viktorianischen Slums am Rande der großen Städte oder in Betonsilos, die in den sechziger Jahren hochgezogen wurden. Dieses neue Lumpenproletariat hat Selbstrespekt und Hoffnung aufgegeben. Es entwickelt keine Eigeninitiative mehr. Verwahrlosung und Vandalismus ringsum verstärken das Gefühl, ausgestoßen zu sein. Gewalt, Drogen, Alkoholismus, kriminelle Kleindelikte und Dauerarbeitslosigkeit prägen den Alltag und nähren Arbeitsscheu und Verachtung für traditionelle britische Werte.

In manchen der Ghettos sind mehr als sechs von zehn Kindern unehelich. Der familiäre Ausnahmezustand wird zur Normalität und bestimmt das Wertesystem der nächsten Generation. Junge Mädchen lernen von ihren Müttern, daß sich mit einem Baby die lange Schlange der Anwärter auf eine Sozialwohnung überspringen läßt. Jungen lernen, sich der Willkür von Banden anzupassen. Sie werden in die kriminelle Subkultur hineingezogen.

Die politische Diskussion über Ursachen von Gewalt und Kriminalität ist seit Jahren zu einem Ritual gegenseitiger Beschuldigungen erstarrt. Premierminister John Majors Bemerkung, fortan müsse weniger Verständnis gezeigt und stärker verdammt werden, verheißt nichts Gutes. Sie fügt sich nahtlos an den verhängnisvollen Satz Margaret Thatchers, es gebe keine Gesellschaft, sondern nur Individuen. Die politische Rechte in Großbritannien setzt von jeher auf das Allheilmittel härterer Strafen, wenn nicht gar auf die Wiedereinführung von Stock und Galgen.«

Kinder müssen schon sehr stark sein, um sich dem Sog der Anpassungsprozesse menschlichen Verhaltens in ihrem Viertel, in ihrer Region, in der Gesellschaft zu entziehen. Sie müssen eigentlich schon am Erziehungsziel angelangt sein, um widerstehen zu können. Das wäre aber die Quadratur des Kreises; denn Kinder können nicht perfekt erzogen sein, sie brauchen die ständige Obhut, das positive Vorbild, die Grenzerfahrungen, die Orientierungshilfen, also Autoritäten, an die sie sich statt an die negative Gleichaltrigkeit anpassen können.

Und wenn ihnen keine gesellschaftliche Institution, auch nicht die Familie, diese Orientierung bietet, dann muß es zumindest die einzig verbleibende Einrichtung, die alle Kinder erreicht, versuchen, und das ist die Schule.

13. Gesellschaftliche Gewalt

- *Jugendliche sind immer gefährdet, sich an die jugendkulturelle Gewalt, an Formen der Bildschirmgewalt, an gewaltreiche Umgangsformen in der Familie und an die gewaltreichen Vorbilder in der Politik anzupassen.*
- *Straßenkinder sind Opfer struktureller gesellschaftlicher Gewalt.*
- *Kinder, die Nähe und Liebe nicht kennen, können mit unerwarteter Nähe auch nicht umgehen; sie vertrauen lieber auf die ihnen bekannte Unverbindlichkeit und Gewalttätigkeit.*
- *Verwahrloste Kinder benötigen »pädagogische Provinzen« mit Bezugspersonen, die es auch über Krisen hinweg mit ihnen aushalten, die ihnen Geduld, selbstlose Liebe, Forderungen, Grenzen, Perspektiven und Erfolge bieten.*

Im Moment werden in Deutschland etwa 200 verschiedene jugendkulturelle Nischen von den Skateboardfahrern und den Crash-Kids über okkultistische Kreise, dem Satanskult fröhnende Gruppen und Jugendsekten bis hin zu Hooligans, Skinheads, Grufties, S-Bahn-Surfern, Graffiti-Sprayern, den Autonomen und rechtsradikalen Gruppen beschrieben.

Jugendkulturelle Nischen bieten ein familienersetzendes Wir-Bewußtsein, Orientierung in bezug auf Sprach-, Bekleidungs- und Freizeitverhalten, also nachgereichte Sinnerfüllung sowie ein Feindbild.

Gewalt kann dabei über Imitation und Gewöhnung zu einem rangordnungsbildenden anerkannten Kommunikations- und Interaktionsmittel innerhalb der subkulturellen Nische – wie z.B. einer Straßenbande – werden.

Bei dem Bedürfnis nach einer hohen Rangordnungsposition in der Gruppe geht es um die Gewährung von Anerkennung, Selbstwert und Geborgenheit. Kriterien für die Rangordnungsposition sind Tüchtigkeit, Beliebtheit oder schlichtweg Stärke, die sich beispielsweise in Risikobereitschaft, Brutalität und Häufigkeit von Gewaltanwendungen niederschlägt.

Jugendsekten, Okkultismus, Schwarze Messen, Satanskult und Gruftie-Bewegung symbolisieren ebenso wie die Drogen-Szene die Angst vor der Zukunft bei gleichzeitigem nostalgischen Klammern an die Kindheit; sie mißbrauchen das Bedürfnis der jungen Menschen nach Religiosität.

Viele Jugendliche wollen damit einfach nicht erwachsen werden; sie wollen sich nicht in der nach ihrer Auffassung verlogenen, kaputten, korrupten, grauen und widersprüchlichen Erwachsenen- und Arbeitswelt etablieren.

In welcher der vielen jugendkulturellen Nischen jemand landet, ist bei 90 % der jungen Menschen mehr oder weniger zufällig; das gilt insbesondere für Mädchen. Nur 10 % sind im engeren Sinne Ideologieträger, die anderen geraten durch Freunde oder durch zufällige regionale Nähe in die jeweilige Szene, an die sie sich dann nach und nach anpassen. Diese Anpassung kann nach kurzer Zeit über die Orientierungserleichterung und den nachgereichten Lebenssinn bzw. durch gemeinsame Feindbilder wie Polizei, Fans des gegnerischen Fußballvereins oder Mitglieder angrenzender Straßengangs zu einem so hohen Maß an Identifikation führen, daß nur noch trickreiche »Decodierungsprogramme« eine Umkehr bzw. eine Abwendung bewirken können.

Aber auch die Etablierung durch eine plötzlich einsetzende schulische oder berufliche Karriere, durch Freundinnen oder Freunde, die nicht der eigenen subkulturellen Nische angehören, oder schlichtweg das Überschreiten der Altersgrenze von etwa 21 Jahren führen in der Regel bei den meisten zu einem Ausstieg aus der jeweiligen jugendkulturellen Szene, also zur »Verbürgerlichung«.

Die Kurve der seit August 1992 ständig ansteigenden rechtsextremen Gewalt scheint nach dem Schock des Mordanschlags in Mölln wieder abzuflachen. Eine »leicht rückläufige Tendenz« bestätigt Niedersachsens Landeskriminalamt für die erste Dezember-Hälfte des Jahres 1992.

Bis Ende November 1992 stiegen rechtsextreme Gewalttaten in Niedersachsen noch an. Die Mehrzahl der 114 Anschläge (20 mehr als im Oktober) wurden in der Novemberwoche nach Mölln verübt. Fast ein Drittel der 53 dabei gefaßten Täter sind unter 17 Jahre, rund die Hälfte 18 bis 24 Jahre alt.

Verhaftungen, Durchsuchungen und Vereinsverbote sowie Proteste der Bürger mit Lichterketten in Berlin, München, Hamburg und Frankfurt scheinen aber Nachahmungstäter im Dezember bereits abgeschreckt zu haben.

Solche Aktionen reichen jedoch nicht, warnt der Bielefelder Jugendforscher Wilhelm Heitmeyer: »Sie verbessern das gesellschaftliche Klima, ändern aber nichts am Schulalltag.«

Der Anteil von 70 Prozent Jugendlichen zwischen 16 und 21 Jahren unter den Gewalttätern müsse die Gesellschaft aufrütteln, tiefer in das Problem zu blicken. Heitmeyer warnt den Staat, Rechtsextremismus als ein Randphänomen zu sehen, das allein mit Repression in den Griff zu bekommen sei.

Er forderte vor 500 Lehrern in Hannover, bei den Alltagserfahrungen der Jugendlichen anzusetzen. »Ihre rechtsextreme Orientierung ist nicht Ursache, sondern Folge sozialer Destabilisierung.« Der Rechtsextremismus liefere nur die niedrigste Begründung für Gewalt. Er biete Zugehörigkeiten an, die aus der Sicht der Jugendlichen niemand in Frage stellen könne: Hautfarbe, Rasse, Nation. Wenn ihnen dann nur noch die Gewißheit übrigbleibe, »Deutscher zu sein, bekommt die Gewalt eine Richtung«.

Die Ursachen lägen in den Auflösungsprozessen sozialer Zusammenhänge und der Wert- und Normvorstellungen bei vielen Jugendlichen. Ihre Vereinzelung und ihre Suche nach Zugehörigkeiten müßten die neuen Stichwörter für eine Schularbeit sein, die dafür Lernmöglichkeiten zu schaffen habe.

Reagiert werde aber zumeist nur mit moralischer Belehrung, Betroffenheit und Aufrufen nach Toleranz, die die Angesprochenen nicht mehr erreichen. Lehrer versuchten ausländerfeindliche Vorurteile, die Jugendliche zu ihrer Stabilisierung übernehmen, mit »Nutzenkalkulationen« zu verrechnen und damit zu widerlegen. Dies sei ebenso kontraproduktiv, wie der Versuch, fremdenfeindlichen Zerrbildern in den Köpfen Idealbilder einer »schwärmerischen Fremdenfreundlichkeit« entgegenzusetzen. Dem entspreche auch ein »inflationärer« Umgang mit dem Rassismus-Vorwurf oder dem resignativen Ruf »Das sind eben Neonazis« gegenüber sich rechtsextremistisch gebärdenden Jugendlichen. Damit würden diese ausgegrenzt und bestätigt, weil sie es für sich als »Gewinn an Machtzuwachs« empfinden würden.

Die 16- bis 18jährigen in Europa sehen keine Regeln und keine Tabus mehr, die sie brechen könnten. Alles ist erlaubt. Deswegen sind sie passiv, nicht rebellisch. Als Kinder sind sie bereits kleine Erwachsene, also »Kind-Erwachsene« gewesen, die im Fernsehen alles – Mord, Krieg und Sex – gesehen haben. Nichts kann sie mehr schockieren oder überraschen. Was sie aber vermissen, ist eine vertrauensvolle Führung. Was ihnen fehlt, sind Visionen: Vorstellungen einer Gesellschaft, die sie formen wollen. Sie leben in einem Sinnvakuum.

Die Werbeagentur BBDO hat dreitausend 16- bis 18jährige zwischen Moskau und Lissabon befragt. Das Ergebnis: Der Nachwuchs ist optimistisch, was ihn persönlich betrifft. Aber Regierungen, Kirchen, Ideologen und Bücher sagen ihm nichts. Er sieht die Zukunft belastet von vielen unlösbaren Problemen.

Auch die Vereinigung Europas wird überwiegend als Bedrohung empfunden. Denn sie wird in Verbindung gebracht mit anderen als Hauptgefahren empfundenen Entwicklungen: zunehmender Wettbewerb, wachsende Arbeitslosigkeit und steigende Kriminalität.

Die heutigen Teenager denken national, heißt es in der Studie. Das vereinte Europa habe allerdings einen Vorteil, und der ist das freizügige Reisen. Es gilt als die beste, vielleicht sogar die einzige Möglichkeit, auszubrechen aus einer völlig kontrollierten Welt.

Was ist der große Traum der Jugend? Die wahre Liebe zu finden. Aber bitte nicht als Ehepartner. Offenbar gehören für die jungen Leute die Begriffe Ehe und Familie nicht zusammen. Eine heile Familie gilt als Quelle der Geborgenheit. Aber viele 16- bis 18jährige sind geprägt von den Scheidungen ihrer Eltern, deshalb halten sie die Ehe für einen künstlichen Vertrag.

Die jungen Herren sehen sich in der Pflicht, später die Familie zu ernähren. Die jungen Damen empfinden ihre Selbständigkeit als wichtigen Wert. Die eigenen Eltern gelten ihnen als Berater und Freunde. Es gibt keinen Generationskonflikt mehr, dafür haben wir jetzt eine konfliktscheue Generation als Nachwuchs.

Weitere Ergebnisse der Studie: Die Jugend von heute hat einen Hang zum Anpassen. Sie will auf einem sicheren Arbeitsplatz gern Karriere machen, aber nur um finanziell abgesichert zu sein.

Im übrigen sind die Vorstellungen vom Berufsleben phantasielos. Arbeit gilt nicht als Möglichkeit der Selbstverwirklichung, sondern als Notwendigkeit zum Geldverdienen, denn mit Geld könne man Freiheit kaufen, meint die Jugend. Ihr Unternehmergeist ist schwach entwickelt.

Ihre Passivität drängt die jungen Menschen in die Langeweile, die als Bedrohung empfunden wird. Vielen Jugendlichen fällt es schwer, sich selbst zu beschäftigen. Gesucht werden Reize von außen: Freunde zu treffen, Partys zu feiern oder Zeitschriften zu lesen ist dabei wichtiger als Sport zu treiben, in der Jugendfeuerwehr zu sein, zu den Pfadfindern zu gehen oder fernzusehen.

Die gesellschaftliche Entwicklung zeigt aber auch noch anderes: In jeder Sekunde werden auf der Erde drei Menschen mehr geboren. 5,5 Milliarden Menschen bevölkern zur Zeit die Erde; schon werden für das Jahr 2025 8,5 Milliarden prognostiziert. Automatisch bedeutet diese Überbevölkerung Gewalt gegen die Natur, rasante Veränderung der Lebensbedingungen für Kinder und Explosion des Phänomens Straßenkinder. Selbst in Deutschland wird die Zahl der Straßenkinder bereits auf mehr als 40 000 geschätzt.

Immer jünger werden die Problemkinder; sie flüchten vor gewalttätigen, hilflosen Eltern oder aus Heimen, in denen sie mehr verwaltet als betreut werden. Ohne Straftaten zu begehen, könnten sie nicht überleben. Rund 30 000 Jugendliche sitzen in Deutschland zur Zeit in Arrest oder Haft, die erwünschte Resozialisierung, ein Kriterium von Strafe neben Abschreckung und Sühne, stellt sich aber nur sehr selten ein.

Angela Gatterburg schreibt über sie im »Spiegel« Nr. 15/1993 auf Seite 86f: »Sie flüchten vor Beziehungen, die brüchig wie morsche Stege waren; Beziehungen, in denen sie immer wieder abgestürzt sind, belogen wurden, beschimpft, enttäuscht, mißhandelt, gedemütigt, ausgenutzt und rumgeschubst. Beziehungen, in denen sich oft die Rollen auf fatale Weise umkehrten: Die Kinder umsorgten die Eltern, trösteten sie, machten ihnen Mut, kauften ein, kochten, betreuten die kleinen Geschwister. Viele Mädchen mußten als Sexualobjekt stillhalten. Neben der direkten körperlichen Gewalt waren die jungen Trebegänger fast immer massiver Ignoranz, Verachtung und Entwertung ausgesetzt, in einem Maße, das einer seelischen Existenzvernichtung gleichkam.«

Solche jungen Menschen, die Nähe nicht gewohnt sind, können mit Nähe und Liebe schließlich nicht mehr umgehen. Sie reagieren hilflos auf unerwartete Zuneigung und antworten mit dem, was ihnen vertraut ist, was ihnen Orientierung gibt, mit Gewalt.

An Nähe müssen sie also erst sehr langsam gewöhnt werden, ebenso an Zuverlässigkeit und Vertrauen, an die Kontinuität einer Beziehung, an Forderungen und Grenzerfahrungen, an Bezugspersonen, die nicht Sex oder Handlangerdienste von ihnen wollen, sondern sich selbstlos zur Bindung auch über Krisen hinweg anbieten. Es braucht viel Geduld und Zeit des Abwartens und auch viele Rückschläge, bevor solche jungen Menschen vom Weg der Gewalt gegen Sachen, Menschen und sich selbst wieder abkommen, denn fast alle von ihnen sind auch drogen- oder medikamentenabhängig.

Man muß solche Menschen akzeptieren und äußerst vorsichtig in die weit von ihnen wegliegenden Normen und Werte einbinden; am Anfang ziehen sie dennoch sehr lange die ihnen vertraute »Freiheit« bzw. Unverbindlichkeit den bürgerlichen Normen ihrer neuen Bezugspersonen vor. Denn sie leben keineswegs familienlos; in ihren Bahnhofs-, Crash-Kids-, Strich- oder Drogen-Szenen finden sie durchaus familienersetzende Geborgenheit unter Gleichgesinnten.

Deshalb ist die beste Strategie, solche Kinder aus dem Milieu zu holen, sie mit Gleichgesinnten, aber sukzessive in »pädagogische Provinzen« wie die Kinder- und Jugendfarm »Kuttula« von Kari Björkman in Finnland zu geben, wo man sie innerlich dort abholt, wo sie sich befinden, sie gleichberechtigt akzeptiert, ihnen Erfolgserlebnisse und damit Selbstwertgefühl und Perspektiven gibt, ihnen über Forderungen etwas zutraut, ihnen nach und nach neue Werte, die aus den Erfahrungen des Zusammenlebens und der Selbstverwaltung in der Gruppe erwachsen sind, aber auch deutliche Verhaltensgrenzen vermittelt und sie ihr Verhältnis zu ihrem eigenen Körper auch ohne Alkohol, Drogen, Nikotin und gewaltsamen Sex wieder in Ordnung bringen läßt. Das wichtigste ist allerdings bei dieser nachgereichten Erziehungsdosis, die in wenigen Jahren das bewirken muß, wofür andere junge Menschen 14 oder 16 Jahre lang Zeit haben, daß man die Jungen und Mädchen nicht bei jeder größeren Schwierigkeit umtopft, wie es in Deutschland die Einrichtungen der öffentlichen Erziehung zu tun pflegen, sondern daß man es mit ihnen gerade über diese Krisen hinweg aushält; nur dann werden sie wieder bindungsfähig gegenüber Normen und Werten, Personen und ihrer eigenen Zukunft, denn vorher mußten sie durch den ständigen Wechsel von Bezugspersonen und Institutionen Bindungslosigkeit, -armut und -unfähigkeit lernen. Die schlimmste gesellschaftliche Gewalt gegenüber Kindern und Jugendlichen ist eigentlich, daß man um die schweren Schicksale von jungen Menschen in kaputten Familien, Heimen und auf der Straße weiß, diese Schicksale aber politisch hinnimmt, weil sie nicht wahlentscheidend sind und weil man deshalb auch kein Geld dafür auszugeben bereit ist.

Das bewußte Übersehen dieser Gewaltopfer vermag durchaus Politikverdrossenheit zu fördern; aber es ist auch die direkte Korruptions-, Lügen- und Machtmißbrauchsgewalt einiger Politiker, die im Sinne von Vorbildfunktion Kinder, Jugendliche und auch Erwachsene verdrossen macht, wie im Falle der ehemaligen Bundestagsabgeordneten der Grünen, Jutta Ditfurth, die hier exemplarisch mit einer Meldung in der »Welt« vom 3. August 1993 erwähnt werden soll:

»Die ehemalige Bundestagsabgeordnete der Grünen, Jutta Ditfurth, löste eine handfeste Rangelei aus. Wenige Stunden nach Abschluß des Umweltfestivals ›Auftakt‹ wurde sie am Wochenende in der Magdeburger Straßenbahn beim Schwarzfahren ertappt. Während der lautstarken Auseinandersetzung mit den Kontrolleuren stürzten die Beteiligten und fielen auf eine 72jährige. Die Rentnerin wurde verletzt und mußte ambulant behandelt werden.«

Genauso hätte man natürlich auch die Herren Späth, Streibl, Barschel, Graf Lambsdorff, Möllemann, Lafontaine, Engholm, Kubicki... in der Nuance ihrer Handlungen jeweils etwas anders, erwähnen können. Sie haben Politikverdrossenheit bewirkt, und die ist kontraproduktiv, wenn es um die dringend erforderliche gesellschaftliche Veränderung der Gesellschaft in Richtung Kinderfreundlichkeit geht.

14. Politisch-ideologische Gewalt und Politikverdrossenheit

- *Die größten Feinde von Ideologie sind Vielfalt, Flexibilität und Humor.*
- *Ideologisch einseitige Jugend- und Schulpolitik verletzt das Grundgesetz der pädagogischen Autonomie, das sich vor allem an der Bedürfnislage und an den Defiziten der jungen Menschen orientiert.*
- *Politik- und Ideologieverdrossenheit bewegt immer mehr Eltern, ihre Kinder auf Waldorf-, Konfessions- und Freie Schulen sowie in Landerziehungsheime zu schicken, oder sie suchen im staatlichen Angebot die wenigen »guten« Schulen.*
- *Daß Schulen überhaupt irgendwelche Werte vermitteln, ist vielen Eltern wichtiger als die Frage, welche Werte es sind.*
- *Die unverbindliche Normenvielfalt in ideologische Positionen fraktionierter Lehrerkollegien ist ihnen subspekt.*

Der Hamburger Bürgermeister Henning Voscherau trat zur vorletzten Wahl mit riesigen Plakaten an, auf denen der Slogan »Kinderstadt Hamburg« stand. Nun mußte man ja wissen, daß die SPD aus einem mehr rechten Flügel besteht, zu dem Voscherau gehört, und aus einem eher linken, der die Hamburger Schul-, Jugend- und Sozialpolitik bestimmt, und daß diese beiden Flügel sich bekämpfen.

Wer also die SPD der Kinder wegen wählte, entschied sich für eine seit langem straff ideologisch durchgestylte Sozialbehörde, zu der bis dahin auch das Amt für Jugend mit seinem alle Kinder über einen Kamm scherenden Konzept »Menschen statt Mauern« gehörte. Das enthält jungen Menschen nicht nur die für sie so wichtigen Grenzerfahrungen vor, sondern verwaltet sie in Heimen und Jugendwohnungen und zwischen verschiedenen Behörden und Institutionen wie Justiz, Soziale Dienste, Polizei, Universitätskrankenhaus, Schulische Erziehungshilfe sowie Einrichtungen anderer Länder mit immer wieder wechselnden Bezugspersonen, statt sie sinnvoll zu erziehen.

Der Wähler entschied sich damit aber auch für einen Sozialsenator Ortwin Runde, dem es nach eigenem Bekunden »egal ist«, ob man Ohlstedter Bürger vor dem Aufstellen von Wohncontainern für Asylbewerber auf dem Gelände der Grundschule Am Walde informiere oder nicht. Die bessere Art sei es, »sie zu übergehen«, sagte er mit seinem obrigkeitsstaatlichen Demokratieverständnis, obwohl das Schulverfassungsgesetz die Anhörung der betroffenen Schulkonferenz vor der Entscheidung vorschreibt. Folgerichtig kanzelt seine Staatsrätin Wilma Simon die Bewohner »besserer« Stadtteile denn auch als »Kaviar-Hafenstraße-Leute« ab.

Richtig ist, daß man die Asylbewerber nicht nur Problemstadtteilen wie St. Georg und St. Pauli zumuten kann; und natürlich ist es ärgerlich, wenn Poppenbütteler oder Blankeneser Bürger sich grundsätzlich gegen Asylbewerber in ihrer Nähe wehren. Wenn man jedoch mit Überrumpelungen und Schnellschuß-Entscheidungen ganz unsensibel auf Ängste in der Bevölkerung reagiert, begünstigt man nicht nur sowieso schon weitverbreitete Politikverdrossenheit, sondern auch Tendenzen von Ausländerfeindlichkeit.

Kinder sind von Natur aus keineswegs rassistisch, und sie sind zum multikulturellen Zusammenleben mehr als Erwachsene fähig. Wenn man aber Asylbewerber in ihrer Nähe überdosiert und wenn man ausgerechnet Grundschülern die Integration einer größeren Zahl erwachsener Ausländer zumutet, dann muß man sich auf Überforderungen gefaßt machen, die das Gegenteil erwünschter Erziehungsziele bewirken können. Und wenn man die Ballung von Asylbewerbern, Drogenfreaks, Strichern und Kriminellen in St. Georg zuläßt, schafft man in diesem Stadtteil auch keine multikulturelle Toleranz.

Wer in Hamburg SPD wählt, wählt eigentlich zwei Parteien; nämlich eine rechte SPD, die sich überhaupt nicht mit den Problemen von Kindern und Jugendlichen befaßt und die präventive Bemühungen um junge Menschen nicht als gesellschaftliche Zukunftsinvestition versteht, und eine linke SPD, die zwar die Erziehungsstrukturen dieser Stadt fest im Griff hat, die aber ständig das Grundgesetz der pädagogischen Autonomie verletzt, das besagt, daß erzieherische Verantwortung in der Pflicht steht, sich an kindlichen Bedürfnissen zu orientieren und ideologische Fremdansprüche zum Schutz des jungen Menschen zu filtern.

Als die Hamburger Schulbehörde nach 1968 die ersten Gesamtschulen schuf, hat sie Kinder mit übergroßen Gebäuden, mit einer nichtkindgemäßen Architektur, mit einem exzessiven Fachlehrer- und Kurssystem und mit einer Konzentration allzu vieler Schüler aus wenigen Jahrgangsstufen hoffnungslos überfordert; inzwischen hat sie ihre Fehler durch kleinere Schulen, durch die Wiederentdeckung des Klassenlehrerprinzips und durch überschaubare Stadtteilschulen mit eigener Grundschule in vorhandenen Gebäuden weitgehend korrigiert. Als man das Konzept der Integrations- und Integrativen Regelklassen umsetzen wollte, hat man den vorhandenen Sonderschulen erst einmal unter dem Motto »Was ihr macht, wollen wir eigentlich nicht mehr« das Rückgrat gebrochen, bevor man merkte, daß man beides braucht, weil Kinder sehr verschieden sind. Und als sich das Amt für Jugend für Jugendwohnungen entschied, hat man zunächst die Heime diskreditiert, um sie dann später doch wieder für unentbehrlich zu halten.

Ein ehemals leitender Mitarbeiter des Hamburger Amtes für Jugend schrieb mir jüngst, er habe seinen Dienst quittiert, weil er obwohl selbst in der SPD – mit Menschen zu tun hatte, die bar »demokratischer Umgangsformen« und einer angemessenen »Streitkultur« seien und für die Andersdenkende »Feinde« seien; er spricht von »Gesinnungsethik«, »sozialfaschistoider Praxis«, von »pervertierter Fachlichkeit«, von »Sozial-Camarilla« und von »Bildungs-Polit-Matadoren«, die nichts mehr hassen als rechte Sozialdemokraten...

Nun ist das kein Hamburger Spezifikum und auch keines der SPD. In Bayern gibt es ähnliche ideologische Seilschaften der CSU, in Mecklenburg-Vorpommern der CDU. Überall, wo Parteien schon sehr lange die Macht haben, werden auch in den Verwaltungen jugend- und bildungspolitische Funktionen ideologisch besetzt, teilweise auch, indem »verdiente« Funktionäre mit gutdotierten Positionen abgefunden werden.

Tragisch ist das immer dann, wenn nicht die Bedürfnisse von Kindern und Jugendlichen zum Handlungsmaßstab gemacht werden, sondern partei- oder verbandspolitische Wertentscheidungen auch ohne die individuelle Situation des jungen Menschen Priorität gewinnen. Letztlich ist das immer ein Verstoß gegen das Grundgesetz der pädagogischen Autonomie.

Viele Eltern und auch Jugendliche spüren diese Verfilzung weit ab ihrer konkreten Not, sie werden der Machtstrukturen in staatlichen Schulen, in Behörden und Parlamenten müde. Sie machen ihrer Politikverdrossenheit Luft, indem sie sehr gewillt unter dem breiten Angebot staatlicher Schulen nach »guten« Schulen suchen oder indem sie auf Privatschulen ausweichen. Besonders Waldorf-, Konfessions- und Freie Schulen sowie Landeserziehungsheime verzeichnen deshalb einen Boom der Nachfrage.

Diesen Eltern ist dabei gar nicht so wichtig, welche Werte eine »gute« Schule vermittelt, vielmehr ist ihnen wichtig, daß überhaupt Werte gegen pluralistische Vielfalt gesetzt werden, damit ihre Kinder nicht ständig Anforderungen ausweichen können. Sie empfinden ideologisch fraktionierte Lehrerkollegien und Erziehungseinrichtungen vor dem Hintergrund ideologisch-einheitlich gefärbter Bildungsverwaltungen, die nicht wie die Privatschulen und die wenigen »guten« staatlichen Schulen die Bedürfnisse und Defizite der jungen Menschen zum Maßstab ihres Handelns machen, eben auch als eine Form der Gewalt gegenüber ihren Kindern.

15. Gewaltopfer werden Gewalttäter

- *Niemand wird gewalttätig, der nicht vorher selbst Opfer von Gewalt war.*
- *Gewaltopfer und -zeugen werden jedoch nicht unbedingt selbst Gewalttäter.*
- *Ob Kinder Bildschirmgewalt imitieren, hängt sehr von ihrer Intelligenz ab.*
- *Opfer von Sexualdelikten werden später oft selbst Sexualstraftäter.*

Eltern, die als Kinder viel geschlagen worden sind, schlagen ihre Kinder mehrheitlich auch wieder.

Kinder, deren Eltern mit gewaltreicher Sprache umgehen und in ständig pöbelndem Ton erziehen, bevorzugen auch gewaltreiche Sprache. Crash-Kids, die teure Autos stehlen und mit hohem Tempo durch die Stadt jagen, sind meist in total kaputten Familien mit viel Gewalt aufgewachsen oder haben eine lieblose Heimkarriere mit Mißhandlungen, immer wieder neuen Bezugspersonen und den ständigen Wechsel von Einrichtungen hinter sich.

Niemand wird gewalttätig, wenn er nicht selbst vorher Opfer von irgendeiner Gewalt war.

Am 2. Dezember 1992 war im »Hamburger Abendblatt« zu lesen:

»Wie oft Gewalt die Polizei beschäftigt, zeigen zwei Raubüberfälle vom Montag. Vier etwa 16 bis 18 Jahre alte Täter zerrten an der Kieler Straße (Eidelstedt) um 20 Uhr einen 15jährigen von seinem Fahrrad und bedrohten ihn mit einem 30 Zentimeter langen Dolch. Noch bevor der Radfahrer seine leere Geldbörse abgegeben hatte, bekam er einen Tritt und eine Kopfnuß. Die Jugendlichen verletzten ihn leicht mit dem Dolch am Hals, bevor sie ohne Beute flüchteten.

Auf ähnliche Weise bedrohten eineinhalb Stunden später drei Jugendliche in Niendorf nacheinander einen 16- und einen 18jährigen. Mit dem Messer bedrohten sie die beiden und forderten Geld. Zwei Täter (14 und 17 Jahre) konnte die Polizei kurz darauf festnehmen, den dritten 16-jährigen erwarteten sie an seiner Wohnung am Borkenweg (Eidelstedt). Als sie ihn festnehmen wollten, kamen vier Verwandte des Jugendlichen aus dem Haus und griffen die Fahnder mit einem Holzknüppel und einer Metallkette an. Ein Beamter gab zwei Warnschüsse ab.

Die Polizei beobachtet bei Gewalt unter Jugendlichen eine Wellenbewegung. Gewalt wird mit Gegengewalt beantwortet, und so schaukeln sich die Aggressionen hoch. Immer wieder wechselnde Jugendgruppen, die sich in Stadtteilen zusammenfinden, ›neigen zu Straftaten‹. Es gibt dabei viel sinnlose Gewalt. Wenn ein Opfer schon beraubt worden ist, schlagen die Täter noch einmal zu.

Die Situation sei noch nicht dramatisch, doch es gebe eine ›leichte Steigerung‹ der Gewalt, so Wolfgang Hammer, Leiter der Arbeitsgruppe Jugendgewalt. In Zahlen möchte er diesen Anstieg noch nicht ausdrükken. Eineinhalb Jahre hat er an einer Studie gearbeitet. Bedenklich ist auch die Dunkelziffer: Nur etwa ein Viertel der Gewalttaten von Jugendlichen gegen Jugendliche werden bei der Polizei angezeigt.«

Wer in seinem Umfeld und auch auf dem Bildschirm besonders viel Gewalt erlebt, ist auch gefährdet, das Erlebte im Sinne von Modellernen bzw. Initatonslernen nachzueifern. Er lernt, Gewalt als ein Element von Lebenstüchtigkeit zu akzeptieren, weil er die niederschmetternde Wirkung bereits an sich selbst oder an den Opfern im Fernsehen, im Videofilm oder im Computerspiel erfahren hat.

Je mehr Gewalt eine Gesellschaft im Sinne von der »Spirale der Gewalt« entwickelt, um so mehr Gewaltopfer gibt es, die dann auch wieder Gewalttäter werden; das ist ein gesellschaftlicher Teufelskreis.

Gewalttäter waren fast immer zuvor selbst Gewaltopfer; aber nicht alle Opfer und Gewaltzeugen werden auch selbst wieder gewalttätig.

Eher intelligente und reifere Jugendliche, die einen gewaltreichen Film sehen, wissen stets, daß das Gesehene eben nur ein Film ist; sie können sich über das Sehen von Aggressionen geradezu entspannen. Aber jüngere und nicht so intelligente junge Menschen vergessen oft während eines gewaltreichen Filmes, daß es sich um einen Film handelt; sie leben ohne Distanz in ihm, mit hoher Konzentration und Identifikation; sie sind stark gefährdet, die miterlebte Gewaltaktion beispielsweise am

Montagmorgen auf dem Schulhof selbst auszuprobieren bzw. zu kopieren.

Übrigens neigen auch Kinder, die Opfer von sexueller Gewalt worden sind, später selbst dazu, ähnliche sexuelle Handlungen an anderen Kindern durchzuführen. Sie wollen sich dadurch entlasten, daß sie das ihnen zugefügte Leid an andere, mit denen sie es dann teilen, weiterreichen.

16. Gewalt durch Vorurteile

- *Vorurteile schützen vor Gefahren.*
- *Ganze Gruppen pauschalisierende Vorurteile sind immer ungerecht.*
- *Wenn Vorurteile mit Feindbildern verknüpft werden, entsteht Haß und Gewalt.*
- *Pauschalurteile müssen durch stimmige Differenzierungen ersetzt werden, wenn gesellschaftliche Gewalt reduziert werden soll.*

Die Funktion von Vorurteilen ist, daß sie vor unbekannten Gefahren schützen. Nicht jedes Auto überfährt ein Kind, aber es ist hilfreich, davon auszugehen, daß es passieren könnte.

Vorurteile sind vorläufige Urteile, und insofern ist die Chance groß, daß sie nicht stimmen.

Einen Menschen kann ich zunächst immer nur vom äußeren Eindruck her beurteilen, und ich tue es zwangsläufig, ohne sein Inneres zu kennen. Ich muß aber, auch wenn es Zeit kostet, sein Inneres erkunden, um mir ein Urteil über ihn bilden zu können.

Eltern neigen dazu, ihre Kinder mit Urteilen über andere Menschen zu spicken, um sie vor Gefahren zu bewahren. Für die Kinder, bar jeder Erfahrung mit diesen Menschen, sind das Vorurteile, und die können sehr ungerecht sein.

Wenn allen Roma und Cinti unterstellt wird, daß sie klauen, fügt man sehr vielen von ihnen Unrecht zu.

Wenn Türken, Schwarzafrikanern und Polen pauschal unterstellt wird, sie seien Wirtschaftsflüchtlinge, raubten Arbeitsplätze von Deutschen und belegten allzu viele der knapp gewordenen Wohnungen, tut man den meisten von ihnen unrecht.

Die Hochrechnungen von Einzelerfahrungen zu ganze Gruppen, Rassen, Religionen oder Nationen meinenden Pauschalurteilen begünstigt Gewalt gegen alle Mitglieder solcher Gruppen, die insgesamt – aus welchen Gründen auch immer – für bedrohlich gehalten werden.

Häufig sind es Eltern, aber auch politische Gruppierungen und Subkulturen, die Kindern Vorurteile überstülpen. Da Kinder sehr leicht beeinflußbar und aus Angst vor Unbekanntem vorsichtig sind, verknüpfen sie solche Vorurteile leicht mit Feindbildern, gegen die zu agieren ihnen dann sinnvoll erscheint. Und dieses Handeln, das, gemeinschaftlich ausgeübt, Wir-Bewußtsein schafft, ist dann Gewalt.

Eltern, Erzieher und Lehrer müssen jedoch Vorurteile entlarven und durch stimmige Differenzierungen aufklärerisch ersetzen, wenn sie Gewalt in unserer Gesellschaft reduzieren wollen, denn Fremdenfeindlichkeit und Ausländerhaß fangen immer mit Vorurteilen an und können in Taten einmünden, wie am 11. September 1993 im »Hamburger Abendblatt« berichtet:

»Zwei 14jährige haben gestanden, den jüdischen Friedhof in der brandenburgischen Stadt Wriezen geschändet zu haben. Als Motiv für die Zerstörung und Beschmierung von 43 Grabsteinen gaben sie ›Ausländerhaß‹ an.«

17. Gewalt durch Diskriminierung

- *Diskriminierung ist ein zum Handeln gewordenes Vorurteil, das gilt auch für sprachliches Handeln.*
- *Kleine Kinder sind eigentlich nie rassistisch.*
- *Aufklärung und Erziehung zur Toleranz sind die besten Mittel gegen Diskriminierung.*
- *Der unstimmige Geschichtsunterricht mit Propaganda-Charakter in der DDR hat zum hohen Maß an Fremdenfeindlichkeit in den neuen Bundesländern beigetragen.*

Auf Hamburger U-Bahn-Höfen kann man zur Zeit Plakate mit folgendem Text sehen:

»Dein Christus ist ein Jude
Dein Auto ein Japaner
Deine Pizza italienisch
Deine Demokratie griechisch
Dein Kaffee brasilianisch
Dein Urlaub türkisch
Deine Zahlen arabisch
Deine Schrift lateinisch
Und Dein Nachbar nur ein Ausländer?«

Wir kennen auch den Auto-Aufkleber »Wir alle sind Ausländer/fast überall!«.

Wenn Handeln aus Vorurteilen entsteht, spricht man von Diskriminierung. Sie richtet sich gegen Mitglieder anderer Nationen, Rassen, Glaubensrichtungen, gegen Frauen, Behinderte, Obdachlose, Alte und überhaupt gegen Andersdenkende, auch gegen Mitglieder jeweils anderer politischer Richtungen.

Kleine Kinder verschiedener Nationen in gemeinsamen Spielgruppen sind eigentlich nie rassistisch, und wenn sie es werden, haben sie die Vorurteile und das diskriminierende Sprachverhalten und Handeln meist von älteren Kindern oder von Erwachsenen übernommen.

Das Gegengewicht zur diskriminierenden Gewalt ist einerseits Aufklärung, andererseits Erziehung zur Toleranz. Ohne die vielen Ausländer wäre unser Wirtschaftssystem nicht mehr funktionsfähig, kaum jemand will auf die Lebensbereicherung durch italienische, türkische oder chinesische Restaurants verzichten, nur wenige wollen die Urlaubsfreuden im Ausland missen, und keiner kommt mehr ohne im Ausland hergestellte Produkte aus. Das Fremde und das Andersartige machen unsere Welt farbiger, interessanter, prickelnder, aufregender, sie verschaffen uns mehr Lebensfreude und Lebensqualität.

Diskriminierung hat immer sehr viel mit Dummheit zu tun, deshalb sind aufgeklärte, intelligente Menschen im allgemeinen toleranter.

Unstimmige Weltbilder, wie sie durch den Geschichtsunterricht in der DDR vermittelt wurden, tragen Mitschuld an dem hohen fremdenfeindlichen Potential in den neuen Bundesländern. Abhilfe können nur ein anspruchsvoller Politikunterricht und soziale Lernformen, wie wir sie mit dem Offenen Unterricht, dem Projektunterricht und der gemeinsamen Beschulung von Behinderten und Nichtbehinderten aus Integrationsklassen kennen, schaffen. Ein solcher Unterricht setzt aber eine hohe Qualifikation, gutes methodisches Geschick und viel Fingerspitzengefühl voraus, damit dabei nicht herauskommt, was beispielsweise am 11. September 1993 im »Hamburger Abendblatt« berichtet wird:

»Ein erschreckendes Dokument über den Ausländerhaß Jugendlicher liegt seit zwei Tagen auf dem Tisch des niedersächsischen Kultusministers Rolf Wernstedt. Als er den Bericht über eine Projektwoche gegen Fremdenfeindlichkeit an einer niedersächsischen Hauptschule im Landtag vortrug, wurde es still. Der Grund: offene, zum Teile brutale und haßerfüllte Äußerungen gegen Ausländer, Asylbewerber und Sinti und Roma – Stimmen, die bei dem Versuch, die Jugendlichen mit Angehörigen der Sinti ins Gespräch zu bringen, offen zutage getreten waren. Die Schule, die Wernstedt aus Rücksicht auf die betroffenen Sinti nicht nannte, fühlt sich ›mittlerweile hilflos‹. Vor allem in einer neunten Klasse seien ›erschreckende und alarmierende Tendenzen von Ausländerfeindlichkeit‹ zu erkennen. Zu einem Film über die Situation von Asylbewerbern rief ein Schüler: ›Wenn wir dies alles so sehen, müssen wir uns doch gegen die bewaffnen‹. Ein anderer der 14- bis 16jährige fügte hinzu: ›Ich habe ja meine Knarre immer dabei‹. Die Schüler gaben detaillierte Informationen über Schwarzmarktpreise von Gaspistolen und Schußwaffen. 17 der 23 Schüler seien in Besitz solcher Waffen. Die Lehrer hätten manchen die Waffen abgenommen und sie den Eltern ausgehändigt, die diese dann aber den Schülern wiedergaben: aus Angst vor ihren eigenen Kindern, wie es hieß. Aus Sicht der Schüler, deren Diskussionen von den männlichen Jugendlichen bestimmt wurden, stört an den Ausländern, daß ›alle Asylanten wie die Schweine klauen‹. Einer drohte: ›Wenn ich einen erwische, der mein Fahrrad klaut, den übergieße ich mit Benzin und stecke ihn an‹. Auch über den Brandanschlag von Solingen, bei dem fünf türkische Frauen ums Leben gekommen sind, sei gesprochen worden. Auf die Frage, ob sie so etwas auch tun könnten, sagte ein Schüler: ›Klar. Man kann sich nicht vorher auch noch erkundigen, wer da alles im Haus ist. Das ist zuviel verlangt. Haben sie eben Pech gehabt‹... Einige Schüler, die offenbar bei rechtsextremen Gruppen organisiert sind, bekundeten offen Sympathie mit der Vernichtung von Juden und anderen Bevölkerungsgruppen während der Nazi-Diktatur in Deutschland.«

18. Gewalt gegen Sachen

- *Jährlich entsteht allein an deutschen Schulgebäuden und an ihrem Mobiliar ein Schaden von 200 Millionen Mark.*
- *Hinter der Gewalt gegen Sachen verbirgt sich oft der Reiz des Verbotenen, das Prickeln des Risikos oder der Mut zur Gefahr.*
- *In jugendkulturellen Nischen mit hoher Gewaltakzeptanz können spektakuläre Zerstörungen zu einer höheren Rangordnungsposition verhelfen.*
- *Willkürliche Gewalt ist oft eine Aggressionsentladung, die auch alternativ durch Sport, Bewegung und Spiel kanalisiert werden könnte.*

Verkehrsbetriebe, Postbenutzer, Gartenbauämter, Schulen klagen über gewaltige Schäden durch Vandalismus in Bahnen, Bussen, Telefonzellen, an Briefkästen, auf Parkbänken und an Gebäuden. Jeder Bürger zahlt dafür mit, daß das Eigentum anderer oder von öffentlichen Institutionen nicht respektiert wird.

Aber Gewalt gegen Sachen ist letztendlich harmloser als Gewalt gegen Menschen oder gegen sich selbst.

Verbogene Kleiderhaken, mit Graffiti besprühte Busse und Wände oder mit Tags beschmierte Häuserfronten sind Gewaltformen, bei denen das Tabu der Körperverletzung respektiert wird.

Vielen Kindern und Jugendlichen bringt es Spaß, etwas zu zerstören oder zu bemalen; sie genießen den Reiz des Verbotenen durch Grenzübertritte, die für sie ein Stück Abenteuer, ein Stück Heimlichkeit, ein Stück Risiko, entdeckt zu werden, beinhalten.

Der Mut kann sich durch eine höhere Rangordnungsposition in der Gruppe auszahlen, die das Eingehen von Gefahren mit einem höheren

Maß an Anerkennung honoriert, weil Gewalt in ihrer jugendkulturellen Nische hochakzeptiert ist, weil sie ihnen die Aussicht auf Erfüllung ihres Traumes, selbst einmal »Chef« sein zu können, eröffnet.

In Zerstörungen können sich aber auch bloße Aggressionen kanalisieren, scheinbar sinnlos, in Wirklichkeit haben sie jedoch den Sinn, aufgestauten Frust herauszulassen oder Rache für irgendeine Kränkung oder irgendeinen Verdruß zu nehmen.

Gewalt gegen Sachen bleibt vielfach als Kavaliersdelikt unbestraft. Wenn das der Fall ist, lernen Kinder etwas Falsches. Ihre Aggression muß geahndet werden, der Schaden muß von ihnen wiedergutgemacht werden, damit sie durch Entbehrungen und Mühen den Wert von Sachen auch zu schätzen lernen.

Kinder, die dazu neigen, ihre Wut an Sachen auszulassen, brauchen alternative Angebote zur Ableitung ihrer Aggressionen, dazu gehören Punching-Bälle, Entlastungsecken mit Matratzen, Kampfsportarten, Bewegungsspiele, Jogging, Rollenspiele oder ernsthafte Arbeit, die Körperkraft erfordert; auch über Diskussionen, Briefeschreiben, Demonstrationen oder durch akzeptiertes Schreien können Aggressionen sinnvoll abgebaut werden.

19. Gewalt gegen Menschen

- *Der Wert, zu einer gewaltbereiten, aber auch familienersetzenden Gruppe gehören zu dürfen, ist für viele Jugendliche größer als der auch in ihnen vorhandene Wert der Gewaltverachtung.*
- *Der Anteil deutscher Kinder und Jugendlicher, die Gewalt ablehnen, wird immer größer.*
- *Da aber immer mehr Jugendliche hohe Bildungsabschlüsse erreichen, wächst bei dem Rest das gewaltfördernde Verlierergefühl.*
- *Nach dem Vorbild der Jungen entstehen in letzter Zeit auch Mädchenbanden, die teilweise zu brutalerer Gewalt neigen als Jungenbanden.*

In den USA sterben an einem durchschnittlichen Tag 14 Jugendliche an Schußverletzungen. Insgesamt wurden im vergangenen Jahr 34 000 Menschen durch Schüsse getötet, davon rund 1 500 unbeabsichtigt. Zwischen 65 und 70 Millionen Handfeuerwaffen befinden sich in privatem Besitz.

Diese Zahlen gab die US-Gesellschaft für die Kontrolle von Handfeuerwaffen bekannt. Zugleich wurde eine Umfrage veröffentlicht, die sich mit der Einstellung Jugendlicher zu Waffen beschäftigte. Das Resümee: Unter den Schülern in den USA entwickelt sich eine »Revolver-Kultur«.

Die Untersuchung im Auftrag der »Harvard School of Public Health« kam zu dem Ergebnis, daß sich mehr als die Hälfte (59 Prozent) aller Schüler der sechsten bis zwölften Klassen nach eigenen Angaben eine Faustfeuerwaffe (Revolver und Pistolen) beschaffen könnten, wenn sie das wollten. Über ein Drittel (35 Prozent) der in den gesamten USA befragten Kinder und Jugendlichen sagten, sie könnten die Waffe »innerhalb einer Stunde« besorgen.

Schüler aller Rassen gaben an, leichten Zugang zu Handfeuerwaffen zu haben. Unter den Schwarzen waren es 72 Prozent, unter den Weißen 55, unter den Latinos (Kinder von Einwanderern aus Lateinamerika) 69 und unter den Asiaten 47 Prozent.

Weitere Ergebnisse der Umfrage sind:

- 22 Prozent der Schüler sagten, sie nähmen eine Waffe mit in die Schule. Vier Prozent sagten, es handele sich bei dieser Waffe um einen Revolver oder eine Pistole.
- Fast jeder zehnte (9 Prozent) sagt, er habe selbst schon einmal auf jemanden geschossen.
- 7 Prozent berichteten, an ihrer Schule würden Metall-Detektoren eingesetzt, um Waffen aufzuspüren. 55 Prozent der Schüler wünschten, daß die Leitung ihrer Schule solche Geräte an den Eingängen installiert.
- 22 Prozent der befragten Schüler sagten, sie hätten eine größere Chance, eine Schlägerei zu überleben, wenn sie eine Faustfeuerwaffe bei sich hätten.

Wie leicht es in den USA ist, in den Besitz einer Waffe zu kommen, lassen jüngste Erkenntnisse der Bundesbehörde für Alkohol, Tabak und Feuerwaffen (ATF) erkennen. Nach Schätzungen der Behörde, die die Lizenzen für den Waffen-Verkauf vergibt, existieren in den USA rund 250 000 Schußwaffenhändler mit Lizenz.

Robert Lozano (17) grillte mit Nachbarn in Gran Prairie (Texas), als ihn ein tödlicher Schuß traf. Der Täter: ein 16jähriger Junge, der sich geärgert hatte, weil Lozano seine Autohupe betätigte. Arthur Williams (13) stand auf dem Balkon im fünften Stock eines Wohnkomplexes in Chicago, als er von einer Schußsalve tödlich getroffen wurde. Der Täter: ebenfalls ein 14jähriger. Täglich sterben sechs Teenager einen gewaltsamen Tod, das sind mehr als 2 000 im Jahr. Die Zahl hat sich seit 1986 verdoppelt.

Ermordete Kinder und Jugendliche sind vielen Großstadtzeitungen nur noch ein paar Zeilen wert – es sind einfach zu viele. In Detroit starben allein von Januar bis Juni 1993 40 Jungen und Mädchen im Alter zwischen 13 und 19 Jahren an Schuß- oder Stichwunden.

Auf jeden ermordeten Jugendlichen, so ein Sprecher der US-Gesundheitsbehörde CDC, kommen zudem 100 verletzte Jungen und Mädchen.

Mehr als 50 Prozent der Opfer sterben durch die Hand eines Freundes oder Bekannten, 15 Prozent durch ein Familienmitglied. Schußwaffen sind für drei Viertel der Toten verantwortlich, die Zahl verdreifachte sich seit Mitte der achtziger Jahre. –

Die Behörden in den dichtbesiedelten Vororten von Paris sind seit kurzem mit einem neuen soziologischen Phänomen konfrontiert: mit Mädchenbanden, die sich ausschließlich an Geschlechtsgenossinnen vergreifen und sehr viel rabiater vorgehen als gleichaltrige Jungen.

Jüngste Opfer einer solchen Mädchen-Gang wurden im Vorort Sarcelles drei Schülerinnen im Alter zwischen 13 und 16 Jahren. Die Angreiferinnen, ein halbes Dutzend junger Mädchen, schlugen in einem städtischen Park mit Knüppeln auf ihre Opfer ein, stachen ihnen mit Scheren in die Arme. Den drei Schülerinnen wurden die Kleider vom Leib gerissen, selbst die Schuhe wurden ihnen abgenommen. Die Polizei wurde von dieser Entwicklung überrascht.

Nach ersten Untersuchungen bestehen die Pariser Mädchen-Gangs ausschließlich aus Teenagern, die jeweils mit einem Mitglied einer Jungen-Gang liiert sind.

»Jugendbanden sind in ihrer Hierarchie immer sehr konservativ. Bei ihnen herrscht strikte Trennung der Geschlechter«, weiß man schon lange bei den Pariser Jugendbehörden. Die Mädchen möchten es ihrem Freund gleichtun, werden jedoch nicht in dessen Bande aufgenommen. Die Freundinnen von männlichen Bandenmitgliedern fühlen sich deshalb oft frustriert, die Bildung eigener, rein weiblicher Gangs ist die Folge. Weil sie aus einem »Gefühl der Frustration« gegründet wurden, sind Mädchenbanden nach Beobachtung der Kripo oft viel brutaler als Banden von Jungen.

Auch in Deutschland nimmt die Bereitschaft bei Jugendlichen, Gewalt gegen Menschen einzusetzen, immer mehr zu, aber nur bei einem Teil von ihnen, während gleichzeitig ein immer größer werdender Teil Gewalt verachtet.

Allein die Versechsfachung von Gymnasiasten in den letzten 40 Jahren ist ein Beleg dafür, daß immer mehr junge Menschen bildungswilliger und damit werteorientierter Richtung Abitur streben; sie lehnen nahezu alle körperliche Gewalt als Mittel von Lebenstüchtigkeit ab.

Aber gerade die stetig größer werdende Zahl erfolgreicher junger Menschen produziert bei dem Rest um so eher das Gefühl, Verlierer zu sein und sich auf andere Art und Weise Erfolg, Anerkennung und Frustausgleich zu verschaffen. Gewalt ist eine solche Alternative. Und wenn Kriminalstatistiken einen überrepräsentativ großen Anteil von ausländischen Jugendlichen auswerfen, dann liegt es nicht daran, daß Ausländer gewaltbereiter sind, sondern daran, daß sie erstens im Schnitt zu jüngeren Altersstufen gehören, die auch bei Deutschen gewaltbereiter sind als ältere, und daß sie zweitens durch die benachteiligenden Lebenssituationen in bezug auf Wohnverhältnisse, Schulerfolg, berufliche Karriere und Kulturkollisionen eine größere Chance auf Mißerfolg und damit auf die Verliererrolle haben als deutsche Jugendliche.

Auch in Berlin und Hamburg gibt es schon seit einiger Zeit Mädchenbanden wie die »Wilhelmsburger Türkengirls«, die teils aus dem Bedürfnis nach Schutzgemeinschaften gegen gewaltsame Übergriffe entstanden sind, teils aber auch aus Motiven wie in Paris, also um es den Jungen gleichzutun, um ähnlich leben zu können wie ihre Freunde und um auch ihren Frustrationsgefühlen auf ähnliche Weise, wie es die Jungen tun, Luft machen zu können.

Gewaltbereitschaft gegen Menschen hat immer etwas mit der Unfähigkeit zu tun, sich in das Leid anderer Menschen hineinversetzen zu können; sie hat immer etwas mit mangelnder Schuldfähigkeit, mit Defiziten am Unrechtsbewußtsein zu tun; sie resultiert also aus abnehmender Religiosität und einer geringer werdenden Bindung an Normen und Werte, sprich aus einem Mangel an Verantwortungsbereitschaft; sie ist ein Spiegelbild von wachsendem Egoismus und zunehmendem Materialismus, denn beides bedeutet einen Verlust an Achtung vor Gesundheit und Leben anderer.

Vor allem ist aber festzustellen, daß dümmere Menschen gewaltbereiter gegenüber anderen sind als intelligente, während intelligente mehr als dümmere dazu neigen, Aggressionen gegen sich selbst zu richten.

In der Einbettung von Gruppen werden Jugendliche übrigens gewaltbereiter, als wenn sie alleine sind. Die Gruppe macht Mut, stachelt an, und man kann seine Aktion, wenn sie durch die Gruppe anerkannt wird, besser hinter anderen verstecken, man wird also ein Stück anonymer, und das erleichtert den Gewalteinsatz. Das Gruppenethos entlastet das eigene Gewissen so stark, daß man auch etwas zu tun bereit ist, daß man ansonsten, auf sich allein gestellt, ablehnt.

Das ist der Grund, warum Polizisten, Psychologen oder Sozialarbeiter, die mit jugendlichen Gewalttätern zu tun haben, immer wieder sagen:

»Wenn man mit ihm allein spricht, ist er wirklich nett und liebenswert, eigentlich ein toller Junge.« Der Wert, zu einer Geborgenheit, Wir-Bewußtsein, Solidarität, Sinn und freizeiterfüllende Perspektiven gebenden – aber eventuell auch gewaltbereiten – Gruppe gehören zu dürfen, hat für viele Jungen und Mädchen eben eine höhere Bedeutung als der eigentlich auch in ihnen vorhandene Wert der Gewaltverachtung. Kinder, die Kriegsspielzeug nicht mögen, wollen es haben, wenn der Freund gern damit spielt; Eltern, die Kriegsspielzeug wie den »Super Soaker« (ein mit starken Wasserstrahlen betriebenes Plastik-Maschinengewehr) ablehnen, kaufen es dennoch dem Kind »zuliebe«; und mancher geht der »Kumpels« wegen in rechtsradikale Wehrsportgruppen, obwohl er extremistisches Gedankengut und Waffen verachtet...

20. Gewalt gegen sich selbst

- *Autoaggressionen sind schwere Störungen, die auch zahlenmäßig eine größere Rolle spielen als Gewalt gegen Sachen und Menschen.*
- *Immer mehr Kinder fühlen sich immer weniger in ihrer Haut wohl.*
- *Wer Kindern statt Liebe, Zuwendung, Zeit und Ansprache Materielles gibt, stellt die Weichen dafür, daß sie auch später ihre Probleme durch Stoffliches, also z. B. durch Drogen substituieren wollen.*
- *Auch die Sucht, Extremgefahren zu überstehen, ist eine Form der Gewalt gegen sich selbst.*

Regression hat man es früher genannt, wenn Menschen das Tabu der Gewalt gegen Sachen und andere Leute respektieren und ihre Enttäuschungen, ihre Niederlagen und die Selbstablehnung in sich hineinfressen. Heute spricht man, wenn Menschen schlecht mit sich selbst umgehen, von Autoaggression.

Viele Formen sind dabei bekannt: Es beginnt mit dem stillen Mädchen, das im Unterricht nie etwas sagt und rot wird, wenn der Lehrer es anspricht; es geht weiter, indem sich Frust in Freßsucht, Magersucht, Bulimie, in Hauterkrankungen wie Allergien, Neurodermitis, Ekzemen und Warzen, in Nägelkauen oder Bettnässen, in Hyperaktivität und motorischer Unruhe, in Asthma, in Nikotin-, Alkohol- oder Tablettenabhängigkeit, in Spielsucht und Drogenkonsum niederschlägt, und es endet mit Ausreißen, Depressionen, Todessehnsucht und Suizidversuchen.

Schriften über suchtgefährdete Schüler und über Pillen für Zappelphilippe überschwemmen zur Zeit ebenso den Markt wie Pressemitteilungen über die Zunahme von Hauterkrankungen, Selbstmordversuchen und psychotisch erkrankten Schülern. Es sind dabei jedoch keineswegs nur Umweltgifte verantwortlich; immer mehr Kinder fühlen sich immer weniger in ihrer Haut wohl, weil sie immer weniger mit den veränderten schulischen und gesellschaftlichen Lebensbedingungen zurechtkommen, die sich als Gewalt gegen ihre Seele und ihren Körper erweisen:

- Nach Auskunft des Allergiker- und Asthmatikerbundes hat etwa jedes dritte Kind Allergien. Bei Untersuchungen in Berlin-Charlottenburg litten 40 Prozent aller Drittklässler unter allergischen Beschwerden. Besonders verbreitet: Hautausschläge, Heuschnupfen und Nahrungsmittelunverträglichkeiten.

- Jedes fünfte Kind, so Elke Ruge, Vorsitzende des »Deutschen Neurodermitiker Bundes«, leidet an Neurodermitis: »Die Tendenz ist deutlich steigend.«

- Nach neuesten Statistiken der Hamburger Gesundheitsbehörde waren sieben Prozent der Kinder in ihren ersten fünf Lebensjahren wegen Pseudokrupp in ärztlicher Behandlung.

- Ostdeutsche Kinder in industriellen Ballungsgebieten haben zwei- bis dreimal häufiger Atemwegserkrankungen als Kinder in vergleichbaren Regionen der Altbundesländer.

- Kleinkinder, die in Kinderwagen durch verkehrsreiche Straßen geschoben werden, nehmen Gifte auf. Sie atmen u.a. Kohlenmonoxid, Blei, Benzol und Ruß aus Dieselfahrzeugen ein. Benzol und Rußteilchen können krebserregend wirken. Da Kleinkinder viel am Boden spielen, sind sie auch durch Bodenschadstoffe wie Blei, Cadmium und teilweise Dioxine gefährdet.

- Selbst die Muttermilch enthält Schadstoffe. »Es ist ein alarmierender Zustand, wenn die einzige adäquate, artgerechte Ernährung für Säuglinge, die Muttermilch, nur unter Bedenken empfohlen werden kann«, stellten Kinderärzte, die sich im Frühjahr 1993 mit dem Thema »Kind und Umwelt« befaßten, fest.

- Die Anzahl der Kinder, die an Krebs erkranken, steigt drastisch. Auch eine Folge der Dioxine? Untersuchungen belegen, daß sie bei Tieren schleichend das Hormon-, Immun- und Nervensystem schädigen und krebserregend wirken.

»Ein Alarmzeichen« ist für den Präsidenten des Bayerischen Lehrer- und Lehrerinnenverbandes (BLLV), Albin Dannhäuser, der Tablettenkonsum der Schüler: Ein Drittel aller Kinder und Jugendlichen, so erklärte er vor der Presse, nehme Medikamente. Rund die Hälfte der Arzneimittel sind Anregungs- und Beruhigungspillen. Sie werden geschluckt, »um Probleme in Schule, Familie und im Freundeskreis zu bewältigen«. Die Politik sei jetzt gefordert, »auf diesen Seismographen für seelische Nöte zu reagieren«.

Was der BLLV in den letzten Monaten an Fakten zusammentrug, gleicht einem Horrorszenario. 40 Prozent der Zwölfjährigen und 53 Prozent der 17jährigen nehmen regelmäßig Kopfschmerzmittel. Jeder zehnte Schüler versucht sich mit Arzneimitteln zu beruhigen. Sechs Prozent der Zwölfjährigen schlucken Aufputschmittel. 1990 wurde rund eine halbe Million Verordnungen aus dem Bereich der Psychopharmaka für Kinder verschrieben. Fast die Hälfte davon entfällt auf Tranquilizer und Neuroleptika, »die in der Fachwelt sehr umstritten sind«, teilte Dannhäuser in seiner Bestandsaufnahme mit. Insgesamt sind 1,4 Millionen Deutsche aller Altersstufen medikamentenabhängig.

Der Lehrerverbandspräsident sieht in dieser Entwicklung »gefährliche Anzeichen dafür, daß psychische Probleme der Kinder, ihre Verhaltensauffälligkeiten und Nervosität einfach weggeschluckt werden«. Statt dessen müßten die Ursachen gesucht und pädagogisch aufgearbeitet werden, auch wenn dies ein langer und mühsamer Weg sei. Dabei schaue man vertrauensvoll auf die Politiker. Der Einstieg in die Abhängigkeit, so erklärte Dannhäuser, dürfte bei den Kindern und Jugendlichen nicht stattfinden.

Warnend fügte er hinzu: »Das Menschenbild in unserer Gesellschaft scheint immer mehr auf vordergründigem Funktionieren, permanentem Wohlbefinden und der Tabuisierung aller individuellen Krisen und Probleme zu gründen, selbst Kinder werden Opfer dieses Wahns.« Gerade sie aber bräuchten Vertrauen und »emotionale Sicherheit«. Auch die Aggressionen und die Gewalt in den Schulen seien »Hilferufe nach Anerkennung und Verläßlichkeit«.

Rund 500 000 Kinder und Jugendliche sind in Deutschland alkoholgefährdet. Das berichtet eine Studie der Deutschen Hauptstelle gegen Suchtgefahren (DHD), wonach bereits fünf Prozent aller 13jährigen regelmäßig Wein, Sekt und Bier trinken. Zehn Prozent aller Vergiftungen, die Ärzte an Kindern behandeln müssen, seien alkoholbedingt.

Jede nachwachsende Generation dieses Jahrhunderts neigte mehr zu Depressionen als die ihrer Väter und Großväter. Seit 1915 erhöhte sich weltweit die Rate der Erkrankungen unaufhörlich – unabhängig von kulturellen, sozialen und biologischen Faktoren.

Und: Die Krankheit erfaßt immer jüngere Menschen. Das ergab eine Untersuchung von 43 000 Personen in Nordamerika und Europa, in Asien, Neuseeland und im Nahen Osten.

Die Ergebnisse veröffentlichte Myrna M. Weissman von der New Yorker Columbia-Universität im Ärzteblatt »Journal of the American Medical Association«. Immer mehr und immer jüngere Menschen erkranken danach an Depressionen; das relative Risiko einer beliebigen Altersgruppe steigt gegenüber der jeweils zehn Jahre älteren im Schnitt fast um das Doppelte – und das weltweit. Weissman: »Wir verstehen es nicht.«

Im italienischen Florenz ermittelten die Forscher mit 260 Prozent die höchste Steigerungsrate an depressiv Erkrankten innerhalb eines Jahrzehnts. Der Durchschnitt aller fünf beteiligten Städte in den USA liegt bei 190 Prozent.

Von den Amerikanern, die zwischen 1915 und 1924 geboren wurden, erkrankte weniger als einer von 25 an Depressionen, meist erst im Alter von 45 Jahren oder später. Bei den jüngeren Amerikanern nimmt das Risiko einer Depression deutlich zu: Eine von 17 Personen erkrankt. Der Ausbruch der Krankheit droht bereits im Alter zwischen 15 und 25 Jahren.

Schon Mitte der achtziger Jahre hatte eine Studie der Universität von Missouri ergeben, daß von den Menschen aller Altersgruppen Jugendliche zwischen 14 und 16 Jahren am häufigsten an Depressionen leiden.

Die Weltgesundheitsorganisation (WHO) hatte zur selben Zeit darauf hingewiesen, daß Depressionen weltweit zugenommen haben. Als Ursache nannte die WHO den Bruch mit Traditionen, den Verlust an religiösen Bindungen, Vereinsamung, Beziehungslosigkeit und den Zerfall der Familienstrukturen.

Weissman vermutet, daß Alkohol- und Drogenmißbrauch, Überforderung am Arbeitsplatz und das Großstadtleben den Trend fördern. Das Beispiel Libanon zeige, daß auch dramatische politische Veränderungen Depressionen auslösen können: In Beirut ist heute schon jeder fünfte Einwohner unter 37 Jahren depressiv.

»Depressionen sind ein weltweites Phänomen«, erklärt Weissman. 70 Millionen Menschen, so die WHO, sind derzeit an einer Depression erkrankt.

Drogensucht ist für viele Eltern das Schlimmste, was ihrem Kind passieren kann. Drogen versprechen vielen Jugendlichen den Ausstieg aus ihren Problemen, vorübergehend jedenfalls. Über längere Zeit hinweg lernen sie dabei, immer wenn sie in Not sind, nicht das Problem direkt anzugehen und zu überwinden, sondern mit dem Stoff auszuweichen und zu verdrängen. Dieser Problem-Ausstieg, der ja immer dazu führt, daß man danach vom Problem wieder eingeholt wird und deshalb erneut Drogen nehmen muß, ist auf Dauer genauso tragisch wie der drogenbedingte körperliche Verfall.

Wenn Eltern kleinen Kindern anstelle von Liebe, Zuwendung und Ansprache, die eigentlich gewollt sind, Nahrung, Spielzeug und später Geld geben, lernen diese schon früh, daß das eigentlich Gemeinte durch Stoffliches substituiert werden kann. Letztlich wird dadurch bereits die Weiche für späteren Drogenkonsum gestellt.

Eltern fragen sich heute ängstlich: Kann ich mein Kind überhaupt vor Drogen schützen? Ein Patentrezept und eine Garantie für ein suchtfreies Leben gibt es nicht, doch zur Resignation besteht kein Anlaß. Wenn Vorbeugung nämlich schon im Kindesalter beginnt, kann die Gefahr, an Drogen zu geraten, deutlich verringert werden. Pädagogen, Psychologen und Mediziner haben umfangreiches Wissen über die Möglichkeiten der Prävention gesammelt. Dieses Wissen muß nur angewendet werden.

Um dies zu bewirken, hat die »Aktion Sorgenkind« jetzt eine Vorbeugungskampagne im Kindesalter ins Leben gerufen. Das Schlüsselwort lautet: Kinder brauchen »emotionale Abwehrkräfte«. Eltern und Erzieher haben die Möglichkeit, die seelische Entwicklung von Kindern so zu fördern, daß sie für das Drogen-Angebot weniger anfällig werden.

Alle Erfahrungen und alle Erkenntnisse der Fachleute deuten in dieselbe Richtung: Am besten sind solche Kinder vor Sucht geschützt, die seelisch gesund, selbstbewußt und ich-stark sind. Dies mag auf den ersten Blick banal oder »zu einfach« oder umgekehrt »unlösbar« erscheinen – aber es ist die Grundlage für sehr praktische und praktikable Handlungshilfen.

In diesem Jahr startet die Vorsorge-Initiative die Aktion »Was tun gegen die Sucht? – 7 Vorschläge für Eltern und Erzieher«. Denselben Titel trägt eine Broschüre, die in einer Auflage von 2,5 Millionen Exemplaren seit Anfang März 1993 in Apotheken, Arztpraxen und Beratungsstellen verteilt wird. Zentrale Aussagen der Broschüre sind die folgenden sieben Vorschläge zur frühen Vorsorge gegen Suchtgefahren aller Art:

- Kinder brauchen seelische Sicherheit. Das bedeutet konkret, daß sie sich der Liebe und Zuwendung ihrer Eltern und der ihnen nahestehenden Erwachsenen sicher sein wollen.
- Kinder brauchen Anerkennung und Bestätigung. Erwachsene sollten nicht nur die Leistung von Kindern anerkennen. Noch viel wichtiger ist es, schon die Bemühung zu loben.
- Kinder brauchen Freiraum und Beständigkeit. Freiraum ist für Kinder deshalb so wichtig, weil sie lernen, die Realität selbst zu begreifen und zum ersten Mal Erfolgserlebnisse zu haben.
- Kinder brauchen realistische Vorbilder. Wohl nirgendwo ist dieser Widerspruch zwischen guten Worten und bösen Taten so groß wie bei den eigenen Süchten der Erwachsenen.
- Kinder brauchen Bewegung und richtige Ernährung. Kinder wollen toben, sich bewegen, haben sichtlich Spaß an der körperlichen Anstrengung.
- Kinder brauchen Freunde und eine verständnisvolle Umwelt. Deshalb sollten beide Elternteile bei ihrer beruflichen und persönlichen Zeitplanung auch immer die Interessen ihrer Kinder berücksichtigen.
- Kinder brauchen Träume und Lebensziele. Kinder sehen viele Dinge nicht nur anders, sondern auch klarer als wir.

Der Bielefelder Erziehungswissenschaftler Klaus Hurrelmann schreibt in seinem Sucht-Report vom März 1993:

»Spannungen und Konflikte mit den Eltern gehören zu den stärksten Einzelfaktoren, die für den Drogenmißbrauch verantwortlich gemacht werden können. Das gilt bereits für die Kleinkindzeit, in der wichtige Voraussetzungen für die Stärkung der Persönlichkeit gelegt werden. Schon im Vorschul- und Grundschulalter müssen Kinder lernen, mit den alltäglichen Problemen auf ihre Weise fertig zu werden. Die überbehütenden Eltern, die dem Kind vorzeitig beispringen, um es vor Schwierigkeiten zu bewahren, sind ebenso schlechte Helfer wie die Eltern, die sich zuwenig in die Situation der eigenen Kinder hineinvertiefen und ihnen kaum Unterstützung geben.

Kinder müssen von ihren Eltern ermuntert werden, ihre kleinen alltäglichen Probleme selbst zu lösen. Nur wenn Kinder immer wieder die Erfahrung machen, daß ihnen dies gelingt, wird sich ihr Selbstbewußtsein stärken. Die Außenseiterrolle des verhätschelten Mutterkindchens und des ausgestoßenen Randkindes führt zur Anfälligkeit gegenüber Sucht, weil sie mit Hilflosigkeit in Konfliktsituationen des Alltags einhergehen kann.«

Etwa 100 000 schwer drogensüchtige Menschen – meist heroinabhängig – leben zur Zeit in Deutschland, nur etwa 20 % davon befinden sich in Behandlung. Jährlich werden etwa 2 000 Drogentote gezählt, im Moment mit leicht abnehmender Tendenz, und das, obwohl der Konsum harter Drogen ständig steigt.

Die gefährlichsten Rauschmittel, die in Deutschland im Umlauf sind, sind Cannabis-Produkte (Haschisch und Marihuana) als Einstiegsdrogen, Heroin, Kokain, Designer-Drogen wie LSD, PCP und XTC (Ecstacy) und das bei uns noch seltene Crack, das schon beim 1. Mal süchtig macht und in den USA sehr verbreitet ist, sowie Psychopharmaka wie Rohypnol, Paracodin, Remedacen und Schmerz-, Schlaf- und Beruhigungsmittel und andere Amphetamine.

Durch die Kriminalisierung des Drogenhandels wird offenbar der Reiz zum Konsum erhöht; denn seitdem Cannabis-Produkte in den Niederlanden offen verkauft werden durften, sank die Zahl der Konsumenten dort deutlich.

Eine Studie der Universität Bielefeld hat gerade festgestellt, daß bereits 66 % der Neuntkläßler an deutschen Schulen regelmäßig Alkohol trinken, daß jeder zweite Schüler raucht – beginnend in immer jüngeren Altersstufen –, daß 15 % aller Schüler Hasch, 2 % Kokain und Heroin nehmen, daß 5 % – und das sind vor allem 10- bis 13jährige – schnüffeln und daß 14 % zu Schmerz-, Schlaf- oder Beruhigungsmitteln greifen.

Auslöser sind gestörte Familienverhältnisse, kinderfeindliche Gesellschaftsstrukturen und auch eine unzeitgemäße Schule, die neben der wissenschaftsorientierten Stundengeberei kaum ihren Erziehungsauftrag und so etwas wie Werteerziehung wahrnimmt und deren Lehrer während ihrer Ausbildung allzu geringe sozialpädagogische, psychologische und verhaltenstherapeutische Kompetenzen mitbekommen, so daß Schüler mit ihrer Einsamkeit und ihren Problemen nach dem Unterricht alleingelassen werden.

Da eine deutsche Ehe im Schnitt nur noch 7 Jahre hält, lebt in Großstädten wie Hamburg und in Ballungsgebieten jedes zweite 13jährige Kind mittlerweile in einer Kleinstfamilie ohne Vater und mit einer berufstätigen Mutter, die wenig Zeit hat.

Wenn Kinder Zuwendung und Zeit wollen, durch überforderte Erwachsene aber mit Materiellem wie Geld, Computer und Mountain-Bike »abgespeist« werden, lernen sie schon früh, daß das eigentlich Gewollte ersatzweise befriedigt werden kann, so daß Suchtverhalten bei Familiendramen, Schulstreß, Perspektivarmut und Schwierigkeiten mit Freunden geradezu trainiert wird. Sie gehen Probleme dann nicht mehr direkt an, sondern weichen ihnen mit Alkohol und Drogen aus.

Viele Schüler sind also schon oft in ihrem Bestreben, tüchtig oder anerkannt zu sein, gescheitert, und sie hatten, bevor sie auf ohnmächtige Institutionen trafen, schon ohnmächtige Eltern. Sie sind einsam, ungeliebt und erfolglos geblieben, und sie lehnen sich auch selbst ab. Und da die Zahl solcher jungen Menschen ständig zunimmt, fühlen sich auch die Institutionen mit ihrem Mangel an Mitarbeitern überfordert. Sie neigen dazu, Probleme weiterzureichen, weil sie die angenommenen schon kaum bewältigen können. Da allerorten Not, Scheitern und Gewalt größer wird, entscheiden sich überhaupt immer mehr Menschen zum Weggucken und zur verdrängenden Ohne-mich-Haltung, also auch in Einrichtungen wie Schule, Polizei und Sozialen Diensten, die Kindern oder Alkoholikern eigentlich helfen wollen. In Bremen haben jetzt erstmals aufgebrachte Eltern eine Grundschule drei Tage lang bestreikt, weil die Behörden schon viel zu lange das Treiben von Drogenfreaks vor und auf dem Schulgelände tatenlos hingenommen haben.

Wie immer liegt der Ausweg also nicht in Institutionen an sich, sondern in einzelnen engagierten Personen in ihnen, die bereit sind, auf problembeladene Kinder und Jugendliche zuzugehen.

Der amerikanische Pädagoge und Psychologe Bruno Bettelheim hat einmal gesagt: »die Probleme, die wir mit anderen haben, sind immer unsere Probleme, niemals die Probleme der anderen«.

Wenn Eltern Probleme damit haben, daß ihr Kind immer wieder ausreißt, dann müssen sie sich überlegen, was vor allem sie selbst falsch gemacht haben. Das gleiche gilt für Selbstmordversuche und für Tagebucheintragungen voller Todessehnsucht. Besonders tragisch, weil zu spät, ist es, wenn erst der Suizid eines Schülers auf seine Probleme aufmerksam macht. So stand jüngst in der Hamburger »Welt«:

»Gestern mittag um 13 Uhr wurde der zehnjährige Patrick H. auf einem Spielplatz an der Sievekingsallee erhängt aufgefunden.

Eine Nachbarin erklärte, sie habe ihn kurz vorher noch mit seinem jungen Boxermischling auf dem Platz spielen gesehen. Die Nachbarin berichtete weiter, sie haben plötzlich Schreie von einer älteren Frau gehört, die versuchte, den Jungen vom Klettergerüst zu befreien. Aber erst als ein Mann zur Hilfe kam, gelang es den beiden, das Kind loszubinden. Zu diesem Zeitpunkt war Patrick nach Augenzeugenberichten schon blau im Gesicht, die Zunge hing ihm aus dem Hals. Sein Hund lief unruhig um das Gerüst herum. Kurz darauf traf der Rettungswagen ein. Den Helfern gelang es durch Intubation und Beatmung, den Jungen wiederzubeleben. Bei Redaktionsschluß war er noch nicht ansprechbar. Die Ärzte im Wilhelmsstift in Rahlstedt kämpfen um sein Leben.

Nicole G. (zehn Jahre) berichtete, daß Patrick in der Schule erzählt hatte, seine Mutter hätte ihn häufig mit einem Gürtel geschlagen. Er habe oft Stubenarrest bekommen. Noch am Sonntag, so hatte er erzählt, habe er von zu Hause weglaufen wollen. Seine Eltern sind geschieden, für seinen Vater interessiert er sich nicht.« –

Wenn das Leben langweilig ist, richten andere Menschen auch noch in anderer Weise Gewalt gegen sich; sie suchen das Prickeln des Risikos, die Extremgefahr, den Reiz des Seiltanzes zwischen Leben und Tod; für sie ist es ein Lottospiel, bei dem sie auch den Tod in Kauf nehmen; sie hängen also nicht allzu sehr am Leben, sind auch irgendwie unglücklich oder unzufrieden. Sie versuchen, ihre partielle Verliererrolle, ihre graduelle Erfolglosigkeit durch alternative Bewährungen zu kompensieren, und dazu kann die Sucht nach Gefahr gehören:

Risikoreiche Sportarten wie Extrem-Bergsteigen, Drachen- und Gleitschirmfliegen, Sportklettern (Freeclimbing) oder Wildwasser-Rafting boomen wie nie. Mit der Zahl derer, die immer höher klettern, schneller abfahren oder weiter fliegen wollen, die immer unwirtlichere Gebiete wie solche an der Arktis durchwandern wollen, steigen auch die Zahlen schwerster Verletzungen und Todesfälle; allein unter den Freikletterern werden in den Alpen etwa 700 Tote pro Jahr beklagt...

21. Gewalt durch schwache Männer

- *Frauen haben in den letzten Jahrzehnten ihre herkömmliche Rolle in Richtung Väterlichkeit erweitert, während Männer mehrheitlich in ihrem klassischen Verhaltensspektrum verharren.*
- *Männer neigen eher zu körperlicher Gewalt als Frauen; die Reduktion auf Muskelargumente läßt sie aber schwach erscheinen.*
- *Der Bürgerkrieg im ehemaligen Jugoslawien ist ein typisches »Männerspiel« mit Gewalt, Sex, Drogenhandel und Korruption.*

Zwar haben sich die unterschiedlichen Rollen von Mann und Frau in unserer Gesellschaft insofern etwas angenähert, als daß Männer auch im Haushalt helfen, sich auch um die schulischen Belange ihrer Töchter und Söhne kümmern und Frauen auch immer häufiger berufstätig werden und männliche Forderungsanteile in der Erziehung übernehmen. Aber nach wie vor halten sich Männer in der Bandbreite erzieherischer Möglichkeiten durchweg weit zurück.

Sie verzichten vielfach auf emotionale Zuwendung zum Kind, auf Körperkontakt zu ihm, sie spielen seltener mit ihm, und sie nehmen sich weniger Zeit für Gespräche.

Frauen hingegen übernehmen – vor allem wenn sie alleinerziehend sind – immer mehr die klassische Rolle der Väter in der Erziehung, also das In-die-Welt-Hinausführen und das In-die-Zukunft-Leiten des Kindes in Ergänzung zu ihrer traditionellen Rolle des an der leiblichen Versorgung und des eher an der Vergangenheit des Kindes Orientierten, das es in der Geborgenheit der Wohnstube vor Gefahren beschützt.

Männer sind durchweg in der Erziehung viel schwächer als die Frau, offenbar weil sie biologisch gesehen eher für sich allein kämpfen, während die Frau immer schon Verantwortung auch für ihre Kinder trug, also über alle Zeiten hinweg sozialer sein mußte. Und was Männer sich zugestehen, nämlich eine aggressive Konfliktlösung, gestehen sie Frauen nicht zu; sie sind damit Modell für ihre Söhne:

Einem Großteil der männlichen Bevölkerung hat man systematisch eingebleut, jeden Ausdruck von Zärtlichkeit oder Verwundbarkeit zu vermeiden, weil diese Eigenschaften entweder als Zeichen von Schwäche oder als »weibliche« Gefühle galten. Andererseits haben Frauen häufig gelernt, daß sie um jeden Preis Harmonie bewahren und ihre Unzufriedenheit verbergen müssen. Deshalb fällt es vielen Frauen schwer, aggressive Gefühle offen auszudrücken. Eine Folge ist, daß Männer häufig aufrichtig erstaunt sind, wenn ihre Partnerin ihnen plötzlich die kalte Schulter zeigt.

Wenn Männer durchdrehen, ist Gewalt nicht weit, und zwar Gewalt als körperliche Kraftanwendung, aber auch in Form von Psychoterror gegen Fremde, die Freundin oder Frau, die Kinder, gegen sich selbst – eigentlich gegen alles.

Oft ist es nur eine Kleinigkeit, die den Mann so provoziert, daß seine Gefühle hervorbrechen. »Männer tragen Ritterrüstungen, die viel zu schwer für sie sind«, sagt Michael Baurmann, Psychologe beim Bundeskriminalamt (BKA). Viele Männer wollen als »Machos« unheimlich stark sein und haben Angst vor einem Gesichtsverlust. Sie haben nicht gelernt, zu ihren Schwächen zu stehen, sie wollen Männer spielen. Der BKA-Experte: »Mädchen werden viel früher als Jungen darauf getrimmt, Konflikte sprachlich zu lösen.« Er hat »ein ganzes Bündel« an Erklärungen für Männer-Gewalt parat: Schon im Kindergarten lernen kleine Rambos, sich durchzusetzen. Baurmann: »Der Junge ist auf der Suche nach Vorbildern, aber der Vater spielt meist nur eine Gastrolle.« Der Junge findet seine Helden woanders, in Cliquen oder im Fernsehen, wo eher zugeschlagen als geredet wird.

Beim erwachsenen Mann sind Freunde Mangelware. Wird der psychische Druck zu groß, weiß er oft nicht, wo er seine Sorgen abladen kann. Er beklagt sich bei der Partnerin, aber der muß er gerade beweisen, wie »stark« er ist.

Männer sind eher geneigt, sich mit Gewalt Ansehen und Macht zu verschaffen: sie lernen das von anderen Männern in ihrer Umgebung, im Beruf, in den Medien, die für sie Modell sind. Teufelskreisähnlich pflanzt sich so männliches Gewaltverhalten von Generation zu Generation fort, weil Jungen sich auch wieder an diesen Männlichkeitsritualen orientieren. Und wenn ihnen der Vater fehlt, gucken sie sich »Macho«-Verhalten bei den Vätern ihrer Freunde, am Rollenverhalten in Peer-Groups und in Filmen ab, um sich dann an diese Muster graduell oder ganz anzupassen. Sie glauben auch fälschlicherweise, daß Mädchen das von ihnen erwarten, und sie trainieren deshalb auch ihre Muskeln mit Hanteln, in Fitneßstudios und durch Kampfsportarten.

Besonders schwach sind offenbar die bürgerkriegsführenden Männer im ehemaligen Jugoslawien. Sie wollen die Zukunft ihrer kroatischen, serbischen oder moslemischen Nationalität mit brutaler Körpergewalt, mit Morden sichern, obwohl ihre Frauen und ihre Kinder ihre Methode der Konfliktbewältigung durch Friedensmärsche und immer wieder neue demonstrative Akte – insbesondere zu Anfang des Krieges – eindeutig abgelehnt haben.

22. Männlichkeit gegen Väterlichkeit

- *Unsere Gesellschaft leidet unter einem Mangel an liebevoller Väterlichkeit und einem Zuviel an brutaler Männlichkeit.*
- *Kalte väterliche Distanz versuchen Kinder bei anderen Menschen, auch bei Pädagogen zu kompensieren.*
- *Viele Männer haben Angst, zu ihrer Emotionalität in der Öffentlichkeit zu stehen.*

In Deutschland bauen Männer mehr als in anderen Ländern Zäune um ihre Grundstücke und Burgen um ihre Strandkörbe. Revierverhalten spielt eine große Rolle. In Deutschland schlagen immer noch allzuviele Väter ihre Kinder, mißbrauchen sie und verzichten mehr als Mütter auf Lob, emotionale und körperliche Zuwendung.

Sie reduzieren sich auf den Kopf, arbeiten mit Erwartungen und Forderungen, sind aber hilflos beim Trösten, Streicheln, Schmusen und in bezug auf altersgemäße Gespräche mit kleinen Kindern. Männer leben häufig außerhalb der Familie und versuchen bei kurzen Gastspielen zu Hause Erziehung in geballter Form, also überdosiert beim Abendbrot nachzureichen: »Wie sitzt du denn da?«, »So hält man nicht das Messer!«, »Schmatz nicht so laut!«, »Sitz gerade!«, »Hast du deine Schularbeiten gemacht?«

Unsere Gesellschaft leidet unter einem Mangel an liebevoller Väterlichkeit und unter einem Zuviel an brutaler Männlichkeit. Der Vater ist eben wesentlich mehr in der Erziehung als der bloße Mann. Offenbar haben Männer Angst vor der Rolle des liebevollen Vaters, um nicht als weich, gefühlsduselig oder gar schwach eingestuft zu werden. Sie schämen sich vielfach eines liebevollen Umgangs mit ihren Kind in der Öffentlichkeit. Das Kind muß aber kalte Distanz aus seiner Bedürfnislage heraus auch als Gewalt empfinden; es versucht in der Folge, das Defizit an Emotionalität bei der Mutter oder in der Gleichaltrigkeit zu kompensieren, im ungünstigsten Fall sogar bei wirklich pädophilen oder schwachen Männern.

In manchen Familien gibt es die Arbeitsteilung, daß Mütter für das Emotionale und das Loben zuständig sind, Väter aber für das Strafen, also auch für das Schlagen. Und wenn es den Vater nicht mehr gibt, wünschen manche Mütter sogar vom Klassenlehrer, diese Rolle zu übernehmen: »Hauen Sie ihm doch mal eine runter!«

In England und Rußland spielt das Schlagen eine noch größere Rolle in der Erziehung; das darf uns aber keineswegs beruhigen; politische Signale sind also erforderlich:

»Der Klaps auf den Po« soll erlaubt bleiben, aber die Prügelstrafe für Kinder will Bundesjustizministerin Sabine Leutheusser-Schnarrenberger (FDP) den Eltern verbieten. Wie sie mitteilte, sollen noch in dieser Legislaturperiode »körperliche und seelische Mißhandlungen« geächtet werden. Die bisherige Formel, wonach »entwürdigende Erziehungsmaßnahmen« unzulässig sind, »reicht nicht aus, den Eltern die Grenzen ihres Erziehungsrechts deutlich zu machen«, erklärte die Ministerin, denn 300 000 schwer mißhandelte Jungen und Mädchen sowie 100 durch Schläge und Tritte bedingte Todesfälle bei Kindern pro Jahr sind ein schlimmes Indiz für den Rohheitsgrad unserer Gesellschaft.

23. Gewaltreiche Mütter

- *Mütterliche Gewalt kann auch darin bestehen, daß dem Kind ganz bewußt der Vater verwehrt wird.*
- *Manche Mütter wollen durch die Kombination von Gesinnungsschnüffelei und Liebe totalitäre Macht über ihre Kinder gewinnen.*
- *Alleinerziehende Mütter neigen dazu, ihre Söhne mit der Partnerersatzrolle zu überfordern.*
- *Es wird aus Hilflosigkeit geschlagen, am Abgrund totaler Überforderung.*

Es gibt Mütter, die dem Vater gar keine Chance lassen, sich in die Erziehung einzumischen.

Ihre Gewalt besteht vor allem darin, dem Kind aktiv den Vater zu rauben, beispielsweise weil sie glauben, Kinder bräuchten gar keinen Vater, denn eine Mutter mache erzieherisch alles besser.

In der Nr. 10 des »Spiegel« von März 1993 kann man lesen, daß es immer mehr Mütter gibt, die »masochistische, machtgierige Monster« seien, die die Rolle des »bürgerlich-hegenden Hausdrachens« als »Mittelstandsmutti« spielten, die »vom Stillen bis zum Schulabschluß« vor allem eines seien: Mutter; sie wollten die Macht über ihre Kinder durch Liebe erringen. Und weiter steht dort mit Bezug auf das Buch »Unter Müttern – Eine Schmähschrift« von Dorothea Dieckmann:

»Mütter sind Gesinnungsschnüffler. Sie erforschen und beurteilen Einstellung, Ernährung, Kleidung, Fernsehkonsum, Spiele und Sprache der Mitmütter und deren Kinder. Das perfekte System gegenseitiger Kontrolle garantiert die Gleichschaltung der Mütterwelt. Auch der Vater ist, wenn er seine Pflicht als Erzeuger getan hat, eigentlich überflüssig. Im neuen Matriarchat tritt anstelle des früheren Familienoberhauptes die

Mutter als ›Familienoberhaupt – allesfressend, allesversorgend‹. Der Freizeitpapa ist ein ›Lückenbüßer, Deckhengst und Weihnachtsmann‹, der fürs Geld sorgt, ab und zu windelt und am Wochenende mit den Kindern radelt, sich ansonsten aber raushält.

Das muß er auch. Denn trotz gegenteiliger Beteuerungen und Arbeitsteilung beharrt Mutti auf ihrer Alleinherrschaft. Wenn Papi wickelt, macht sie ihm klar, daß er alles falsch macht. Wenn Baby schreit, pocht Mutti auf ihre Einfühlung; sie allein weiß, was Kindchen jetzt braucht.«

Alleinerziehende Mütter neigen übrigens auch dazu, ihre Söhne mit der Rolle des Partnerersatzes zu überfordern. Auch als Liebesobjekt müssen Jungen gelegentlich stellvertretend herhalten, und eine solche gewalttätige »Affenliebe« kann dann sogar bis zum gar nicht so seltenen sexuellen Übergriff reichen.

Zu der Gewalt durch permanente Übererwartungen in bezug auf Reinlichkeit, Ordnung, Schulfleiß, Klavierunterricht, Auslandsaufenthalte, Hockey- und Tennistraining sowie humanistische Gymnasialbildung plus Nachhilfeunterricht bis zum Abitur im Sinne des verplanten Kindes, das dann auch quer durch die Stadt zum Kindergeburtstag chauffiert wird und ganz bestimmte Bücher lesen muß, haben wir uns ja schon ausführlich in den vorherigen Kapiteln geäußert.

24. Gewaltreiche Geschwisterlichkeit

- *Einzelkinder in heilen Familien wachsen mehrheitlich optimaler auf als Kinder mit Geschwistern; Einzelkinder in kaputten Ehen haben es schwerer.*
- *Mittlere Kinder in Geschwisterreihen müssen mehr Gewalt ertragen.*
- *In Familien mit mehreren Kindern gibt es sehr unterschiedliche Gewaltkonstellationen, die etwas mit Bevorzugung, mit der Zahl der leiblichen Eltern, mit schulischem Erfolg oder mit dem Geschlecht zu tun haben und auch mit dem unterschiedlichen Grad der Anpassung an die elterlichen Erwartungen.*

Es gibt Kinder, die unter ihren Geschwistern sehr leiden. Entweder fühlen sich die älteren durch Lautstärke und Motorik der jüngeren genervt, oder die jüngeren leiden unter der körperlichen Stärke oder den Privilegien der älteren bzw. auch unter deren sexuellen Ambitionen.

Häufig fühlen sich die mittleren Kinder zwischen den »Kronprinzen« und den noch mehr Zuwendung benötigenden »Nesthäckchen« benachteiligt, weil sie nur irgendwie mit etwas geringerer Aufmerksamkeit in der Familie mitlaufen. Da benachbarte Kinder in der Geschwisterabfolge sich meist schlechter verstehen als entfernt in dieser Kette von Kindern stehende, bekommen gerade die mittleren Kinder die größte Portion an Verdruß ab.

Es kann auch sein, daß die Söhne vor den Töchtern bevorzugt werden oder umgekehrt, so daß das nicht so gemochte Geschlecht sich mit indirekter Gewalt zurückgesetzt fühlt.

In neue Ehen oder Lebensgemeinschaften mitgebrachte Kinder empfinden die Tatsache, daß sie nur mit einem leiblichen Elternteil zusammenleben, deshalb als Abwertung, weil ihre jüngeren Geschwister dann in der neuen Familie zwei leibliche Eltern haben, vor allem wenn die jeweils leiblichen Kinder gegenüber den angenommenen tatsächlich bevorzugt werden.

Auch Äußerlichkeiten wie Behinderungen, ein nicht so angepaßtes Verhalten oder das Nicht-so-niedlich-Aussehen im Vergleich zu den Geschwistern können subjektiv oder aber auch objektiv beobachtbar zur Schlechterbehandlung führen, ebenso wie die häufige Tatsache, daß Eltern aus welchen Gründen auch immer Lieblingskinder haben, die sie anderen vorziehen.

Und dann gibt es noch die kleinen Faktoren, die Eltern gar nicht böse meinen: Zwei Kinder besuchen ein Gymnasium, ein drittes aber »nur« die Hauptschule, ein Kind hat ein teureres Hobby als das andere, ältere dürfen später zu Bett gehen als jüngere, ältere bekommen mehr Taschengeld als kleinere Kinder; und diese durchaus sinnvollen Unterschiede werden den Kindern von den Eltern aber nicht verständlich gemacht, weil innerhalb der Familie zuwenig miteinander gesprochen wird...

Der Mangel an Geschwisterlichkeit kann sich jedoch auch gewalttätig niederschlagen: Einzelkinder bekommen häufig zuviel Aufmerksamkeit, Erwartungen und damit Überforderungen. Sie werden eventuell viel zu erwachsen behandelt, müssen häufig allein spielen, sind vielfach einsam, müssen als Gesprächspartner für die Lebensprobleme ihrer Elternteile und als ihre Freizeitpartner überdosiert herhalten. Mehr als die Hälfte aller deutschen Kinder lebt mittlerweile ohne Geschwister, weil eine deutsche Ehe im Schnitt auch nur sieben Jahre dauert, weil die »Aufzucht« von mehr als einem Kind immer mehr Vätern und Müttern zu teuer ist, weil sich dann schwieriger bezahlbare Wohnungen finden lassen und weil mehrere Kinder auch mehr Kraft kosten, die dann der eigenen beruflichen Karriere wieder abhanden kommt.

In manchen Stadtteilen und Regionen und in vielen Schulklassen ist das Einzelkind schon fast die Norm. Es wächst ohne Geschwisterkonkurrenz, aber auch ohne Geschwisterliebe auf.

Während Einzelkinder früher als besonders störanfällig und benachteiligt galten, kommen glücklicherweise fast allen neueren Untersuchungen zu gegenteiligen Ergebnissen. Durchweg sind Einzelkinder, weil für sie die Kraft und die Zeit ihrer Eltern gerade noch reicht und weil heutige Eltern eher geschwisterlich als autoritär und distanziert mit ihnen zusammenleben, als geselliger, kooperativer, selbständiger, intelligenter, kreativer, sprachgewandter, seelisch stabiler und auf das ganze Leben bezogen erfolgreicher. Nimmt man sie zum Maßstab, dann wachsen offenbar Kinder mit Geschwistern mit größeren Benachteiligungen auf, vielleicht wirkt sich also Geschwisterlichkeit im Resultat tatsächlich gewalttätiger als das Einzelkindschicksal aus.

In einer gut funktionierenden Ehe hat das Einzelkind also eher Vorteile im Vergleich zu Geschwisterreihen; aber wehe wenn die Ehe in die Brüche geht: Ewa Possberg weist in ihrem Buch »Einzelkinder« auf diese Problematik hin:

Psychisch gefährdet wird das Einzelkind erst, wenn die Eltern in einem Zustand permanenter Spannung leben, wenn nach langen, strittigen Trennungsprozessen »der Kampf ums Kind« beginnt. Die Situation der zerbrochenen Familie gilt als bedeutender Risikofaktor für die Entwicklung eines Kindes. Und hier tritt das Einzelkind tatsächlich besonders in Erscheinung, denn Einzelkind-Eltern stehen in der Scheidungsstatistik ganz oben. Die Gründe liegen auf der Hand: Mit nur einem Kind riskiert man eher den Absprung als mit drei Kindern.

Während es auf der einen Seite auch im Sinne der Psychologen ist, eine auf Dauer zermürbende Konfliktsituation notfalls durch Trennung zu beenden, so ist andererseits erwiesen, daß Kinder den Tod eines Elternteils meist besser verkraften als eine Scheidung. Denn: Der Tod ist Schicksal, die Scheidung Scheitern, an dem sich ein Kind immer mitschuldig fühlt.

Verstehen es Eltern, diese und einige andere Risikofaktoren zu vermeiden (oder zumindest mit Hilfe von kompetenten Beratern in tragbaren Grenzen zu halten), ist auch ein Einzelkind nicht gefährdeter als Geschwisterkinder in vergleichbaren Situationen.

25. Gewalt gegen Lehrer

- *Unengagierte und ungeeignete Lehrer erfahren mehr Gewalt als engagierte und charismatische Persönlichkeiten.*
- *Wir bekommen die falschen Menschen in den Lehrerberuf.*
- *Die Lehrerbildung und die Arbeitsplatzbeschreibung für Lehrer sind ungeeignet, um einen zeitgemäßen schulischen Erziehungsauftrag zu erfüllen.*
- *Der Lehrerberuf muß vom kursunterrichtenden Stundengeber in Richtung auf einen umfassenden Sozialpädagogen, der mit seinen Schülern zusammenlebt, gewandelt werden, damit Schule wieder eine aktuelle gesellschaftliche Institution wird.*

»Horrorjob Lehrer« ist der »Spiegel« vom 14. Juni 1993 betitelt. Offenbar ist der Lehrerberuf zum Alptraum für viele geworden: Schlechtes Ansehen in der Öffentlichkeit, durch schwierige Kinder in stetig anwachsenden Anteilen und überbesorgte und streitsüchtige Eltern immer mehr in die Enge getrieben, unter der Überalterung des Berufsstandes bei gleichzeitigem Mangel an jungen, vitalen und neue Impulse gebenden Lehren leidend, mit der Erhöhung der Klassenfrequenzen und der wöchentlichen Unterrichtsstundenverpflichtung infolge der Finanznöte der Länder gepeinigt, durch überdurchschnittlich häufige Erkrankungen gezeichnet, flüchten sie sich früher als in anderen Berufen üblich in die vorzeitige Pensionierung.

Darüber hinaus werden sie immer häufiger Opfer von sprachlicher und körperlicher Gewalt oder mit Pizzaservicebestellungen ihrer Schüler verhöhnt.

Ihre Arbeitsplatzbeschreibung ist nicht zeitgemäß; sie müssen zuviel Unterricht geben und haben zuwenig Zeit, um den Erziehungsauftrag der Schule zu erfüllen.

Sie sind fachwissenschaftlich überqualifiziert zum Chemie-, Französisch- oder Geschichtslehrer ausgebildet, sind aber den Problemen, die die Schüler in die Schule mitbringen, sozial- und sonderpädagogisch sowie psychologisch nicht gewachsen, weil sie diese Kompetenzen weder im Studium noch im Referendariat erwerben.

Im Grunde stehen sie als Laien in Sachen Verhaltensgestörtenpädagogik vor die Klasse, obwohl die kräftezehrenden Herausforderungen ihre Stärke vor allem in diesem Sektor verlangen.

Und selbst wenn sie Kinder mögen, zu ihnen leicht Zugang finden und mit pädagogischem Charisma locker verhaltensschwierige Kinder in den Griff bekommen würden, läßt ihr Einsatz in allzu vielen Klassen und Kursen als Fachdidaktiker gar nicht zu, daß sie die Zeit hätten, sich kontinuierlich, umfassend und aufwendig genug um Wahrnehmen, Verstehen und Handeln gegenüber Milieu, Biographie und aktueller Problematik eines belasteten Schülers zu kümmern.

Schule ist nicht nur ein Ort der Gewalt gegen Schüler, sondern – weil sie nicht mehr zeitgemäß gestaltet ist – auch ein Ort der Gewalt gegen Lehrer.

Als Horst Brück 1978 sein Buch »Die Angst des Lehrers vor seinem Schüler« schrieb, war alles noch nicht so schlimm wie heute. Inzwischen geht es nicht mehr nur um Angst, sondern für viele Lehrer geradezu schon um Folter, und zwar tagtäglich, so daß sich ein hoher Prozentsatz von ihnen immer wieder überlegt, »alles hinzuschmeißen und nie wieder eine Schule von innen zu sehen«, wie der Frankfurter Sozialpädagoge Thomas Ziehe schreibt:

Schuld hat aber auch ein anderer Teufelskreis: Die meisten Lehrerstudenten wollen wieder ebensolche Stundengeber werden, wie sie selbst bis zum Abitur hatten. Für sie ist der Lehrerberuf das, was sie aus ihrer Schulzeit kennen. Sie empfinden es als Zumutung, Hausbesuche bei den Schülern ihrer Klasse zu machen, regelmäßige Elternstammtische einzurichten, an einem Sommerwochenende mit Schülern per Fahrrad und Zelt auf das Land zu fahren, Schüler zu sich nach Hause zum gemeinsamen Kochen, Essen und Vorlesen einzuladen oder eine Hofpause zu benutzen, um mit einem Schüler über seine häuslichen Probleme zu sprechen.

Wir bekommen also mehrheitlich die falschen Menschen in den Lehrerberuf, nämlich solche, die nicht so richtig Kinder lieben, die ihre kleine Morgenstelle mit guter Bezahlung und vielen Ferien mehr als Job denn als Berufung sehen, die nicht engagiert ihre Schüler ein Stück ihres Lebens im Form umfassenden Zusammenlebens begleiten wollen, die nicht bereit sind, den Unterrichtstag mit einem gemeinsamen Lehrer-Schüler-Frühstück und einem offenen Gesprächskreis zu beginnen und mit einem Volley- oder Wasserballspiel zu beenden. Verbessern wird sich also erst etwas, wenn wir einen neuen, vor allem auch sozialpädagogisch motivierten Lehrertypus bekommen und sowohl die Lehrerbildung reformieren als auch die Arbeitsplatzbeschreibung der Lehrer so ändern, daß sie weniger unterrichten und mehr erziehen bzw. mit ihren Schülern zusammenleben können. Gewalt wäre dann sofort minimalisiert.

Der »Spiegel« schreibt zum Ist-Zustand: »60 bis 90 % der Lehrer schleppen sich nur noch so dahin, ohne jeden Spaß, ohne jedes Engagement... Sorgenvoll registrieren Eltern, Schulforscher und Bildungspolitiker, wie bei den Lehrern die Motivation verfällt, viele ihren Beruf nur noch als Horror-Job erleben. Während immer schwierigere Kinder an die Schulen kommen, Gewalt und Drogen die Lernanstalten überschwemmen und rechte Schüler-Gangs ihre Umgebung terrorisieren, schlittert das deutsche Erziehungswesen in seine schwerste Krise.«

Unengagierte Lehrer sind übrigens um ein Vielfaches häufiger Opfer von Gewalt, sie sind auch kränker und lassen sich früher pensionieren. Leider sind die allermeisten Lehrer schlecht, so daß jede Schule nur etwa 10 %, also 2 bis 5 gute Lehrer hat. Die verstehen ihr Engagement auch als Investition. Was sie an Zeit mehr in ihre Schüler stecken, auch an Entertainment, das mit Fernsehshows und mit Animateuren Schritt halten will, also den Unterhaltungswert der Schule steigert, bekommen sie als Kräfteentlastung, als Freude am Beruf und als Getragenwerden von der Klasse, wenn sie mal krank sind, doppelt zurück. Lehrer sind also fast immer selbst schuld, wenn sie unter ihrem Beruf oder unter Schülergewalt leiden, und zwar erstens weil sie sich nicht genügend mit ihrem Beruf identifizieren und sich nicht den Schülerbedürfnissen entsprechend engagieren, und zweitens weil sie zum überwiegenden Teil auch von vornherein eine falsche Berufsentscheidung getroffen haben. Am Ende kommt dabei heraus, daß beispielsweise 9 von 10 Lehrern vorzeitig mit dem »Burn-Out-Syndrom« wieder aufgeben.

Subjektiv empfinden Lehrer als Gewalt, was der »Spiegel« wie folgt wiedergibt und was am Ende auch wieder Gewalt gegen Schüler ist:

»Die Anzeichen für Überdruß und Resignation sind fast immer gleich. Erschöpfte Lehrer drücken sich vor jeder freiwilligen Leistung, verschwinden aus der Schule, so schnell es geht. Unpünktlichkeit nimmt zu, der Unterricht wird schlechter, die Krankmeldungen häufen sich.

Viele schleppen sich ohne Initiative durch den Schulalltag und warten nur noch auf die Ferien. Spaß können die müden Pädagogen lediglich dem Nörgeln über Schüler abgewinnen.«

Die Gewalt gegen Schüler potenziert sich übrigens, wenn Lehrer mit Klassen nicht mehr klarkommen: sie werden in der Folge dann auch noch von den Kollegen geschnitten.

26. Naturgewalten und Gewalt durch Krankheit, Krieg, Trennung und Tod

- *Kinder sind mehr als Erwachsene geneigt, sich im Falle von Krankheit, Krieg, Tod anderer oder Scheidung ihrer Eltern mitschuldig zu fühlen.*
- *Vor der Scheidung leiden Kinder meist mehr als nach der Scheidung.*
- *Suizidversuche kündigen sich vorher an.*
- *Ernährung kann Gewalt sein.*
- *Naturgewalten können Gottesfurcht fördern.*

Nach Auskunft der Aktion »Sicheres Haus« verunglücken jährlich in Deutschland rund 950 000 Kinder, davon sind allein 200 000 Verbrennungsunfälle, ganz zu schweigen von der Vielzahl der Verkehrsunfälle (auf 100 000 Einwohner kamen 1993 etwa 500 Verkehrsunfälle mit Kindern bis zum 15. Lebensjahr). Aus der Sicht eines 5jährigen Kindes sind Autos riesengroß und unglaublich schnell, also eine enorme Gewalt. Manche Kinder werden von einstürzenden Sandmassen beim Höhlenbau in Dünen oder durch Lawinen verschüttet, andere ertrinken.

Weltweit werden sie Opfer von Erdbeben, Vulkanausbrüchen oder Überschwemmungen, oder sie sterben an Hunger, auch infolge von Regenwaldrodungen und Klimakatastrophen. Kinder verstehen Naturgewalten, die Opfer zeitigen, auch als »Strafe Gottes« nach Fehlverhalten; Naturgewalten wie Blitzschläge fördern also bei einigen jungen Menschen durchaus »Gottesfurcht«.

Besonders schlimm leben Kinder in Kriegsgebieten, ihre Traumata verfolgen sie ein Leben lang. Wenn ein Elternteil oder ein Geschwisterkind stirbt, müssen sie den Tod verarbeiten, lassen sich die Eltern scheiden, müssen sie mit Trennungen fertig werden, und auch durch viele schwere Erkrankungen wird ihre Seele überfordert.

Meistens fragen sie sich dann, ob sie mitschuldig sind, und dieses Zweifeln ist gerade für Kinder typisch. Wenn Eltern sich ständig streiten und sich schließlich trennen, fühlen sich Kinder eigentlich immer mitverantwortlich, entweder weil sie glauben, daß sie der Anlaß sind, oder weil sie sich vorwerfen, daß sie die Ehe nicht haben retten können.

Fast immer ist dieses Zweifeln an sich selbst absurd, aber dennoch vermuten Kinder aus ihrer egozentrischen Sicht und aus ihrem Bedürfnis nach heiler Welt heraus, daß sie hätten bewirken können, daß alles anders läuft. Die ihnen mit Krieg, Krankheit, Trennung oder Tod in ihrer Umgebung angetane Gewalt führen sie zumindest partiell auf eigenes Verschulden zurück.

Das Allerwichtigste ist dann, ihnen dieses Schuldgefühl durch aufklärende Gespräche zu nehmen, nur dann haben sie eine Chance, einigermaßen gut aus dem Dilemma, aus der Katastrophe herauszukommen.

Rund zwei Millionen Kinder leben in Deutschland mit nur einem Elternteil, und jedes Jahr kommen 150 000 weitere dazu. Die Zeit vor der Trennung der Eltern ist für Kinder meist schwieriger, gewalttätiger als der entlastende Akt der Scheidung selbst. Und nach der Trennung der Eltern wird im allgemeinen vieles besser, einfacher, weniger belastend, sieht man einmal von dem Leiden über den Verlust des Vaters ab, von dem 90 % aller Scheidungskinder betroffen sind.

Annemarie Stoltenberg und Rainer Meier haben gerade ein Buch mit dem Titel »Wie zersäge ich mein Kind?« herausgebracht. Das wichtigste Resümee ist der Eindruck von Kindern nach der Scheidung: »Mama und Papa sind verrückt geworden«.

Weiter wird berichtet, »daß die meisten Eltern erstaunlich wenig über ihre eigenen Kinder wissen« und deshalb auch nicht wahrnehmen, »wie schlecht es manchen von diesen Kindern geht« und welche Zukunftsängste sie bei ihren Söhnen und Töchtern hinterlassen.

Am geringsten sind die gewalttätigen Spuren bei Scheidungskindern übrigens, wenn sich die Eltern auf ein gemeinsames Sorgerecht einigen können, was nach einem Urteil des Bundesverfassungsgsrichts seit 1982 möglich ist.

Je jünger Eltern heiraten, desto größer ist die Chance auf ein Scheitern der Ehe, desto mehr leiden die gemeinsamen Kinder. Je älter Eltern bei der Heirat sind, desto größer ist die Wahrscheinlichkeit auf eine gelingende Ehe, desto größer ist aber auch der erzieherische Erfolg mit den Kindern, außer wenn die Eltern für die Kinder allzu alt sind.

Am Beispiel Hamburgs sollen einige Zahlen den positiven Trend belegen:

Hamburgs Hochzeiter werden immer älter. Das geht aus der Senatsantwort auf eine Kleine Anfrage der ehemaligen CDU-Bürgerschaftsabgeordneten Madeleine Göhring hervor. Sie erhielt darin Auskunft über die Lebens- und Wohn-Situtation junger Menschen in der Hansestadt:

Während das Durchschnittsalter der erstmalig Heiratenden bei Frauen 1988 noch 26,9 Jahre, bei Männern 29,2 Jahre betrug, waren es 1991 bereits 27,9 und 30,1 Jahre. Die Zahl der Ehescheidungen, bei denen ein oder beide Partner unter 25 Jahre alt war, ging von 458 Fällen 1988 auf 311 Fälle 1992 zurück. Im gleichen Zeitraum stieg die Zahl der nichtehelich geborenen Kinder von 3 005 auf 3 507. Bei Müttern im Alter von 14 bis 24 Jahren sank sie von 1 255 auf 1 103.

Zur Zeit gibt es nach Informationen des Senats 50 800 alleinerziehende Mütter und 9 500 alleinerziehende Väter. Gut 20 Prozent aller Hamburger Kinder (unter 15 Jahren) wächst in unvollständigen Familien auf, rund 30 Prozent sind Einzelkinder.

Einzelkinder leiden übrigens mehr unter der Scheidung ihrer Eltern als Geschwisterkinder, die sich auch untereinander trösten; in heilen Familien haben sie es dagegen heutzutage besser als früher, aber auch besser als Kinder mit vielen Geschwistern, weil sich Eltern heute geschwisterlicher verhalten als in früheren autoritären Zeiten.

Nach Untersuchungen des Deutschen Kinderschutzbundes versuchen täglich 40 Kinder in Deutschland, sich das Leben zu nehmen; für durchschnittlich 4 von ihnen endet der Versuch tödlich.

Als Ursachen werden neben dem Gefühl der Ausweglosigkeit und Schizophrenie ein kinder- und jugendunfreundliches Umfeld, kaputte Familienverhältnisse, Scheitern in der Schulkarriere, negative Einflüsse der Gleichaltrigkeits-Szene (z.B. Drogensucht), Perspektivlosigkeit, Mangel an Lebenssinn und die Tatsache, daß heute bereits jeder 4. junge Mensch psychisch bzw. psychosomatisch gestört ist, angegeben. Kinder und Jugendliche wissen nicht immer, was Tod ist und bedeutet. Wenn sie noch klein sind, ist Tod so etwas wie vorübergehendes Wegsein. Hinter den tödlichen Fensterstürzen kleiner Kinder stecken offenbar nicht wenige »Suizidversuche«, mit denen sie ihre Mütter nur einmal kurz enttäuschen wollen. Bei Jugendlichen hingegen kommt auch schon mal der »Bilanzselbstmord« vor, mit dem sie ihr scheinbar auswegs-, hoffnungs- und sinnloses Leben beenden wollen.

Kinder und Jugendliche, die sich ungeliebt oder als störend bzw. unerwünscht fühlen, die kaum die Erwartungen ihrer Eltern erfüllen können, die sich als Versager oder Verlierer der Gesellschaft empfinden, neigen vielfach zum demonstrativen Suizidversuch, mit dem sie eigentlich nicht wirklich sterben wollen, sondern nur wie in dem Kultfilm »Harold und Maude« ihr Umfeld erschrecken wollen, um auf diese Weise mehr Aufmerksamkeit, Zuwendung und Anerkennung zu erzwingen.

Wenn junge Menschen schwarze Farben für Tapeten oder Bettwäsche bevorzugen, häufig Särge und Galgen, an denen sie selbst hängen, malen, wenn sie permanent über ihren eigenen Tod und den von Freunden, Geschwistern und Tieren reden, wenn sie häufig in Briefen und Tagebüchern schreiben: »Ich weiß nicht mehr, warum ich auf der Welt bin«, »Es hat ja alles keinen Zweck mehr«, »Niemand liebt mich richtig«,..., dann können das deutliche Signale bzw. Hilferufe vor dem ersten Suizidversuch sein.

Wohl wissend, daß der Tod das endgültige Aus bedeutet, das sie mal wollen, dann aber auch wieder nicht, halten sich ältere Jugendliche in ihrer Todessehnsucht meist ein Hintertürchen offen. Sie wollen dem Schicksal die Entscheidung überlassen, ob sie noch rechtzeitig nach der Einnahme vieler Schlaftabletten oder dem Aufschneiden der Pulsadern gefunden werden oder nicht.

Andererseits gibt es auch viele Jugendliche, die Todessehnsucht haben, weil sie einfach nicht erwachsen werden wollen; sie wollen sich nicht in der nach ihrer Auffassung verlogenen, kaputten, korrupten, grauen und widersprüchlichen Erwachsenenwelt etablieren. Sie laufen dann zu Utopisten, Romantikern, in die Drogenszene oder in eine der vielen jugendkulturellen Nischen wie zu den Autonomen, den Satanskult fröhnenden Okkultisten oder zu den »Friedhofskult« betreibenden Grufties über, in der Annahme, ihre Kindheit, an die sie sich nostalgisch klammern, könnte auf diese Weise verlängert werden. Sie haben vor nichts mehr Angst als vor dem Vernünftigwerdenmüssen und vor dem Trott und der Disziplin des Berufslebens.

Ständiges Sich-Zurückziehen, Weglaufen, Einschließen, sorgenvolle Tagebucheintragungen, Depressionen, langandauernde Sprachlosigkeit und das permanente Verkünden von Lebensmüdigkeit müssen daher von

Eltern und Lehrern als einen Selbstmordversuch ankündigende Signale immer äußerst ernst genommen werden.

Viele Kinder werden übrigens krank, weil sie falsch ernährt werden; Ernährung kann auf diese Weise auch Gewalt gegen den Körper sein. Andererseits können bestimmte Spurenelemente und Vitamine das Aggressionspotential von Kindern oder ihre hypermotorischen Störungen auch deutlich verringern.

Noch ein Wort zum Krieg; in Deutschland leben mittlerweile viele Kinder, die aus den Kriegsgebieten von Kroatien und Bosnien-Herzegowina stammen. Man sieht ihnen nicht immer an, was ihre Seele an Erlebnissen mitgemacht hat, und Lehrer sind kaum in der Lage, die in die Schule mitgebrachten Traumata zu erkennen und zu therapieren. Der »Spiegel« schreibt zu diesen Gewaltfolgen in seiner Ausgabe Nr. 38 vom 20. September 1993:

»Wenn die schrecklichen Erlebnisse nicht verarbeitet, sondern abgespalten und unterdrückt werden, drängen sie aus den Tiefen der Seelen nicht nur der Opfer immer wieder nach oben. Unbewältigte psychische Traumata, so hat die Holocaust-Forschung gezeigt, quälen sogar noch die Kinder und Enkel der Verfolgten, die dann unter scheinbar unerklärlichen Angstattacken, Depressionen oder psychosomatischen Beschwerden leiden.«

27. Gewalt durch Medieneinflüsse

- *Bildschirme bereichern das Leben; nicht Fernsehsendungen schaffen Probleme, sondern der Umgang mit ihnen.*
- *Bildschirmerfahrungen müssen ausgewählt, dosiert und mit Gesprächen begleitet werden, damit Kinder keinen Schaden nehmen.*
- *Kinder lernen viel durch das Fernsehen; sie sitzen bis zum 14. Lebensjahr etwa 18 000 Stunden vor der »Glotze«, aber nur 15 000 in der Schule.*
- *Dümmere Kinder werden durch Bildschirmgewalt eher modellhaft beeinflußt als intelligentere.*

Fernsehen, Videofilme und Computerspiele werden immer häufiger dafür verantwortlich gemacht, daß junge Menschen aggressiv oder straffällig werden. Den meisten Untersuchungen darüber mangelt es aber an der nötigen Differenzierung, denn die mehr als 17 Millionen Kinder und Jugendliche unserer Gesellschaft sind letztlich ebenso gut und ebenso böse wie frühere Generationen. Es ist sogar so, daß gewalttätige Jugendliche viel weniger fernsehen als friedliche.

Skepsis ist also gegenüber voreiligen Interpretationen von Zahlen angesagt, wie sie der Augsburger Medienpädagoge Werner Glogauer in Abständen immer wieder vorlegt:

- 20 Prozent der Sechs- bis Achtjährigen sehen 40 Stunden und mehr pro Woche fern,
- 30 Prozent bis zu 30 Stunden,
- 25 Prozent sogar gelegentlich bis Mitternacht
- und jeder dritte Neunjährige hat schon ein eigenes TV-Gerät auf dem Zimmer.

Mehrere Studien stellen fest, daß deutsche Kinder täglich 50 bis 70 Minuten fernsehen und daß sie in verkabelten Haushalten 70 Prozent mehr Fernsehsendungen konsumieren als in unverkabelten.

Die Zahlen allein sagen über die Wirkung noch nicht viel aus. So wird gelegentlich aufgelistet, daß täglich 70 Menschen auf dem Bildschirm ermordet werden, daß wöchentlich mehr als 2 700 Gewaltakte in den 28 deutschen Programmen gezeigt werden und daß allein in dem Action Film »Rambo III« 123 Morde zu sehen sind; und für die USA wird angegeben, daß junge Menschen bis zum 18. Lebensjahr etwa 200 000 Gewalttaten und davon 25 000 Morde per TV ins Haus geliefert bekommen.

Experten wie Glogauer leiten daraus direkt eine »Brutalisierung der Kinder« und die »Verkümmerung ihrer geistigen und sozialen Fähigkeiten« ab, und selbst die Deutsche Verkehrswacht führt die Zunahme an »motorisch ungeschickten Kindern«, die nicht in der Lage sind, Radfahren zu lernen, auf überdosierten Fernsehkonsum zurück.

In Wirklichkeit ist es wohl eher so, wie eine Langzeitstudie der schwedischen Universität Lund es beschrieben hat: Kinder, die täglich mehr als zweieinhalb Stunden fernsehen, fallen durch ein höheres Maß an Aggressionen und Unkonzentriertheit auf, aber nicht infolge ihrer Bildschirmerfahrungen, sondern umgekehrt; weil sie schon vorher aggressiv und unkonzentriert sind, suchen sie zur Entspannung und zur Flucht aus ihrer inneren Unruhe den Fernsehapparat. Nicht der Fernseher, das Videogerät und der Computer führen zur Vereinsamung, zur Einschränkung des Familienlebens, zur Weltfremdheit und zur Spielsucht, sondern das einsame Kind sucht den Bildschirm als Kommunikationspartner und Freund. Kinder, deren Alltag weitgehend von Erwachsenen beherrscht wird, können ihre Bedürfnisse nach Leben in einer eigenen Welt, ihre Tagträume und ihre Sehnsüchte, also auch ihre Bedürfnisse nach Flucht und Verdrängung, am besten vor dem Bildschirm befriedigen. Der amerikanische Psychologe Bruno Bettelheim hat genau deshalb die These aufgestellt: »Kinder brauchen Fernsehen.«

3 Prozent der deutschen Kinder wachsen in fernsehlosen Haushalten auf; die Effekte sind meist nicht so, wie sich die Eltern das wünschen:

- Die Kinder haben das Gefühl, etwas zu versäumen; sie holen daher bei jeder sich bietenden Gelegenheit Bildschirmerfahrungen exzessiv nach und können auf diese Weise geradezu zur Fernsehsucht erzogen werden.

- Sie werden in ihren Klassen und Gruppen zu Außenseitern, weil sie nicht mitreden können.
- Sie werden von wichtigen Informationen und auch von Sprachentwicklung abgekoppelt

Denn eine Studie der Universität Freiburg kommt zu dem positiven Schluß, daß vor allem Grundschüler sich über das Fernsehen ein beachtliches Faktenwissen in bezug auf Geschichte, Biologie, Physik und Technik aneignen, daß ihr Wortschatz erheblich ausgebaut wird und daß sie in ihrer Sprachbildung deutlich profitieren, vorausgesetzt, daß sie die Fernsehsprache überhaupt verstehen. Kinder verbringen nämlich im Schnitt nur 15 000 Stunden in der Schule, aber 18 000 Stunden vor dem Bildschirm.

Besorgte Eltern befürchten, daß ihr Kind durch zu viele Bildschirmerfahrungen zu einem blassen, augengeschädigten, sinnesgeschwächten, gewalttätigen Stubenhocker mit Haltungsschäden verkommt. Und sie verweisen dann darauf, daß 47 Prozent aller Kinder gelegentlich nach gewaltreichen Filmen nicht schlafen können, daß 27 Prozent schon vor Angst, Ekel und Entsetzen während eines Filmes aus dem Zimmer gerannt sind und daß 22 Prozent nach einem Horrorfilm nachts mit Schreien und Weinen aufwachen.

Dabei sind die Auswirkungen stark von den Lebensumständen des Kindes abhängig. Kinder können Gesehenes gut verarbeiten, wenn sie zuhause viel Liebe erfahren, wenn die Eltern viel mit ihnen sprechen, wenn sie in der Schule erfolgreich und bei Gleichaltrigen anerkannt sind.

Kinder zeigen auf ein und denselben Film, wie die »Hamburger Anstalt für neue Medien« (HAM) festgestellt hat, alle denkbaren Reaktionen »und keineswegs nur schlechte«. Das gilt auch für Gewalt: Jüngere und weniger intelligente Kinder, die während des Zuschauens in der Welt des Filmes ohne Distanz leben und versinken, können ein hohes Angst- oder Aggressionspotential in sich ansammeln und geneigt sein, Bud Spencers Schlagfertigkeit am Montagmorgen auf dem Schulhof modellhaft nachzuleben. Ältere und intelligente Schüler hingegen, die immer wissen, daß die Gewalt nur zu einem Film und nicht zur Realität gehört, können über das Zuschauen geradezu Aggressionen abbauen und sich entspannen. Ganz anders sieht es mit der wirklichen Gewalt aus, wie sie beispielsweise täglich aus Bosnien gesendet wird; sie kann bei differenzierten Kindern Tabu-Reizschwellen verändern und sie dazu verleiten, auch ihre kleinen Lebenskonflikte gewaltreich zu lösen.

Wenn Eltern Bedenken wegen der Bildschirmauswirkungen für ihre Kinder haben, kann man ihnen zusammengefaßt folgendes sagen:

- Bildschirme bereichern vor allem das Leben. Nicht Fernsehsendungen, Videofilme und Computerspiele an sich schaffen Probleme, sondern allenfalls der unangemessene Umgang mit ihnen.
- Kinder sollten je nach Alter täglich 30 Minuten bis zu 2 Stunden fernsehen dürfen.
- Eltern sollten ihrem Kind, wenn es das wünscht, einen Computer ermöglichen, denn die Vorteile überwiegen in bezug auf Entwicklung der Fertigkeiten und auf die spätere Studien- und Berufswelt die Nachteile.
- Eltern müssen wissen, daß Kinder Computer auch für die vielen im Umlauf befindlichen aggressiven, menschenverachtenden, rechtsradikalen und pornographischen Spiele benutzen, die von Gleichaltrigen kopiert, getauscht und ausgeliehen werden.
- Je jünger Kinder sind, desto wichtiger ist es, daß Bildschirmerfahrungen mit Hilfe der Eltern ausgewählt und dosiert sowie durch Gespräche begleitet und in das Weltbild des Kindes eingeordnet werden.
- Kinder sollte man nicht vor dem Bildschirm »parken« bzw. alleine lassen; wenn Eltern nicht gemeinsam mit dem Kind fernsehen können, sollten sie zumindest in der Nähe sein.
- Rigide Fernsehlosigkeit kann zur Fernsehsucht führen; Bildschirmerlebnisse sollten schon einen angemessenen Raum zwischen Spiel, Gespräch, Bewegung, Sport und Lesen haben.
- Nicht glaubhaft ist, wenn sich Eltern aus ihrer Verantwortung mit der Ausrede stehlen, sie hätten keine Gelegenheit, mit den Kindern etwas zu unternehmen oder zu besprechen, »weil die immer nur vor der Glotze sitzen«.

In den USA hat die Diskussion um Gewalt im Fernsehen sogar den Kongreß beschäftigt. Den Abgeordneten lag ein Gesetzentwurf vor, nach dem alle neuen Fernsehgeräte mit Computerchips zur Blockierung von Sendungen ausgestattet werden müßten. Damit soll den Eltern ermöglicht werden, ihre Kinder vor Gewaltdarstellungen zu schützen. Auch in Deutschland werden jetzt solche Geräte angeboten.

In mehreren Anhörungen waren Maßnahmen gegen die Gewalt im Fernsehen gefordert worden. Die meiste Gewalt wird nach Ansicht von

Experten ausgerechnet in Kinderprogrammen gezeigt. Nach einer Studie der Universität von Pennsylvania zeigen Kinderprogramme durchschnittlich 32 gewaltsame Handlungen pro Stunde. Der »Amerikanische Psychologenverband« schätzt, daß zwölfjährige Kinder durchschnittlich bereits 18 000 Fernsehmorde gesehen haben. Etwa die Hälfte der amerikanischen Kinder hat ihren eigenen Fernseher. Im Gegensatz zu den Kinderprogrammen sei die Hauptsendezeit zwischen 20 und 23 Uhr in den vergangenen Jahren sogar etwas weniger gewalttätig geworden. Beliebt seien vor allem Game-Shows. Eine Ausnahme von diesem Trend bilden die immer häufiger gezeigten »Reality-TV«-Shows, wo Verbrechen nachgestellt werden oder Kamerateams Polizisten und Rettungsdienste beim Einsatz begleiten. Mehr als 3 000 Studien sind in den USA bereits zum Thema Gewalt im Fernsehen geschrieben worden. Viele kamen zu dem Ergebnis, daß dadurch die Zuschauer zu aggressiverem Verhalten verleitet würden.

Um gesetzlichen Beschränkungen zuvorzukommen, haben sich die großen TV-Sender im Juli 1993 bereit erklärt, im Vorspann besonders gewalttätiger Sendungen – wie etwa auf Zigarettenpackungen – vor der Gefährdung zu warnen. Kritiker wenden ein, daß diese Warnungen nicht abschrecken, sondern ganz im Gegenteil junge Zuschauer erst neugierig machen würden.

Fernsehproduzenten und TV-Sender lehnen jedoch Gesetze ab, nach denen bestimmte Sendungen blockiert werden könnten. Ein solches Gesetz werde »unvorhersehbare Konsequenzen« haben, warnte ein Sprecher des Fernsehsenders NBC. Die TV-Veranstalter sprechen von Zensur und befürchten einen Einfluß auf die Fernsehprogramme.

Aufschlußreich ist die Reaktion deutscher Jugendlicher auf Gewalt im Fernsehen: Sie wird von 62,5 Prozent abgelehnt. Weil aber die Schüler darin von Eltern und Lehrern nicht genug unterstützt werden, gewöhnen sie sich innerhalb weniger Jahre an TV-Morde und andere Grausamkeiten. Im 11. Lebensjahr befürworten 37,9 Prozent der Jungen die Darstellung von Brutalität, mit 16 Jahren sind es schon 68 Prozent. Bei den Mädchen steigt die Zahl von 19 auf 37,5 Prozent.

Nach einer Umfrage der Zeitung »News of the World« glauben 84 Prozent der britischen Kinder, daß Gewalt im Fernsehen und im Film ihr Verhalten negativ beeinflußt. 33 Prozent aller Befragten hätten gewalttätige Filme und Fernsehprogramme als Hauptursache der Jugendkriminalität genannt, hieß es.

Und in diesem Zusammenhang wird oft über »Reality-TV« diskutiert, das Gewalt und Gewaltfolgen spektakulär ins Wohnzimmer und damit auch in die Kinderköpfe transportiert. Barbara Sichtermann kommentiert dazu ganz treffend in der »Zeit« vom 5. März 1993:

»Die derzeitige Debatte um Gewalt unter Jugendlichen, die das Fernsehen für beängstigende Exzesse haftbar machen will, zeigt zum wiederholten Male, wie primitiv der moralische Katastrophenschutz in unserer Gesellschaft funktioniert: Kinder morden Kinder, und das Entsetzen ist zu groß, als daß es sich ertragen ließe. Es muß rasch irgendwo entsorgt werden. Da bietet sich das Fernsehen an, weil es unser aller Sünden, insbesondere unsere Gier nach Sensationen und Ungeheuerlichkeiten, tagtäglich bloßstellt. Aber niemand wird schöner, wenn er den Spiegel verhängt.

Fernsehen kommt immer erst danach. Die Gewalt, die es in Comics, Western, Krimis, Nachrichten und neuerdings im ›Reality-TV‹ anbietet, ist längst da, bevor das Fernsehen sie dokumentiert, inszeniert, ritualisiert und ästhetisiert. Auch der Voyeurismus, auf den Pornos und ähnliche Sendungen spekulieren, ist vorhanden, bevor diese Programme ihn bedienen.«

Gewalt im Fernsehen hat für Kinder eine ganze Menge mit Faszination gegen Alltagslangeweile zu tun. Wer verstehen will, warum Kinder Gewalt und Pornographie mit unterschiedlich starker Faszination in sich hineinschlingen, muß etwas vom Reiz des Verbotenen, vom Bedürfnis des Ausprobierens der Grenzen des Verträglichen und von Neugier verstehen; vor allem muß er aber bereit sein, sich selbst ein Stück weit für die Fragestellung zu öffnen, ob er selbst eventuell auch zumindest teilweise durch Gewalt oder Pornographie faszinierbar ist.

Denn wer andere nachfühlend verstehen will, muß seinerseits erst einmal ausprobieren, inwieweit er sich dabei selbst versteht und inwieweit er im Angesicht von Aggressionen oder Sexualität sich entweder entspannt oder auch aggressiv wird. Nur danach ist er befugt, aus ehrlicher Überzeugung Grenzen zu setzen.

28. Musik, Spiel und Gewalt

- *Immer mehr Musiktexte mit Bezug zu jugendkulturellen Nischen handeln von Gewalt, Tod, Okkultismus, Satanskult und Leichenfledderei.*
- *Gewaltreiche Musik tröstet Verlierer der Gesellschaft, unterstützt solidarisch ihren Protest; sie ist für viele eine Möglichkeit der Kanalisation von Aggressionen.*
- *Spielsucht kann sich genauso dramatisch wie Drogensucht entwickeln, auch sie braucht zur Heilung totalen Entzug.*

In den USA sind viele Rap-Musik-Texte und damit Stücke verboten, die zu gewalttätig sind. »Motherfucking«, »Hole« (= Loch, = Frau), »Bitch« (= Hure, Frau), »Slut« (= Schlampe) usw. sind nur die harmlosesten Sprachcodes dabei, die immer wiederkehren.

Die Friedhofskultur betreibenden Grufties bei uns lehnen sich an die nekrophile Musik der englischen Gruppe »The Cure« an, die auch für Grabschändungen und Leichenfledderei steht.

Noch nie ging es in der Rockmusik so sehr um Tod und Okkultismus wie heute. Auf den Bühnen werden Schwarze Messen und Satansbeschwörungen abgehalten. Der Musikcomputer des Süddeutschen Rundfunks (SDR) spuckt unter den Stichworten Teufel, Devil, Hell und Hölle gleich 1491 Titel aus. An der Spitze der Teufelsrocker: Iron Maiden, Slayer, Alice Cooper, Judas Priest, Mötley Crüe, Megadeth, AC/DC, Kiss und nicht zuletzt Black Sabbath – die Meister »der satanischen Rockverse«.

Die Bühnenshows der britischen Band um Sänger Ozzy Osbourne fielen zunächst vor allem im Norden Amerikas auf fruchtbaren Boden. Mehr noch. Sie bescherten den Satansjüngern mit ihren Texten wie »Ich kann nicht sterben, bis Satan sagt, du stirbst, und Satan nimmt deine Seele...«

auch eine goldene Nase. Folge: Als die Rockgruppe 1989, inzwischen ohne Ozzy Osbourne, in München gastierte, forderte der Beauftragte für Sekten- und Weltanschauungsfragen im katholischen Seelsorgereferat des Münchner Ordinariats, Hans Liebl, ein Auftrittsverbot. »Die Band«, so Liebl, »betreibt eine offene Propaganda für den Satanskult.« Sie verherrliche Mord und Gewalt und fördere zerstörerische Tendenzen.

Jugendliche, die unter der Langeweile des grauen Alltags, unter der Arbeitslosigkeit ihrer Eltern oder unter ihrem eigenen Versagen leiden, genießen aggressive, gewaltverherrlichende und menschenverachtende Musik als Protest und Trost, sofern sie die Texte überhaupt verstehen; ansonsten wissen sie um die gewaltreiche oder okkultistische Dimension ihrer Musik-Idole und genießen die durch den Musikstil, die Atmosphäre ihrer Stars bzw. durch das Fluidum des Covers verbreitete Rache an der Realität der Gesellschaft; die in Musikform gebrachten Aggressionen verheißen ihnen Solidarität mit ihrem Untenstehen, mit ihren Niederlagen, sie bieten ihnen durch Zuhören und Mitsingen die Chance, ihren Frust zu kanalisieren, schockierend herauszulassen oder entlastend zu kompensieren.

Längst haben die kommerziellen Teufelsprediger auch deutsches Terrain erobert. Die Szene pulsiert, und Black, Death, Trash oder Doom Metal, allesamt Auswüchse des Heavy Metal, sind lange über den Geheimtip-Status hinaus. Der Verkauf von Tonkonserven mit satanischen Symbolen wie auf den Kopf gestellten Kreuzen, Ziegenköpfen oder Teufelskrallen boomt.

Galten in den 60er Jahren die Rolling Stones mit ihrer diabolischen Liebeserklärung »Sympathy For The Devil« (Sympathie für den Teufel) noch als Reinkarnation alles Bösen, wirken ihre Texte im Vergleich mit heutigen Auswüchsen wie zahme Waisenknaben. Wo früher harte Gitarrenriffs die Sinne betäubten, stehen in der schwarzen Metal-Szene sexuelle Perversionen, Blasphemie und Nekrophilie. Ankündigung in Deutschland zu einem Konzert: »Wenn ihr blutgeil seid, müßt ihr zu uns kommen. Wir zersägen Kreuze und Köpfe auf der Bühne, erschießen Mönche und Jesus Christus...«

Gleich eine umfangreiche Studie widmete der spanische Musiktherapeut Fernando Salazar Banol den satanischen Botschaften in der Rockmusik. In seinem Buch »Die okkulte Seite des Rock« sieht er deutliche Einflüsse, die wie bei einer »Gehirnwäsche in den Zustand einer Entpersönlichung führen«. Die Komponisten und Interpreten satanischer Musik bezeichnet Banol als »Anhänger satanischer Sekten, die bei ihren Auftritten zu obszönen Praktiken reizen, um die Massen in einen Zustand des totalen Verlusts ihrer Selbstkontrolle zu bringen, der in Hysterie und kollektivem Schreiwahn mündet, wobei das Bewußtsein völlig ausgeschaltet wird«. Banol geht sogar noch einen Schritt weiter: Die größere Gefahr gehe nicht von den Texten, sondern vom aggressiven Rhythmus aus – wie beispielsweise bei der Techno-Musik (= Tekkno), die gerade »in« ist und die auf entsprechenden Partys rund um die Uhr »reingezogen« wird. Die psychologischen Folgen reichten vom »Verlust der bewußten Konzentrationsfähigkeit« über »Halluzinationen und Störungen der Gehirnfunktion« bis hin zu »mörderischen und selbstmörderischen Tendenzen«.

Darüber hinaus lauert noch eine weitere, geschickt getarnte Form verquerer Diabolik auf die Konsumenten: das »Backward-Masking«.

Mit dieser Methode werden angeblich unterschwellig wirkende Botschaften durch rückwärts aufgenommene Texte mit satanischem Inhalt in die Psyche des Hörers geschmuggelt. Als bekanntestes Beispiel gilt der Led-Zeppelin-Klassiker »Stairway To Heaven«, bei dem geschulte Ohren im Rückwärtslauf den Satz »Ich muß mit dem Satan leben« zu dechiffrieren glauben. –

Allein in Hamburg gibt es mindestens 10 000 suchtkranke Spieler, in den alten Bundesländern wird ihre Zahl auf über 200 000 geschätzt, manche sind erst 14 Jahre alt. Sie richten ihre Gewalt vor allem gegen sich selbst und gegen ihre Angehörigen, die unter ihrem finanziellen Ruin zu leiden haben.

Etwa 15 % aller Spielhallenbenutzer sind suchtgefährdet oder süchtig. Als krankhaft gelten diejenigen, die wöchentlich mehr als 5 Stunden an »einarmigen« Banditen, in Casinos oder auf Rennbahnen verbringen.

Aus dem anfänglichen Spaß wird schnell Ernst; die Abhängigkeit kann schon nach zwei Jahren eintreten. Eine Therapie dauert etwa elf Wochen und kostet mehr als 22 000 Mark. Die Rückfallquote ist hoch, denn die psychischen Entzugserscheinungen sind schrecklich.

In ganz Deutschland gibt es mittlerweile Gruppen der Anonymen Spieler (Gamblers Anonymus), die den Spiel-Entzug unterstützen.

Über das Schicksal eines seit dem 14. Lebensjahr Spielsüchtigen berichtet das »Hamburger Abendblatt« im März 1993 exemplarisch:

»Mit 14 war er Stammgast in einschlägigen Lokalen. Beim Pokern waren Verluste zwischen 200 und 500 Mark keine Seltenheit. Geld fürs Zocken verdiente er in Discos und Cafes.
Dann kam ein Einschnitt: Jemand, der ihm 1 000 Mark schuldete, zahlte nicht. Es gab Streit. Andreas reagierte sich am Automaten ab. ›Beim erstenmal hab ich 17,10 Mark verloren. Ich war rasend vor Wut.‹
Seine schlimmste Zeit begann. Er ging kaum noch zur Schule, schlief wenig und nahm jeden Job an. Geld war das Wichtigste. 15 000 Mark hat er – als Hauptschüler – in Daddelautomaten und Groschengräber gesteckt. Morgens wachte er mit schweißnassen Händen, Schmerzen am ganzen Körper und Angstzuständen auf.
Mit 16 wollte sich Andreas töten. 70 Tabletten sollten ihn erlösen. Aber er kam durch.«

Spielsucht kann sich als autoaggressive Gewaltform also ganz ähnlich entwickeln wie Drogensucht.

29. Sport und Kampfsport

- *Über Sport können Aggressionen sinnvoll gebunden werden; Sport kann aber auch regressive Menschen ein Stück weit therapieren.*
- *Kampfsportarten können sinnvoll sein, um die eigene Verteidigungsfähigkeit zu verbessern.*
- *Immer mehr junge Menschen trainieren Kick-Boxen, Jiujitsu, Taekwondo oder Tai-Chi, um bei Schlägereien, die sie provozieren, Gewalt erfolgreicher gegen Menschen einsetzen zu können.*

Sport ist eine Möglichkeit, um Aggressionen sinnvoll kanalisiert freizusetzen. Mobilitätsbedürfnis wird gebunden, man kann sich bis zur Erschöpfung beim Laufen, Schwimmen, Radfahren oder im Mannschaftssport verausgaben, und man kann Erfolge gegen die Zeit, in Metern oder durch Tore und Punkte erzielen, die das Selbstwertgefühl auch vor den Augen anderer steigern. Umgekehrt befreit eine sportliche Betätigung auch viele regressiv Gestörte durch Erfolge von ihren Hemmungen.

Wenn man allerdings nicht die erhofften sportlichen Ziele erreicht und alles nicht so läuft, wie man es sich vorgestellt hat, dann wachsen auch im Sport Frustrationen, und dann stellen sich Niederlagen ein, die sonstige Versagenserlebnisse verstärken, so daß auch im Sport reichlich Gewalt entsteht, in Form von Bodychecks, von Fouls, von üblen Beschimpfungen, von Anspucken oder von gezielter Körperverletzung. Deshalb brauchen alle Sportarten eindeutige Spielregeln und strenge Sanktionskataloge, die das Einhalten von Verhaltunggrenzen zum Schutz anderer erzwingen.

Noch mehr mit dem Thema Gewalt als der Breitensport haben die Kampfsportarten zu tun. In ihnen finden sich drei Typen von »Sportlern« ein:

- Entweder wird ein Kampfsport wie Boxen, Judo oder Karate gewählt, um sich wie in allen anderen Sportarten auch einfach nur zu ertüchtigen, fit zu halten und den Bewegungsdrang auszuleben.
- Oder man wählt eine Kampfsportart um sowohl aufgestaute Aggressionen zu binden als auch um sich im Notfall verteidigen zu können; das gilt für Jungen, insbesondere aber für Mädchen. Dabei werden Judo, Ringen oder Kick-Boxen eher defensiv und unter Beobachtung aller aus asiatischen Philosophien stammenden Ehrenkodex-Rituale gepflegt.
- Eine dritte Gruppe von vorwiegend Jungen läßt sich dagegen in Kampfsportarten wie Jiujitsu, Taekwondo, Kick-Boxen oder Tai-Chi ausbilden, um die am Wochenende gezielt vor Discos oder aus Anlaß von Partys gesuchten Schlägereien erfolgreicher überstehen zu können. So manche muskel- und kampftechnikorientierten Machos nutzen das Training, um gewalttätiger zu werden, um mit weniger Ängsten Konfrontationen suchen und provozieren zu können. Für sie ist Gewalt gegen Menschen ein hochanerkanntes Interaktions-, Behauptungs-, Rangordnungs- und Freizeitgestaltungsmittel, sie gibt ihnen Sinn, Aufgabe und Perspektive, und sie benötigen dafür brauchbare Feindbilder.

Leider ist die letzte Gruppe in den vergangenen Jahren erheblich angewachsen; sie mißbraucht Vereine und Kampfsporttrainingsstunden für minderwertige Zwecke und verhält sich während der Kampfsportausbildung scheinheilig den Regeln entsprechend. Aber auch die Kampfsporttrainer nutzen diese minderwertigen Ziele, um Geld zu machen. Die sich dahinter verbergenden Motivationen sind denen der Initiatoren und Mitglieder von rechtsradikalen »Wehrsportgruppen« vergleichbar, die in Wäldern mit Waffen Bürgerkrieg üben, um Gewalt effektiver gegen andere Menschen einsetzen zu können. Mit Sport im eigentlichen Sinn hat das nichts mehr zu tun, denn auch der Sport-Begriff wird dabei vergewaltigt, wie folgende Notiz in der »Hamburger Morgenpost« vom 1. September 1993 über Taekwondo-Training belegt:

»Täglich drei Stunden Training in sengender Hitze und dann dieses grausame Erlebnis mit zwölfjährigen koreanischen Sparringspartnern: ›Die mußten sich hinterher auf den Boden legen und wurden einer nach dem anderen vom Meister mit einem Knüppel verprügelt und ins Gesicht getreten, weil sie schlecht gegen uns ausgesehen hatten. Die Unverletzten zerrten die Geschundenen dann wie totes Fleisch weg, um sich anschließend selbst vom Meister verdreschen zu lassen‹.«

Im weitesten Sinne gehört auch die durch Stemmen, Hanteln, Gewichtheben und die vielen Geräte in Fitneß-Centern möglich gemachte Muskelausbildung in Richtung Arnold Schwarzenegger in die Rubrik Kampfsport; sie hat etwas mit einem neuen kraftstrotzenden Männlichkeitsideal zu tun, dem viele Jungen auch der Mädchen wegen anhängen. Muskelbepackte Bodybuildingkörper in der Werbung fördern das Leitbild vom Mann als Körperkultobjekt und Sex-Symbol, auch Bomberjakken und metalldornreiche Ketten repräsentieren Kraft; die Stärke des Mannes wird in Äußerlichkeiten hineinverlagert; die Ansprüche der Mädchen an die Jungen, was Aussehen, Kleidung, Kraft, Sex und Geld anbelangt, sind heute so hoch wie noch nie zuvor; auf seelische oder soziale Stärke kommt es dagegen nicht so sehr an, denn man lebt eher allein nebeneinander her, außer im Bett, und das gilt gerade für die Altersstufen von 16 bis 18 Jahren mit ihren Selbständigkeitsidealen.

30. Gewalt aus Ohnmacht und Wut und die Frustrations-Aggressions-Hypothese

- *Wenn die soziale Umgebung von jungen Menschen nicht viel erwartet, dann erwarten sie schließlich auch von sich selbst nicht mehr viel.*
- *Self-fulfilling-prophecy, Zuschreibungsprozesse, und Stigmatisierung bedingen ein negatives Selbstkonzept.*
- *Wer oft versagt, versucht mit anderen, unerwünschten Leistungsbereichen zu kompensieren, dazu gehört dann auch Körperkraft.*
- *Gewalttätigkeit und Autoaggressionen sind nur Symptome für vorausgehende Frustrationen.*

Hilflosigkeit, Weg- und Auswegslosigkeit, das Gefühl, versagt zu haben, ungerecht behandelt worden zu sein, zu den Verlierern zu gehören, all das macht wütend und dann aggressiv gegen Sachen, gegen Menschen, gegen Tiere oder gar gegen sich selbst. Wer von anderen ganz oder in einzelnen Eigenschaften abgelehnt wird, lernt, daß er nicht viel wert ist, und lehnt sich dann schließlich selbst ab. Wenn die soziale Umgebung nicht viel von einem Kind oder Jugendlichen erwartet, obwohl sie etwas können, dann dauert es nicht lange, bis sie auch von sich selbst nichts mehr erwarten; sie sind stigmatisiert, verdammt zum Mißerfolg.

Die Sich-selbst-erfüllende-Prophezeihung tritt ein, die in der amerikanischen Sozialpsychologie »self-fulfilling-prophecy« genannt wird. Am Ende erfüllt man genau die negativen Erwartungen, die zuvor in einen hineinprojiziert wurden.

So ist kaum jemand Hauptschüler, wenn er in die Hauptschule kommt, nach Klasse 9 oder 10 verläßt aber fast jeder die Hauptschule als Hauptschüler.

Man spricht auch vom negativen Selbstkonzept, wenn jemand die ungünstigen Außenerwartungen zu seinen eigenen macht: er traut sich nichts mehr zu, scheitert immer wieder und wird aggressiv, weil das Scheitern ihm vorher zugeschrieben wurde. Und diese Zuschreibungsprozesse haben etwas mit der Frustrations-Aggressions-Hypothese zu tun:

Jeder will so gern gut sein, jeder möchte gern etwas können. Wenn er dann Ansprüchen – auch den eigenen – gegenüber versagt, versucht er zunächst zu kompensieren, also auszuweichen auf andere Leistungsbereiche, in denen er eher erfolgreich zu sein vermag.

Das kann ein anderes Unterrichtsfach sein, das kann Sport, Musisches oder soziales Verhalten sein, es kann aber auch Humor, Wortgewaltigkeit oder die Rolle des »Klassenkaspers« sein. Und wenn das alles nicht hilft, dann bieten sich als Leistungsersatz noch Schenken, Klauen oder körperliche Stärke an.

Wer nicht beliebt ist, will wenigstens tüchtig sein; wer auch das nicht zu bieten vermag, will wenigstens stark im Sinne von Körperkraft sein, so daß er sich über Schläge, Tritte oder schlichtweg über sein imposantes Aussehen Anerkennung zu schaffen versucht.

All dieser körperlichen Gewalt, aller kriminellen Energie und aller Selbstzerstörung gehen tiefe Enttäuschungen und Niederlagen voraus. Erst die Frustrationen setzen Aggressionen frei, ganz egal in welche Richtung sich Gewalt dann entäußert.

Wir sprechen dabei von der Frustrations-Aggressions-Hypothese, die besagt, daß die Aggression, also die Gewalttätigkeit gegenüber Sachen, Menschen oder sich selbst, nur ein Symptom ist, hinter dem sich zunächst immer die Frustration verbirgt, die zumeist emotionaler oder sozialer Art, seltener materieller Art ist.

Wollen Politiker, Lehrer, Erzieher oder Eltern gegen die »Spirale der Gewalt« wirken, wollen sie Schulhofgewalt oder autoaggressive Symptome wie Alkoholismus, Drogensucht oder Asthma bekämpfen, dann müssen sie erst einmal erkennen, worunter die betroffenen jungen Menschen leiden und dann so handeln, daß die Frustrationsursachen minimalisiert werden; und die können in den Wohnbedingungen, in familiären Überforderungen, in der Lehrerbildung, in der Lehrerpersönlichkeit, in der Schulgestaltung, aber auch in werbe- und konsumgesteuerten bzw. ideologieabhängigen Einflüssen (33 Milliarden Mark geben die Kinder Deutschlands pro Jahr aus) von Gleichaltrigkeit und jugendkulturellen

Nischen, in Sinnesschwächen, in Medieneinflüssen oder in mangelnden politischen Investitionen für die Zukunft von Kindern und Jugendlichen dieser Gesellschaft liegen.

31. Gewalt als anerkanntes Kommunikations- und Interaktionsmittel

- *Kinder, mit denen wenig gesprochen wird, weichen eher als andere auf Körpersprache aus.*
- *Körperkraft und Gewalt geraten über Gewöhnung und Vorbilder in vielen jugendkulturellen Nischen zu einer hohen Akzeptanz, die mit Lebenstüchtigkeit gleichgesetzt wird.*
- *Verlierer kompensieren Leistungsversagen oft mit Stärke.*
- *Auf dumme Menschen kann die Gewalt der Nationalsozialisten werbend wirken; ihre Feindbilder und ihr Haß sind Weltbilderersatz.*

Es fällt auf, daß Kinder, die zu Hause wenig Ansprache haben und deren Eltern kaum Zeit für sie haben bzw. die ihrerseits nur in Satzfragmenten oder deftigen Ein-Wort-Sätzen mit reichlichen Fäkalienausdrücken sprechen (»Arsch«, »Scheiße«...), eher auf Körpersprache mit Mimik, Gestik, Schlägen und Tritten ausweichen als Kinder aus sprachkultivierten Familien.

Und wenn sie sich, um überhaupt Aufmerksamkeit bei ihren Eltern zu erzielen, an dieses »schlagfertige« nonverbale Sprachverhalten gewöhnt haben, setzen sie es auch häufiger als andere Kinder als Mittel der Lebenstüchtigkeit ein.

Für sie gewinnt Gewalt schließlich durch Gewöhnung und über das Imitieren des elterlichen Vorbildes eine hohe Akzeptanz als Kommunikations- und Interaktionsmedium, beispielsweise auch um Konflikte zu lösen.

Mit dem Älterwerden driften sie in jugendkulturelle Nischen, in denen Gewalt anerkannt bzw. ein hoher Wert ist und in denen sie mit Gewalt eine höhere Rangordnungsposition innerhalb ihrer Gruppe erhalten. Sie werden damit wiederum zu gewaltreichen Vorbildern für andere Kinder und Jugendliche, die in ihrer Nähe leben.

Sollten sie selbst eine Jugendbande, Straßengang oder Stadtteilclique mit welchen Zielen und Feindbildern auch immer gründen, führen sie spektakuläre Gewalt als Aufnahmeritual oder als Wir-Bewußtsein fördernden Wert ein und tragen damit zur »Spirale der Gewalt« in unserer Gesellschaft bei:

Da Begabung bzw. Intelligenz eindeutig an die Sprachentwicklung gekoppelt sind, elaboriertes Sprachverhalten aber bei ihnen unterentwikkelt ist, ist meist eine hohe Korrelation zwischen einem großen Gewaltpotential und geringer Begabung im Sinne von Schulleistungen bzw. Intelligenzquotient feststellbar.

Es gibt deshalb viele Jugendliche (Hooligans, Skins, Neonazis), die einerseits voller Haß und Aggressionen sind, andererseits aber auch in der Schule und in der beruflichen Karriere gescheitert sind; Skinheads sind durchweg dumm, sie kompensieren ihr gesellschaftliches Verliererdasein mit der Sehnsucht nach demonstrativer Stärke, wie sie die Parteiorganisation des Dritten Reiches boten, aber auch mit brutal eingesetzter Körperkraft, und ihr Haß ist das Gegenstück zu dem Feindbild, das sie als Weltbildersatz dringend benötigen.

Geschichts- und Politiklehrer, die aus wohlgemeinten Abschreckungsgründen Szenen aus dem Warschauer Ghetto, aus Konzentrationslagern oder Hitler- und Goebbels-Reden zeigen, erreichen daher oft bei dummen Schülern, für die Kraft und Gewalt wichtig sind, einen gegenteilig werbenden Effekt, sie bewirken ungewollt bei solchen jungen Menschen Faszination und gedankliches und handelndes Imitationslernen.

Körperkraft und Gewalt als rangordnungsbildende Mittel müssen deshalb schon früh im Kindergarten, in der Vorschule und in der Grundschule verpönt werden, gerade auch dann, wenn sie in der Sprache beginnen.

Bei Jungen hat Aggression übrigens mehr als bei Mädchen etwas mit Macht und Kontrolle zu tun. Die »Welt am Sonntag« berichtet darüber am 15. August 1993:

»Männer morden und rauben wesentlich häufiger als Frauen: Im Jahre 1991 wurden in Deutschland, so sagt die Statistik des Bundeskriminalamtes, 2925 Menschen unter dem Verdacht des Mordes oder Totschlags festgenommen. Nur 11 Prozent von ihnen waren Frauen.

Raub und räuberische Erpressung wurden in 22 845 Fällen von Männern verübt – aber nur in 1987 Fällen von Frauen. An gefährlicher und schwerer Körperverletzung waren 69 204 Männer, aber nur 8 314 Frauen beteiligt.

Sind Männer aggressiver als Frauen? Viele Wissenschaftler bejahen diese Frage. Das männliche Geschlechtshormon Testosteron, so argumentieren Biologen, bewirke die erhöhte Gewaltbereitschaft von Männern.

Die Ansicht, daß Frauen weit weniger aggressiv sind als Männer, ist offenbar dennoch falsch. Frauen, behauptet die Wissenschaftlerin Anne Campbell, Professorin für Kriminologie und Psychologie an der Teesside Universität (USA), drücken ihre Aggressionen einfach nur anders aus als Männer.

In ihrem jüngst erschienenen Buch »Men, Women and Aggression« verweist Anne Campbell auf eine Studie an der Universität Texas, Houston, derzufolge Frauen annähernd genauso oft in Rage geraten wie Männer: fünf- bis sechsmal pro Woche. Der amerikanische Mann fühlt durchschnittlich sechs- bis siebenmal pro Woche Zorn in sich aufsteigen. Die Intensität dieser Gefühle, so ergab die Studie ferner, ist bei Männern wie Frauen ähnlich groß.

Warum aber lassen Männer ihrer Aggression ungehemmter Lauf als Frauen? Warum töten und verletzen sie häufiger? ›Männer und Frauen unterscheiden sich in ihrem äußeren aggressiven Verhalten, weil sie der Aggression unbewußt eine völlig andere Bedeutung zumessen‹, schreibt die Kriminologin.

Für beide Geschlechter stehe Aggression in einem sehr engen Zusammenhang mit Kontrolle. ›Während Frauen in der Aggression aber das Scheitern ihrer Selbstkontrolle sehen, bedeutet sie für die Männer einen Gewinn an Kontrolle über andere‹.«

Insofern gehört Aggression durchaus zur männlichen Interaktion im Sinne von »Männer spielen«.

32. Rangordnungsbildende Gewalt

- *Beliebtheit, Tüchtigkeit oder körperliche Stärke sind rangordnungsbildend.*
- *Die Einbindung in eine gewaltverherrlichende Gruppe ist für viele wichtiger als die in ihnen wohnende Norm der Gewaltablehnung.*
- *Gewalt ist weniger ein individuelles Problem als mehr ein strukturelles von Gruppenprozessen.*
- *Mit der Anpassung an Gruppenhierarchien korreliert oft die totale Selbstaufgabe.*

Rangordnungen sind für Tiere und Menschen wichtig. Die Hack- und Pickordnung auf dem Hühnerhof spricht dafür ebenso wie die Hierarchien in der Katholischen Kirche, beim Militär und in Jugendgruppen.

Für junge Menschen geht es dabei entweder um Beliebtheit durch Aussehen, Kleidung, Besitz oder Geschenke oder um Tüchtigkeit im Sport, im Manuellen, im Musischen oder in kognitiven Leistungsbereichen oder, wenn nicht viel anderes zu bieten ist, um Körperkraft und den Mut, Grenzen des gesellschaftlich Akzeptierten zu überschreiten.

Wer 100 Fensterscheiben einer nachts abgestellten S-Bahn zerschlägt, wer mehrere Brandsätze auf ein Asylbewerberheim zu werfen wagt, wer Polizisten gezielt mit Pflastersteinen bei einer Demo verletzt, wer mehrere Disco- oder Party-Besucher innerhalb von 15 Minuten zu Boden streckt, wer sich fast jede Nacht als Crash-Kid mit geknackten Porsche-, Opel- oder Mercedes-Wagen mit der Polizei ein Wettrennen liefert, wer die effektivsten Kick-Tritte drauf hat oder am erfolgreichsten mit Baseballschlägern, Butterfly-Messern oder Ninja-Sternen agieren kann, und wer die stärksten Muskeln zeigt, der steht in seiner gewaltverherrlichenden Nische ganz oben, und er setzt Gewalt auch dann ein, wenn er sie für sich allein ablehnt, ihm die Gruppenakzeptanz aber wichtiger ist, vorausgesetzt, Gewalt ist in seiner ihm Orientierung, Sinn und Geborgenheit gebenden Gruppe hochanerkannt und rangordnungsbildend.

Durch Gruppenrituale können ansonsten »liebe« junge Menschen zu Bestien werden. Wichtig ist, daß andere Gleichgesinnte Zeugen der Gewalt werden, sonst gibt sie keinen rangordnungsbildenden Sinn. Das gilt nicht nur für Crash-Kids, Skins und Stadtteilbanden, sondern auch für Anhänger des Satankultes; am 7. Juni 1993 stand im »Hamburger Abendblatt« folgende Meldung:

»Der grauenhafte Mord an drei achtjährigen Schuljungen, die am 5. Mai in West Memphis (US-Staat Arkansas) von einer Radtour nicht nach Hause zurückgekehrt waren, ist vermutlich aufgeklärt. Die Kinder waren einen Tag nach ihrem Verschwinden tot und verstümmelt in einem Wassergraben gefunden worden. Die Polizei nahm jetzt drei Halbwüchsige fest, die dringend der Tat verdächtigt werden – sie sind Anhänger eines Satanskults.
Obwohl die jungen Männer im Alter zwischen 16 und 19 Jahren schweigen, sind die Ermittler überzeugt, daß sie die drei Jungen in einem ›Teufelsritual‹ umbrachten, bei dem sie die Opfer erwürgten, erstachen, ihnen die Genitalien abtrennten und schließlich ihr Blut tranken.«

Bereits im Mai 1993 wurde in der Nr. 20 des »Spiegel« ähnliches aus Sondershausen in Thüringen berichtet:

»Die ›Kinder Satans‹ töteten ihren Mitschüler Sandro Beyer, 15. Sie hatten ihn, so die Ermittlungen, am Abend zur Datsche in den Wald gelockt, ihn gefesselt, gequält und schließlich mit einem Elektrokabel erwürgt. Die Leiche verscharrten sie in einer nahe gelegenen Baugrube.«

Ähnliches gilt für die Friedhofskult betreibenden Grufties; über die im Juli in der »Welt« stand:

»Beim ›internationalen Grufti-Treffen‹ mit rund 600 Todeskult-Anhängern auf der Kölner Domplattform kam es am Samstag zu schweren Auseinandersetzungen mit der Polizei. Grufties hatten das Südportal des Doms beschmiert.«

Auch die Graffiti-Sprayer brauchen Anerkennung, deshalb suchen sie für ihre Werke und Tags ungewöhnliche, aber jedermann auffallende Orte, z.B. die durch die ganze Stadt fahrenden Bahnen; und sie kennzeichnen ihre Bilder mit ihren Kürzeln oder Synonymen, damit sie von anderen Sprayern identifiziert und geschätzt werden können.

Inzwischen hängt nahezu jeder vierte West-Berliner Schüler okkulten Praktiken oder Schwarzen Messen an; sie werden durch Gleichaltrige dazu veranlaßt, passen sich deren Erwartungen an und machen weiter mit, um ihre Freunde und damit ihre Anerkennung nicht zu verlieren. Mädchen sind übrigens dem Okkultismus, der das religiöse Bedürfnis junger Menschen ebenso wie einige Jugendsekten mißbraucht, dreimal so häufig verfallen wie Jungen.

Sich ausprobieren, sich abgrenzen gegen Eltern und Schule, auch gegen den grauen Alltag, mal was Verbotenes machen, das ist die eine Seite ihrer Faszination; die zweite hat etwas mit dem Reiz des Unerklärlichen zu tun und die dritte mit Abgeben der eigenen Verantwortung sowohl an das Schicksal als auch an die Autoritäten der neuen, zur okkultistischen Gruppe gehörenden Bezugspersonen. Und wer in dieser Anpassung an die Rituale besonders gut ist, wer sich total für die Ziele der Schwarzen Messen aufgibt und dabei zu allem, was von ihm erwartet wird, bereit ist, der gewinnt in seiner Satansgruppe möglicherweise einen besonders hohen Rang, und das ist seine Hoffnung. Tragisch ist, daß dazu seine totale Selbstaufgabe gehört, die letztlich ihm selbst im Sinne von Autoaggression Gewalt zufügt. Aber wer in Rangordnungen nach oben kommen will, gibt sich stets ein Stück weit auf, paßt sich den Gruppenzwängen an und wird gegen seine innere Bereitschaft auch gewalttätiger, wenn es von ihm erwartet wird.

Gewalt ist also weniger ein individuelles Phänomen als vielmehr ein Element von Gruppenprozessen; die strukturelle Gewalt und die Autoaggression sind eben die wichtigsten Aspekte der okkulten Gewaltdiskussion, sie überlagern in ihrer Bedeutung bei weitem die rein individuellen Aggressionen gegen Sachen und Menschen, die nur dann spektakulär sind, wenn sie neurotischen oder psychotischen Erkrankungen entspringen.

33. Modellernen und die Spirale der Gewalt

> - *Vielleicht reagiert die deutsche Gesellschaft früher auf die Gewalteskalation als die britische oder gar die amerikanische.*
> - *Kinder leben Gewalt immer früher modellhaft nach.*
> - *Gewalt gegen Sachen ist vor allem ein Männerdelikt.*
> - *Straßenkinder werden weltweit eher wie Sachen behandelt.*
> - *Viele Kinder wachsen mit dem Bewußtsein auf, die »Welt gerate ohnehin aus den Fugen«, auf ihre Gewalt komme es nicht mehr an; ihnen mangelt es daher auch an Unrechtsbewußtsein.*

Weltweit ist zur Zeit ein Zusammenbruch von Normen und Werten und damit eine Eskalation der Gewalt feststellbar. Etwa 50 Kriege und noch viel mehr bürgerkriegsähnliche Auseinandersetzungen toben zur Zeit in Europa, Asien, Afrika und Amerika, und fast immer beeinflussen sie Kinder im Sinne von Modellernen.

Viele sprechen von einer »Spirale der Gewalt« und verweisen auf die Entwicklung in den USA und in England, weil deren Gesellschaften unserer irgendwie vergleichbar sind. Muß man nur in die Bronx, nach L. A. oder nach London sehen, um zu erfahren, was in einigen Jahren auf Deutschland zukommt? Oder reagiert unsere Gesellschaft früher im Sinne von Abwehr als die amerikanische oder britische?

Bei uns gibt es Lichterketten gegen Haß und Gewalt und einen riesigen Medienaufschrei in bezug auf Kriminalität und Schulgewalt. So berichtet das »Hamburger Abendblatt« am 14. August 1993:

»Die SPD hat der Bundesregierung angesichts steigender Kriminalitätsraten vorgeworfen, ein ›Zwei-Klassen-Sicherheitssystem‹ zu schaffen. Den etwa 250 000 Polizeibeamten in den westdeutschen Bundesländern stünden mittlerweile 270 000 Angehörige des privaten Sicherheitsgewerbes gegenüber, kritisierte der Rechtsexperte der SPD-Bundestagsfraktion, Jürgen Meyer.

Die Zahl der »Schwarzen Sheriffs« habe sich in den vergangenen zehn Jahren mehr als verdoppelt. Auf diese Weise werde innere Sicherheit zum »käuflichen Gut« und zum »Reichenprivileg«. Außerdem gefährde die Koalition das staatliche Gewaltmonopol.

Gestiegene Kriminalität, gesunkene Aufklärungsquoten und schwindendes Sicherheitsgefühl der Bevölkerung seien ein »trauriges Ergebnis« von zehn Jahren »konservativer Wendepolitik«, kritisierte Meyer, der eine Antwort der Bundesregierung auf eine Große Anfrage der SPD zum Thema Massenkriminalität vorlegte. Zwar räume die Bundesregierung ein, daß das Strafrecht allein die Kriminalität nicht wirksam bewältigen könne. Sie erkenne die Bedeutung einer von der SPD seit langem geforderten Präventionsstrategie aber »viel zu spät«.

Seit dem Bonner Regierungswechsel 1982 sei die Zahl der registrierten Straftaten allein in Westdeutschland um 25 Prozent von vier Millionen auf fünf Millionen gestiegen. Es sei eine »Bankrotterklärung«, wenn die Bundesregierung als »wesentliche Ursache« der Kriminalitätsentwicklung einen »Werteverfall« feststelle, für den sie selbst mitverantwortlich sei...

Meyer verwies darauf, daß die Angst der Menschen in den alten und den neuen Bundesländern vor Gewalttaten deutlich gestiegen sei. Furcht vor Gewalt rangiere auf der Skala der Dinge, die die Bürger am meisten bedrückten, noch vor der Arbeitslosigkeit und der Wohnungsnot.

Auf eine »bedrohliche Tendenz« weise auch der Anstieg der Wohnungseinbrüche hin. Hier sei die Zahl von 1982 bis 1992 um 43 Prozent gestiegen. Allein 30 Prozent der Wohnungseinbrüche gingen auf das Konto von Drogensüchtigen. Hier könnte die Zahl der Delikte beispielsweise durch Methadon-Programme gesenkt werden.

Kinder leben Gewalt in ihrer Umwelt, wozu auch Bildschirmereignisse gehören, nach. Ebenfalls am 14. August 1993 steht folgende Meldung im »Hamburger Abendblatt«:

»Hamburgs Einbrecher werden immer jünger: Zehn Kinder und Jugendliche aus dem Raum Alsterdorf/Fuhlsbüttel sind serienweise in Wohnungen und Werkstätten eingebrochen. Zwei von ihnen sind erst elf, einer ist zwölf, einer 13 Jahre alt.
Die Einbrecher gingen immer auf die gleiche Weise vor: Zuerst stiegen

sie durch Fenster, die in Kippstellung offen standen, in Wohnungen ein. Dort stahlen sie Bargeld, Sparbücher, Schmuck und Computerspiele, nahmen aber auch Musikanlagen und Fernseher sowie Autoreifen und teure Alufelgen mit. In wechselnden Gruppen sollen die Täter seit Oktober 1992 mindestens 15 Einbrüche begangen haben. Alle Tatorte lagen in ihrer Nachbarschaft.
Das Geld teilten die Kinder und Jugendlichen unter sich auf; die anderen Sachen verkauften sie an Bekannte und Freunde. Auch die konnte die Polizei ermitteln: Sieben Männer im Alter zwischen 22 und 42 Jahren werden als Hehler verdächtigt.
Zweimal raubten drei Jugendliche der Bande denselben Rentner aus: Zum erstenmal wurde der 83jährige im Oktober in seiner Wohnung niedergeschlagen. Einer der 18jährigen hielt dem Opfer die Augen zu, während die 17 und 18 Jahre alten Komplizen Bares und Sparbücher einpackten. Anfang 1993 raubten sie den Mann zum zweitenmal aus: Auf der Straße ließen sie zunächst die Luft aus seinen Fahrradreifen, sprühten ihm Tränengas ins Gesicht und raubten seine Aktentasche. Alle Beschuldigten wurden nach ihrem Geständnis auf freien Fuß gesetzt.«

Aber Kinder imitieren nicht nur Gewalt, sie sind weltweit auch zunehmend Opfer von Gewalt, sie werden als »Straßenkinder« sogar immer mehr wie Sachen behandelt. Die »Welt« vom 14. August 1993 spricht von einem »Kreuzzug gegen Straßenkinder«, der bürgerkriegsähnliche Ausmaße annimmt, beispielsweise in Brasilien und Kolumbien:

»Der Aufruf zum Massenmord ist offen, zynisch und nicht einmal anonym. Er gilt den Straßenkindern von Bogota. Tausende von Plakaten kleben an den Hauswänden der verschmutzten Innenstadtstraßen, unterzeichnet von Industriekapitänen, Ladenbesitzern, Bürgerinitiativen und anderen sogenannten Stützen der kolumbianischen Gesellschaft.
Selbst Jugendliche, die nicht lesen können, verstehen die Poster. Das schwarze Todesanzeigen-Kreuz sagt es deutlich: Die Plakate verkünden die gewaltsame Säuberung des Zentrums von Strichjungen, Prostituierten, jugendlichen Straßenräubern. Die Kinder werden aufgefordert, zur Beerdigung ihrer Altersgenossen zu kommen; die Öffentlichkeit soll sich den Trauerzügen anschließen.
Systematischer Mord an obdachlosen Kindern ist in einigen südamerikanischen Ländern gang und gäbe. Aber noch nie ist er so dreist propagiert worden wie jetzt in Bogota. Und nirgends hat er solche Ausmaße wie in Kolumbien: Auf 2000 schätzt Unicef die Zahl der jährlichen Opfer in dem Land, doppelt so viele wie in Brasilien.
Das britische Fernsehen zeigte erschütternde Bilder von der Beisetzung

ermordeter Straßenkinder. In Lumpen gehüllt, die Angst in den Augen, standen kaum zehnjährige Knirpse im strömenden Regen an dem Grab ihrer Freunde. Die Polizei verhaftet selten einen Schuldigen; vielmehr werden Polizisten der Beteiligung an dem blutigen Kreuzzug verdächtigt. Beim Anblick von mehreren Polizeibeamten riß sich der schwarzgelockte Paisa das T-Shirt hoch, deutete auf seine Brust und rief: ›Erschießt mich doch. Los nun macht schon!‹ Vor vier Wochen war seine Freundin Emilce erschossen worden – von Polizisten, wie Paisa glaubt...
Nicht selten greifen Ladeninhaber oder ihre Wachmänner zur Pistole. Vor kurzem wurde ein Wachmann angewiesen, Strichjungen aus einem Einkaufszentrum zu verscheuchen. Er zückte den Revolver und jagte einem 17jährigen eine Kugel ins Bein. Dutzende von Menschen sahen tatenlos zu. Keiner zeigte den Täter an.«

Gewalt gegen Menschen ist vor allem ein Männerdelikt. Eine Analyse von fremdenfeindlichen Gewalttaten durch das Bundesjugendministerium belegt, daß es sich bei dem vermeintlichen Jugendphänomen Rechtsextremismus eher um ein Jungmännerproblem handelt. 96,3 Prozent der fremdenfeindlich motivierten Gewalttäter sind männlich, jeder dritte ist zwischen 15 und 17 Jahre alt.

Dazu schreibt der »stern« in seiner Ausgabe vom 12. August 1993 als Erklärung, die auch die Gewaltspirale begründet:

»Seit 1977, dem Jahr, in dem die meisten heute 16jährigen geboren wurden, sind nicht nur die althergebrachten Leitbilder von Männlichkeit ins Wanken geraten. Die Kindheit der 16jährigen war die Zeit apokalyptischer Szenarien, die nur offen zu lassen schienen, ob sich die Menschheit durch Bomben oder durch Atomkraftwerke vernichten würde. Einen Vorgeschmack bekamen sie, neun Jahre alt, als viele Eltern nach der Katastrophe von Tschernobyl ein Milch- und Schokoladeverbot verhängten. Im Fernseher sahen sie, wie ölverschmutzte Vögel nach einem der diversen Tankerunglücke verzweifelt ihre verklebten Flügel schwangen, um alsbald elend zu verenden. Sie erfuhren von Ozonlöchern, Müllbergen und der Klimakatastrophe...«

Kein Wunder ist es also, daß junge Menschen mit dem Gefühl aufwachsen, daß die »Welt ohnehin aus den Fugen geraten ist«, daß – entsprechend dem Filmdrehbuch von »Mad Max« – nur noch der gut überlebt, der sich über alle Normen und Werte hinwegsetzt.

Die offensichtliche Gestaltungsohnmacht der Politik bewirkt bei ihnen Politikverdrossenheit und Selbstjustiz, also Gewalt.

Gewalt gerät in ihren Köpfen zum Element von Lebenstüchtigkeit, und da es auf sie und ihre Gewaltopfer im einzelnen aus ihrer Sicht gar nicht ankommt, pflegen sie ihre Aggressionen ohne jedwedes Unrechtsbewußtsein.

Ganz so unrecht haben sie dabei jedenfalls nicht, denn mit ihrer Aktion und deren Folgen werden Wahlen nicht entschieden, Politiker handeln nur für oder gegen etwas, wenn es wahlentscheidend ist. Und das ist ein Grund für den Werteverfall und die »Spirale der Gewalt« in unserer Gesellschaft, die sich wahrscheinlich noch weiter nach oben drehen wird, denn außer Reden über Gewalt ist nicht viel an Handeln gegen Gewalt feststellbar. Lichterketten reichen nicht aus, um der Gewaltfaszination Einhalt zu gebieten. Gewaltreiche Vorbilder für Modellernen gibt es zuhauf, überzeugend gewaltverpönende hingegen allzu selten.

34. Aggression aus Angst

- *Lebensangst, die Faszination der Stärke und nachgereichte ideologische Rechtfertigungen gegenüber Feindbildern entwickeln Gewaltbereitschaft bei Skinheads.*
- *Aus Angst, Opfer von Skinheads zu werden, schließen sich viele Jugendliche den Skinheads an.*
- *Die Gewöhnung an Gewalt belastet auch noch die Kinder von Skinheads mit ihrem rechtsradikalen Gedankengut.*

Von Tieren wissen wir, daß sie sich Feinden gegenüber höchst unterschiedlich verhalten, je nachdem wie weit diese entfernt sind. Ist der Feind noch sehr weit weg, flüchten sie, hat er eine mittlere Distanz, warten sie ab, ist er zu nah, greifen sie an.

Ihr Verhalten bewegt sich zwischen Angst und Angriff, zwischen Flucht und Aggression. Menschen reagieren ähnlich. Bei Bedrohung ziehen sie sich zurück, oder sie reagieren mit Gewalt.

In ländlichen Gebieten der neuen Bundesländer leben viele Jugendliche mit dürftigen Perspektiven seit dem Zusammenbruch ihrer alten Normen, Werte und Motivationen, nach der Schließung vieler Jugendfreizeitstätten und im Angesicht der Arbeitslosigkeit ihrer Eltern. Sie fühlen sich als Opfer der deutschen Vereinigung, benachteiligt gegenüber den westlichen jungen Menschen und voller Sinnentleerung und Langeweile. Sie suchen Schuld, finden sie bei Demokraten, Asylbewerbern und gutsituierten Familien, und ihre Lebensangst macht sie aggressiv. So driften sie in Stärke verheißende Nischen der Gesellschaft ab, beispielsweise zu Neonazis und Skinheadgruppen. In den Kleinstädten und Dörfern Brandenburgs hat diese Entwicklung solche Ausmaße erreicht, daß Jugendliche nur wählen können zwischen Anpassung an die Skinheadbewegung und Flucht in die innere Emigration. Aus Angst vor Übergriffen schließen sich viele den Skinheads an, weil sie nur dann einigermaßen sicher vor gewalttätigen Übergriffen sind; so berichtet die »Welt« am 12. August 1993:

»Sommerabend in einem brandenburgischen Dorf. Zwischen den mächtigen Linden haben die Bewohner ein Transparent mit Willkommensgruß aufgezogen, die Zäune sind mit bunten Papierblumen geschmückt. Am Festplatz spielt die Feuerwehrkapelle auf, und bei Einbruch der Dämmerung dürfen die Kinder ihre Lampions anzünden und feierlich die Dorfstraße entlangziehen. Vor und hinter den Kindern marschieren Sicherheitsbeamte mit Hunden; am Ortseingang wacht eine Sondertruppe der Schutzpolizei, am Ortsende sind eigens aus Potsdam abkommandierte Einsatzkräfte postiert. Sie sollen das Dorf zumindest am Festtag vor den marodierenden Banden von Skinheads schützen, die die Gegend terrorisieren.

Ohne Großaufgebot der Polizei könnte das Dorf Stölln sein alljährliches Fest zu Ehren des dort abgestürzten Flugpioniers Otto Lilienthal ebensowenig noch feiern wie das benachbarte Bamme sein Mühlenfest oder Großderschau sein Tanzvergnügen. Jedes dieser traditionellen Dorffeste im Landkreis Rathenow ist in den letzten Jahren schon einmal in Angst und Schrecken untergegangen, als bis zu 100 Skinheads mit Schlagringen, Messern und Baseballschlägern einfielen und der Feier ein jähes Ende bereiteten. Die Hauptwache in Nauen und das Polizeipräsidium in Potsdam stellen inzwischen zu jeder noch so kleinen ländlichen Lustbarkeit Sondereinsätze bereit.

Nach Einbruch der Dunkelheit wagt sich kein vernünftiger Mensch auf die einsamen und unbeleuchteten Straßen. ›Man traut sich einfach nicht mehr raus, schon seit langem nicht mehr‹, sagt eine junge Frau aus Rhinow. Die Skinheads ›suchen sich ihre Opfer einfach überall‹.

Die Diskotheken der Kreisstadt Rathenow sind für normale Jugendliche tabu, dort regieren die Glatzköpfe. In den Dorfkneipen, wo die rechtsradikale Landplage Dauerthema ist, wird der Heimweg vorsichtshalber gruppenweise angetreten. Selbst die Polizeistreifen, die nachts in den Ortsmitten Posten stehen, parken ihre Funkwagen nebeneinander und setzten sich zu viert in ein Auto. ›Die Skinheads halten den Polizisten die Knarre an den Kopf und lachen sie aus‹, berichtet eine Kellnerin in Hohennauen bei Rathenow von ihren Erfahrungen. Drei Funkstreifen von je zwei Mann hat die Polizei im Kreis Rathenow pro Schicht im regulären Einsatz – auf 800 Quadratkilometer mit rund 60 000 Einwohnern.

Seit Anfang des Jahres gibt es in Rathenow eine eigens ausgerüstete Sondertruppe der Polizei zur Bekämpfung der Skinheads. Auch sie kann aber nicht überall zugleich sein – zumal oft genug auch die benachbarten Kreise um Hilfe rufen. Denn der Kreis Rathenow ist keineswegs ein besonders kritisches Zentrum des Skinheadterrors, nach Einschätzung des Brandenburger Innenministeriums sogar relativ zahm im Vergleich zu Hochburgen wie Schwedt oder Cottbus. Nicht nur in Stölln bleibt der Landbevölkerung im Osten der Bundesrepublik nichts anderes übrig, als in Deckung zu bleiben und einmal im Jahr unter Polizeischutz zu feiern«.

Aus Angst schließen sich also viele Jugendliche den Skinheads an, die dann von ihnen die Übernahme ihrer Feindbilder erwarten und sie durch Anpassungszwang zu Aggressionen verleiten. Gewöhnung an Gewalt gegen Menschen und an die ideologischen Elemente der Rechtfertigung ist die Folge. Eine schwere Bürde für unsere Gesellschaft wächst damit heran, und noch die Kinder dieser Skinheads müssen deren Gewaltpotential und deren rechtsradikale also menschenverachtende Weltbildanteile ausbaden...

35. Entstehung von Haß

- *Aus Niederlagen und Unzufriedenheit entwickelt sich ein ungerichteter Haß, der auf der Suche nach sich anbietenden Feindbildern ist.*
- *Zufällig sich anbietende Feindbilder bieten den aufgestauten Aggressionen die Möglichkeit zur gewaltsamen Abreaktion.*
- *Jugendliche wollen nicht nur frei sein, sondern vor allem irgendwo dazugehören.*
- *Gegen Haß helfen vor allem Information, Aufklärung und Projekte zum gegenseitigen Kennenlernen.*

Zur pluralistischen Gesellschaft mit einem Oben und Unten gehört Konkurrenz. Wer einen hohen Status, viel Geld, reichlich Konsum und einen angesehenen Partner haben will, muß andere verdrängen. Man muß sich als einzelner durchboxen, und das geht zu Lasten von Solidarität und Menschenliebe. Haß hat etwas mit Vereinzelung zu tun, also mit geringer sozialer Einbindung und mit rücksichtsloser Durchsetzung.

Die Bedeutung der Zugehörigkeit zu klassischen sozialen Gruppen wie Familie, Gemeinde, Nachbarschaft, Arbeitsteam, Gewerkschaft und Partei hat für viele so deutlich abgenommen, daß sie auf andere sich anbietende Zugehörigkeiten wie Rasse, Nation oder jugendkulturelle Nische verfallen. Am Anfang steht also nicht ein Feindbild, gegen das sich dann Gewalt entwickelt, sondern zuerst sind Unzufriedenheit und geringe Anerkennung da, dann wächst ein ungerichteter Haß gegen alles, der zu zufällig sich anbietenden Feindbildern greift, und dann bricht die Aggression heraus. Das Feindbild wird rechtsradikalen Gruppierungen also von außen geliefert, beispielsweise in Form von Asylbewerbern, Juden, Homosexuellen. Die Jugendlichen greifen nur auf, was Politiker und Medien ihnen liefern.

Am Anfang von Haß steht immer das Verlierergefühl, die empfundene eigene Unwichtigkeit in den Augen anderer. Feindbild, Haß und Gewalt sind dann eine Möglichkeit, den Frust herauszulassen; und spektakuläre Aktionen, auch wenn sie von der Mehrheit verachtet werden, sind eine Möglichkeit, zumindest in einer gesellschaftlichen Nische Anerkennung und damit Profil zu gewinnen.

Die pluralistische Gesellschaft hat vielen viel Freiheit des Denkens und Handelns beschert; Jugendliche wollen aber nicht unbedingt auf sich allein geworfen frei sein, sie wollen vor allem irgendwo dazugehören. Und wenn es das Wir-Bewußtsein schaffende Feindbild der Ausländer und Asylbewerber gerade nicht geben würde, dann würden sie sich ein anderes suchen. Die Inhalte sind austauschbar, wichtig ist die familienersetzende und Geborgenheit sowie Orientierung und Anerkennung gebende formale Funktion ihrer jeweiligen Nische. Deshalb sind 90 % der Skins, Hools und Neonazis auch Mitläufer und nur etwa 10 % wirklich dauerhaft gefährliche Ideologieträger.

Jugendliche leben heute etwa vom 14. Lebensjahr an lieber in Ersatzfamilien als in ihrer eigenen Familie. Nicht daß der häufig beschriebene Familienzerfall dafür die Ursache wäre, denn den gab es schon immer.

Aber die normative Kontrollfunktion der Gesellschaft und die soziale Kontrolle der Familie sind so gering geworden, daß junge Menschen heute mühelos inhaltlich aus der Familie aussteigen und in familienersetzende Gruppen abdriften können, in denen dann Haß und Gewalt für sie produziert werden. Gisela Dachs schreibt dazu in der »Zeit« vom 1. Januar 1993:

»Hoyerswerda, Hünxe, Rostock, Mölln sind nur Stationen auf dem Weg der Gewalt, die seit mehr als einem Jahr durch das Land zieht. Sie hat bisher siebzehn Tote gefordert. Mehr als 4000 fremdenfeindliche Straftaten sind allein 1992 verübt worden die Hälfte davon mit Gewalt. Doch wo immer zur Zeit Polizisten, Richter und Staatsanwälte gegen rechtsextremistische Verbrecher vorgehen, sehen sie sich Jugendlichen gegenüber. Rund siebzig Prozent der gefaßten Täter sind zwischen 16 und 21 Jahre alt. ›Der typische Randalierer‹, stellt der Chef des Landeskriminalamtes in Wiesbaden, Klaus Jürgen Timm, fest, ›hat noch keine rechtsextreme Biographie. Das Täterprofil läßt sich deshalb auch nur grob skizzieren. Die jungen Leute sind überwiegend männlich, meist Schüler oder Lehrlinge und bisher nicht straffällig geworden.‹ Das Bild vom häßlichen Deutschen, den nicht nur die Boulevardpresse so gerne mit Glatze, Bomberjacke, Baseballschläger und Springerstiefel ausstattet, ist in Wirklichkeit weniger spektakulär, ›normaler‹...

Jugendbanden spielen Krieg, Rechtsradikale führen Krieg gegen Fremde – Faschismus als Abenteuerspielplatz für gelangweilte Kids. ›Eins ist sicher – das ist besser als ein Krimi‹, lautete der Kommentar eines Jugendlichen, der sich an den Ausschreitungen in Rostock beteiligt hatte...

Einen harten neonazistischen Kern hat es in beiden Teilen Deutschlands schon seit Jahrzehnten gegeben. Der Verfassungsschutz meint, daß heute rund 40 000 Deutsche mit der organisierten rechtsextremistischen Szene sympathisieren. Nach einer Statistik des hessischen Innenministeriums gehen jedoch nur fünf bis zehn Prozent der Gewalttaten auf deren Konto...

Trotzdem besteht kein Anlaß zur Entwarnung: Rund 50 000 Jugendliche oder ein Prozent der Deutschen im Alter von 16 bis 20 Jahren sind zur Gewaltanwendung gegen Ausländer und Asylbewerber bereit, ergab die IBM-Jugendstudie 92.«

Gegen Haß und rechtsextreme Gewalt helfen am besten Information und Aufklärung oder Projekte zum Kennenlernen und damit dem Abbau von Vorurteilen. Sehr erfolgreich war eine gemeinsame Reise von Türken aus Kiel und Rechtsradikalen aus Hoyerswerda in die Türkei. Das Resümee der Skins hieß nämlich: »Die Türken, die wir kennengelernt haben, waren wirklich lieb und nett...«

36. Gewalt gegen Fremdes

- *Fremdenfeindliches Handeln ist vorurteilsvolles Handeln.*
- *Fremdenfeindlich argumentierende oder agierende Menschen kennen das Objekt ihres Hasses meist kaum.*
- *Gemeinsames Lernen von deutschen und ausländischen Kindern wandelt Fremdes in Vertrautes, läßt das Andere als lebensbereichernd und wirtschaftlich unverzichtbar schätzen lernen.*
- *Soziales Lernen, politische Bildung und ein stimmiger Geschichtsunterricht wirken gegen Fremdenfeindlichkeit.*

Über 70 Prozent aller Tatverdächtigen bei Anschlägen gegen Ausländer sind zwischen 15 und 20 Jahre alt, fast alle sind männlich, die große Mehrheit hat ein eher niedriges Bildungsniveau. Das ergab eine Untersuchung des Bundesjugendministeriums. Mangelnde Erziehung liefere einen wichtigen Beitrag zu fremdenfeindlicher Gewalt, heißt es darin, und 18 Prozent der jungen Ostdeutschen und 8 Prozent der jungen Westdeutschen hätten Verständnis für Gewalt gegen Asylbewerber. Als Ursache wird angegeben, daß sich vor allem junge Ostdeutsche mit niedrigem Schulabschluß in »sozialer Bedrängnis« fühlten und daß fast 50 Prozent der Jugendlichen in den neuen Bundesländern enttäuscht von den Folgen der deutschen Einheit seien. Soziale Kälte und der freizeitpädagogische Kahlschlag nach der Wende in Ostdeutschland wirken wie ein Förderprogramm für Rechtsextremismus.

Fremdenfeindliches Handeln ist weitgehend vorurteilsvolles Handeln, hat also etwa mit Defiziten an Information zu tun. Viele fremdenfeindlich argumentierende und agierende junge Menschen kennen die Objekte ihres Hasses so gut wie gar nicht. Kurze Kontakte mit ihnen bewirken eigentlich nur eine Verstärkung der Vorurteile, aber längere Phasen gegenseitigen Kennenlernens wirken fast immer aufklärerisch und damit vorurteilsreduzierend, sie machen das Fremde zum Vertrauten, und damit verschwinden meist Haß und Gewaltbereitschaft. Da das Abgrenzen vom Fremden aber Spannungen erhöht, ist es ganz wichtig, daß in Kindergärten, Vorschulen und Schulen deutsche und ausländische Kinder und auch die Kinder von Asylbewerbern gemeinsam lernen. Die deutschen Kinder dürfen dabei allerdings nicht mit Überdosierung überfordert werden. Eine Schulklasse von 25 Kindern beispielsweise erträgt äußerstenfalls 7 ausländische Kinder, wenn sich Integration, gegenseitige Achtung und Wertschätzung einstellen sollen. Wenn die deutschen Kinder in der Minderheit sind, versuchen sie sich gemeinsam mit ihren Eltern eher schützend abzugrenzen, so daß Vorurteile und Diskriminierung und damit auch Haß geradezu wachsen können.

Aversionen gegen Fremdes bzw. Unbekanntes, gegen ungewohnte kulturelle Lebensformen und Eigenarten können vermieden oder reduziert werden, indem

- Begegnungen zum Kennenlernen organisiert werden,
- Informationen über das Andere bereitgestellt werden (auch über die Bereicherung unseres Lebens durch das Andere und die wirtschaftliche Unverzichtbarkeit des Anderen),
- Regeln für den gegenseitigen Umgang miteinander eingeübt werden (so ist in der Vergangenheit von deutschen Kindern zuviel Integrationsarbeit, von den ausländischen zuwenig verlangt worden),
- Möglichkeiten der sinnvollen Konfliktbewältigung eingeübt werden (Diskussion, Rollenspiele, informative Ausstellungen und Demonstrationen, Werteentscheidungen nach Dilemmata-Analysen)
- und indem schließlich Soziales Lernen und historisch-politische Bildung einen höheren Stellenwert im Schulleben erhalten.

Auch vier Jahre nach dem Fall der Mauer haben Berlins Ost- und West-Jugendliche noch wenig miteinander zu tun: »Es gibt kein Zusammengehen«, sagt Hans Merkens von der Freien Universität Berlin: »Die Grenze zwischen Ost und West ist nach wie vor sehr präsent«, habe eine Befragung von 1200 Schülern im Alter von 13 bis 16 Jahren in beiden Teilen der Stadt ergeben. Statt sich näherzukommen würden die meist stark in ihrem Stadtteil verwurzelten Jugendlichen eher auseinander driften. »Die Abstinenz West-Berliner Jugendlicher gegenüber Ost-Berliner Jugendlichen verstärkt sich...«

37. Nationalismus und Rassismus als Formen der Gewalt

- *Der Verfassungsschutzbericht für das Jahr 1992 weist 42 700 Mitglieder von rechtsextremistischen Organisationen und 28 000 von linksextremistischen Gruppierungen aus. Die Zahl der rechtsextremistischen Gewalttaten ist von 1483 im Jahr 1991 auf 2 584 im Jahr 1992, also um 74 % gestiegen, darunter sind 17 Tote. Linksextremistische Gewalttaten gab es 1992, mit einem Anstieg von 22 %, 972, darunter einen Toten. Extremistische Gewalt tritt in Wellenbewegungen auf, besonders stieg sie nach den Ereignissen von Hoyerswerda, Rostock, Mölln und Solingen an.*
- *Bildungsdefizite fördern Rechtsradikalismus, ebenso ein autoritärer Erziehungsstil im Elternhaus.*
- *Die zunehmende Bedeutung von Werten wie Geld, Macht, Erfolg und Status produziert bei immer mehr Menschen Verlierergefühle, die dann in Haß und Gewaltbereitschaft einmünden.*
- *Benachteiligte Menschen suchen sich andere Schwache, um sich ihnen gegenüber ihre eigene Überlegenheit beweisen zu können.*

Die Skinheadbewegung kommt aus England. Gegen Ende der 60er Jahre kam sie in den Arbeitersiedlungen Londons auf. Es waren Einwandererkinder, die sich »Rude Boys« nannten und mit schweren Werftarbeiterstiefeln, groben Leinenhemden, Hosenträgern, Stoppelhaarschnitt oder Glatze herumliefen.

»Oi« war dann der Schlachtruf der in den 70er Jahren als Gegenbewegung zum Punk-Kult auch in Deutschland neuauflebenden Skins. Sie waren nicht alle rechts, es gab auch kommunistisch orientierte »Redskins« und die »Sharp-Skins«, die gegen Rassismus kämpften. Die verschiedenen, miteinander rivalisierenden Skinhead-Gruppen, politisch höchst unterschiedlich eingestellt, konnte man vielfach nur an ihren Aufnähern und an den Schnürsenkeln ihrer Springerstiefel unterscheiden: rot steht für links, weiß für rechts.

Laut Verfassungsschutz sind von den 42 700 Rechtsradikalen nur etwas mehr als 4 000 Skinheads, 3 000 davon in den neuen Bundesländern. Nach Schätzungen der Verfassungsschützer gibt es zur Zeit etwa 50 rassistische Musikgruppen mit programmatischen Namen wie »Störkraft«, »Radikahl«, »Kahlkopf«, »Volkszorn« oder »Werwolf«.

Obwohl die Texte der Skinhead-Songs bei den Konzerten kaum zu verstehen sind, kennt das Publikum die rechtsextremistischen Parolen zum Mitsingen: »Wir sind die Kraft, die Deutschland sauber macht«, singt »Störkraft«.

Oder: »Kampfhund, Bestie aus deutschem Blut. Fürchte dich und sei auf der Hut, schlechte Zeiten für den Abschaum im Land, der Kampfhund hat sie fest in seiner Hand. Bebend vor Angst stehen sie vor der Mauer. Der Kampfhund liegt schon auf der Lauer, ohne Gnade und ohne Moral.« Aus einem Lied der Gruppe »Neue Rasse«: »Adolf Hitler, das deutsche Reich, all das lieben wir.«

Die Band »Werwolf« tönt. »Volk steh auf, der Sturm bricht los, du siehst es selbst, der Haß ist groß. Wohnungsgelder, Arbeitsplatz, bevorzugt werden sie in jedem Satz. Unser Recht, das steht schon längst in Frage, wir befreien uns von dieser Plage.«

Ungeschminkte Brutalität und »heldische« Attitüde gehören zum bevorzugten Instrumentarium der Skinhead-Szene und so auch zur Illustration der primitiven Wortrituale in den internen Gazetten, die die Skins selbst »Fanzines« nennen.

Totenkopf und Keltenkreuz, brennende Häuser und Schützengräben sind Ausdruck nicht nur ihres spätpubertären Aufbegehrens, sondern auch ihres aus den Wurzeln eines unstimmigen Weltbildes stammenden menschenverachtenden Hasses.

80 Prozent der nationalistischen und rassistischen Gruppenmitglieder haben nach einer Untersuchung der Universität Trier entweder den Hauptschulabschluß oder nicht einmal den. Es gibt also eine deutliche Korrelation zwischen geringer Schulbildung und Rechtsradikalismus bzw. Ausländerhaß; aber auch ein autoritärer Erziehungsstil im Eltern-

haus begünstigt Fremdenfeindlichkeit entsprechend der These, daß niemand Gewalttäter wird, der nicht zuvor selbst Gewaltopfer war.

Der Bielefelder Jugendforscher Wilhelm Heitmeyer hat fünf Jahre lang Haupt- und Realschulabsolventen wissenschaftlich begleitet, um herauszufinden, welche Faktoren Fremdenfeindlichkeit und Gewaltbereitschaft begünstigen. Er kommt zu dem Ergebnis, daß früher junge Arbeiter in einem traditionell geprägten Milieu mit einheitlichen Werten und Perspektiven aufwuchsen. Solidarität und das Bewußtsein, daß ihnen die Zukunft gehört, ließ sie sich mit ihrer eher trostlosen Lebenslage abfinden. Heute müsse dagegen, sagt Heitmeyer, »der Schlosserlehrling rechtfertigen, daß er nicht Bankdirektor geworden ist«, das heißt, alle jungen Menschen gucken aus ihrem Milieu heraus und orientieren sich an den kapitalistischen Werten Geld, Macht, Erfolg und Status. Und dieser stete Blick nach »oben« läßt allzu viele junge Menschen frustriert werden, so daß sie gewalttätig gegenüber den Rivalen werden, die mit ihnen aus ähnlicher Ausgangslage heraus um bessere Lebenschancen kämpfen, die wie sie eher Verlierer des gesellschaftlichen Wettkampfes sind, also Sonderschüler, Hauptschüler, Ausländer, Asylbewerber, Behinderte, Wohnungssuchende...

Sie brauchen andere Schwächere, um sich ihre Überlegenheit an ihnen beweisen zu können. Dabei hat ihre Verlierersituation, haben ihre geringeren Aufstiegschancen, hat ihre »neue Armut« ebensowenig mit den Ausländern und Asylbewerbern zu tun wie in den zwanziger Jahren dieses Jahrhunderts die Weltwirtschaftskrise mit den Juden. Aber offenbar bietet sich Fremdes, Andersartiges, Unbekanntes und Unverstandenes geradezu als Feindbild in der Sündenbockrolle an, so wie der Blitzschlag in Unkenntnis physikalischer Naturgesetze in früheren Jahrhunderten auch auf Schuldhaftes, auf Sünden und auf die »Strafe Gottes« zurückgeführt wurde.

Je schlechter es Menschen geht, desto mehr suchen sie Feindbilder, die für ihre Misere verantwortlich sind. Auf dieser Suche entladen sich Aggressionen zunächst ungerichtet, wahllos, zufällig gegen das, was ihnen gerade über den Weg läuft. Erst nach der Auseinandersetzung mit diesem ersten »Gegner« verfestigt sich dann langsam ein Feindbild. Wie so etwas abläuft, wird aus einem Stimmungsbild deutlich, daß Andrea Hösch am 20. August 1993 aus Rostock im »Hamburger Abendblatt« schildert:

»Quer durch Rostock zieht sich eine unsichtbare Grenze. Heruntergekommene Plattenbauten, Straßenzüge oder Kreuzungen markieren die

Reviere. Hinter welchen Häuserblocks feindliches Gebiet beginnt, weiß Marko mit seinen Diesel-Klamotten und teuren Turnschuhen sehr genau. Er ist 14 Jahre alt und ein Hooligan. Vor kurzem ist er am hellichten Tag überfallen worden. ›Vier ältere Jugendliche stürzten sich auf mich und rissen mir meine neuen Turnschuhe von den Füßen.‹ Seither wagt er sich nicht mehr allein in Viertel, in denen er keine Leute kennt.

Abends wirkt die Stadt wie ausgestorben. Fußgänger sind keine zu sehen – aus Angst vor gewalttätigen Jugendbanden. Von denen gibt es in Rostock viele: Neonazis, Skinheads, Punks, Hooligans oder einfach Kriminelle. Während ein Jugendclub nach dem anderen geschlossen wird, geht es auf der Straße immer brutaler zu. Wie der Pressesprecher der Rostocker Polizei bestätigt, entladen sich Haß und Aggressionen offenbar beliebig: Gegen Ausländer, anders gekleidete Jugendliche, Eltern oder Unbeteiligte. Die Täter werden immer jünger, Behörden und Sozialarbeiter sind überfordert. Und für eine präventive Jugendarbeit fehle das Geld, sagen die Stadtväter.«

38. Wir-Bewußtsein und Feindbilder

> – *Gemeinsame Feindbilder erhöhen das Wir-Bewußtsein von Gruppen.*
>
> – *Die Erhöhung des Feindbildes verstärkt den Zusammenhalt der Gruppe; Lügen schaffen auf diese Weise Gefolgschaft.*
>
> – *Pädagogisch muß die Grenze zwischen Wir- und Die-Bewußtsein durch soziale Lernformen und Integrationsarbeit überwunden, indem Feindbilder durch realistische Einschätzungen ersetzt werden.*

Wenn sich das Die-da vom Wir-hier abgrenzt, dann ist Konfrontation angesagt, aus der ein Feindbild erwachsen kann.

Das Wir-Bewußtsein wird durch ein Feindbild sogar gefördert; es schafft Solidarität, Geborgenheit und Gemeinsamkeiten in Sachen Sinn, Aufgabe, Perspektiven, Motivationen und Orientierung. Politiker setzen daher Feindbilder gezielt als Klammer für die Gefolgsleute ein, damit sie näher zusammenrücken und Schulter an Schulter ihre internen Querelen vergessen.

Das Kultusministerium von Mecklenburg-Vorpommern hat in diesem Jahr eine Studie herausgegeben, nach der 86 % der Haupt- und Realschüler des Landes gewaltbereit sind. Zur Erklärung schreibt die »Schweizer Volkszeitung« am 3. Februar 1993:

»Die Kids reagieren stellvertretend die Sorgen ihrer Eltern ab. Die Fundstelle Feindbild ist nach der Wende zur Wiederbesetzung freigegeben. Der neue Feind: entweder die Eltern selbst, die Lehrer, die Mitschüler, Probleme im Elternhaus und fehlende Freizeitangebote sind also oft Ursache für die Gewaltbereitschaft. Jürgen Busch, Abteilungsleiter Jugendarbeit in Schwerin, nennt dazu noch Mißbrauch und Mißhandlung von Kindern, das fehlende Gespräch im Elternhaus, aber auch einfach das Erleben von Gewalt im täglichen Leben, im Fernsehen und auch im Straßenverkehr.«

Gruppen Jugendlicher mit Feindbild und Wir-Bewußtsein haben im Angesicht der Vielzahl kaputter Familien eine familienersetzende Funktion. Junge Menschen sind immer auf der Suche nach Anlehnung, Geborgenheit und Bestätigung, und wenn ihnen diese Werte die Familie nicht bietet, dann finden sie sie eben in der Gleichaltrigkeit. Und wenn ihnen die familienersetzende Gruppe wichtig ist, dann übernehmen sie auch deren Feindbilder.

Die Gruppenführer hingegen wissen, daß ihre Gefolgschaft größer und stärker ist, wenn sie mit der Bedrohung der Gruppeninteressen durch einen Feind als Bindemittel in Richtung Wir-Bewußtsein und Kampfbereitschaft arbeiten. Sie erhöhen daher die Bedeutung des Feindbildes ganz bewußt und bauen daraus eine weltbildschaffende Ideologie.

Die Lüge des Feindbildes dient also dem Zusammenhalt der Gruppe, der gemeinsame Haß ihrer Aktionsbereitschaft, also auch ihrem Gewaltpotential.

Pädagogik – und damit auch die der Kindergärten und Schulen hat die Aufgabe, die Grenzen zwischen Wir- und Die-Bewußtsein zu überwinden und über soziale Lernformen und integrative Bemühungen statt dessen Verständnis, Toleranz, Hilfsbereitschaft, Solidarität und politische Mündigkeit zu entwickeln; stimmige, weltbildzurechtrückende Informationen gehören dazu, um aus Feindbildern realistische Einschätzungen zu machen.

39. Familie in einer gewaltfördernden Nachbarschaft

- *Die Wohn- und Stadtteilsituation sowie die Nachbarschaft haben sich in diesem Jahrhundert für die meisten Kinder verschlechtert.*
- *Es nützt nichts, Einstellungen zum Kind zu verändern, die Verhaltensweisen ihm gegenüber aber beizubehalten.*
- *Die größer werdende Freizeit kann von vielen Familien nicht sinnvoll genutzt werden.*

Die Entwicklung des Kindes in seiner Familie ist bekanntermaßen abhängig von einer Vielzahl von Faktoren, die sich erzieherisch auswirken:

- Vorhandensein beider Eltern bzw. Fehlen eines Elternteils;
- Zahl der Geschwister und Stellung innerhalb der Geschwisterreihe;
- Rollendifferenzierende Unterschiede im elterlichen Erziehungsstil in Abhängigkeit vom Geschlecht des Kindes;
- Ort des elterlichen Erziehungsstils auf der Skala Wärme bis Strenge, differenziert nach Vater und Mutter;
- Kulturell arme oder kulturell reiche Wohnumwelt;
- Sprachmilieu;
- Wirtschaftliche Situation der Familie;
- Art und Intensität der Berufstätigkeit der Eltern;
- Räumliche Nähe oder Ferne von Großeltern und anderen Verwandten;

- Familiennormen, von früheren Generationen tradiert oder neu erwachsen;
- Größe der Wohnung, Zahl und Größe der Zimmer, Art des Hauses (Einfamilienhaus, Hochhaus mit Etagenwohnungen), Lage des Hauses (auf dem Lande, in der Kleinstadt, in der Großstadt, in einem Neubaugebiet, als Trabantenstadt);
- Nachbarschaft (Milieufaktoren des Stadtteils der Gemeinde, der Straße, des Hauses);
- Spielmöglichkeiten außerhalb der Wohnung;
- Arbeitsplatz der Eltern in der Wohnung, in der Nähe der Wohnung oder weit weg von der Wohnung;
- Zahl der etwa gleichaltrigen Freunde und Spielkameraden in der Nähe der Wohnung;
- Art und Intensität der Wirkung von Medien in der Wohnung (Radio, Fernsehen, Video, Zeitungen und Zeitschriften, Computer, Bücher);
- Art und Intensität des ergänzenden Einwirkens anderer Umwelten (Ausflüge, Besuche, Reisen, Urlaub, Schule, Arbeitswelt, Kinos, Theater, Museen, Ausstellungen);
- Die Vernichtung von Freizeitstätten in den neuen Bundesländern.

Der Wirkungsgrad der genannten Faktoren, ihr Zusammenspiel sowie ihr Fehlen bedingen die erzieherische Leistung gegenüber dem einzelnen Kind, seine Sozialisation durch Familie, Wohnsituation und Nachbarschaft. Sie vor allem verursachen die erzieherischen Leistungen und Defizite von Familie und Gemeinwesen.

Die Wohnsituation, in der Kinder und Jugendliche heranwachsen, hat sich in bezug auf die genannten Faktoren in diesem Jahrhundert entscheidend verändert. Die Auswirkung ihrer Veränderung ist bislang kaum untersucht, wenn auch intuitiv von vielen gespürt wird, daß sich einige Entwicklungen von Familien- und Wohnsituationen nachteilig auf die Sozialisation junger Menschen ausgewirkt haben:

Die Menschen bauen sich ihre Wohnungen nicht mehr ihren Bedürfnissen entsprechend selbst, sondern sie werden ihnen von Architekten, Gesellschaften und Firmen unter dem Primat wirtschaftlicher Zwänge gebaut. Die Folge sind zu kleine Zimmer, zu kleine Wohnungen, inhumane Hochhauslandschaften ohne soziale Folgeeinrichtungen, die bezugslose oder bezugsarme Isolation der Familie im Neubaublock. Die Folge ist, daß die Familienmitglieder in zu wenig geräumigen Wohnungen einerseits zu eng aufeinander sitzen, andererseits nur ein Minimum an kommunikativen Außenkontakten zur Nachbarschaft haben. Aggressionen gegenüber Familienmitgliedern (»die nerven mich«), Kontaktarmut zur Wohnumwelt und Einsamkeitsphänomene sind die Folgen, vor allem für Kinder, alte Menschen, ausländische Mitbürger, Behinderte und andere Randgruppen. Der neue sozialpädagogische Arbeitsbereich der Gemeinwesenarbeit ist eine Folge derart »unanthropologisch«, also inhuman geschaffener Wohnsituationen.

Städte, Stadtteile, Neubaugebiete, Gemeinden werden von Politikern und Behörden vor allem immer nur mit einer »guten« regionalen Infrastruktur versorgt, die allerdings in der Regel nur materielle Aspekte umfaßte; dazu gehören eine wirtschaftliche Infrastruktur (Industriegelände, Nahverkehrswesen, Nachrichtenwesen, Ortskern usw.), Schul- und Ausbildungswesen, gelegentlich soziale und kulturelle Ausstattung (Krankenhäuser, Sanatorien, Einrichtungen für soziale Dienste, Kindergärten, Kindertagesheime, Jugendheime, Altentagesstätten und -heime, Büchereien, kirchliche Einrichtungen usw.), Energieversorgung, Naherholungsangebote und Grünflächen (Parkanlagen, Freibäder usw.).

Wenn die Familien sich nicht mit ihren Wohnungen identifizieren können, weil sie sie nicht so gewollt haben, wie sie sind, dann können sich auch nur noch schwerlich die Kinder und Jugendlichen mit ihren Familien identifizieren. Die Folge ist der Zerfall der Familie, der häufig mit dem Zerfall der Ehe eingeleitet wird und mit der Verwahrlosung der Kinder, die ja in der Sozialpädagogik als Bindungslosigkeit bzw. -armut definiert ist, endet. Die unzureichende Wohnsituation ist somit einer der wichtigsten Faktoren für das Abdriften der Kinder in alternative Subkulturen mit einem ungewohnten Normengefüge und mit einer subkulturellen Sprache, die eine Erkennungs- bzw. Code-Funktion hat und die den einzelnen zum Insider, zum Mitglied einer alternativen, auf Protest gebürsteten Gruppe bzw. Bewegung macht.

Da die Eltern aus ihrer trostlosen Wohn- und Freizeitsituation heraus kaum in der Lage sind, ihre Kinder zu einer Selbstverwirklichung und Entspannung schaffenden Freizeitkompetenz zu erziehen, da sie allenfalls ihre Unfähigkeit zu einer sinnvollen Freizeitgestaltung, die über Fernsehen, Alkoholkonsum und Kraftfahren hinausgeht, in ihren Kindern reproduzieren, muß vor allem die Schule diesen Teufelskreis der von Generation zu Generation sich fortpflanzenden Freizeitunfähigkeit durchbrechen.

In den kleinen Wohnungen mit den entweder abwesenden oder fernsehenden Eltern bei gleichzeitigem Fehlen der Lebenserfahrung habenden und Zeit für Gespräche und Betreuung aufbringenden Großeltern sind Zuwendungsformen und Kommunikationsintensität im Vergleich zu früheren Zeiten erheblich reduziert. Die geringere Menge von Informationen, die von Generation zu Generation in jeder menschlichen Gesellschaft tradiert werden muß, wird zum großen Teil durch die Schule und durch das Fernsehen übermittelt, so daß das durch die heutige Kleinfamilie bewirkte erzieherische Defizit weniger kognitiver als vielmehr sozialer und insbesondere affektiver Art ist. Gefühlsgestörte, emotional unterversorgte, sozial sich unangemessen verhaltende, bindungsarme Kinder und Jugendliche, die in Form von Neurosen, Psychosen und Verhaltensauffälligkeiten ein hohes persönliches, soziales und politisches Konfliktpotential mit sich herumtragen, sind das Resultat einer Familienerziehung, in der bewährte Normen (Sitten, Bräuche) in geringerem Maße als je zuvor über die Generationen hinweg transportiert werden. Vielen Kindern und Jugendlichen mangelt es daher heute in bezug auf Bindung

- an festen Bezugspersonen
- an Normen,
- an zukünftigen Zielen (Perspektiven),
- an Transzendentalem, an Sinnerfüllendem (Religion oder Ideologie),

sie sind bindungsarm oder – im Sinne des Verwahrlosungsbegriffes – gar bindungslos. Das einzige, was sie als sie bedrückenden, offenbar allgemein verbindlichen Normenanspruch in ihrem Leben kennengelernt haben, ist ein überstarker kognitiver Leistungsanspruch, wie er in extremer Form durch die Schule und durch die Arbeits- und Wirtschaftswelt sowie stellvertretend für diese beiden Lebensbereiche – häufig nur verbal – durch die Eltern vertreten wird.

Dabei starten die meisten Eltern durchaus gut mit dem Erziehungsprozeß ihres Kindes – vorausgesetzt es handelt sich nicht um ein ungewolltes, ungeliebtes Kind –, und zwar insofern, als sie sich viel Positives für die Erziehungslaufbahn vornehmen, und insofern, als sie bereit sind, sich um alle Bedürfnisse und Probleme des Kindes zu kümmern. Erst später, im Angesicht mehrerer Mißerfolge und anderer außerhalb der Eltern-Kind-Beziehung liegender Probleme resignieren sie dann. Und dabei ändern Eltern leider eher ihre Ansichten über das Kind und über Erziehungsstrukturen als ihre fehlerhaften erzieherischen Verhaltensweisen. Vor und unmittelbar nach der Geburt denken Eltern erfahrungsgemäß viel über richtige Erziehung nach. Sie besuchen Elternschulen, suchen Rat in der Literatur sowie in Funk und Fernsehen, und sie wirken dann in ihren Einstellungen fortschrittlich und den Lebensumständen sowie dem Kind gegenüber angemessen. Stellen sich Krisen ein, korrigieren sie zunächst ihre Einstellungen und gar nicht oder kaum ihre Verhaltensweisen, so daß schlechte erzieherische Resultate nicht ausbleiben können. Die Ergebnisse der Einstellungsforschung bestätigen die Ursachen für Erziehungsdefizite. Jochen Grell formuliert diesen Zusammenhang so: »Was Menschen wissen und glauben, wird durch das modifiziert, was sie tun. Wir suchen oder konstruieren uns die Überzeugungen, Meinungen, Erfahrungen und Alltagstheorien, die zu unserem Verhalten passen, und wo Verhalten und Kognitionen nicht zueinander passen, da wechseln wir eher unsere Ansichten als unsere Verhaltensweisen.« Die Selbstrechtfertigung der Eltern, Erzieher und auch Politiker spielt von dem Moment an leider eine wichtigere Rolle als das Schicksal des Kindes oder des Jugendlichen, wie nicht zuletzt in diesen Monaten an den Reaktionen auf die auf sich aufmerksam machenden jungen Menschen (Hausbesetzungen, gewaltreiche Demonstrationen, Schlägereien, Aktionen gegen Asylbewerber, Ausschreitungen Jugendlicher aus Anlaß von Fußballspielen, Schulhofgewalt) abgelesen werden kann.

Eltern, die kaum Zeit für ihr Kind haben, die dem Kind nur wenig Zuwendung und Wärme geben, die sich nicht auf die jeweilige Entwicklungsstufe des Kindes, also auf seine Bedürfnisse und Fähigkeiten sensibel einstellen, versuchen häufig die Schuld dem Kind selbst, der Schule oder den mißlichen gesellschaftlichen Umständen zuzuschreiben.

40. Soziale Erziehungs- und Lernziele gegen Gewalt

- *Erziehung muß dafür sorgen, daß Kindlichkeit gegen brutale Männlichkeitsideale bis ins Greisenalter bewahrt wird.*
- *Multikulturelles Aufwachsen schützt gegen Vorurteile und Gewalt.*
- *Soziale Lern- und Erziehungsziele liegen den Schulen schon lange zugrunde, aber eine unzeitgemäße Lehrerbildung und eine kontraproduktive Arbeitsplatzbeschreibung für Lehrer verhindern, daß die Schule ihren Erziehungsauftrag wahrnehmen kann.*

Die Erziehung gegen Gewalt fängt schon vor der Geburt des Kindes an, indem die Mutter auf Gewalt gegen sich und ihr Kind verzichtet. Sie muß das Kind bejahen, auf Nikotin, Alkohol, Tabletten und Drogen verzichten und sich richtig ernähren. Auch nach der Geburt empfindet das Kind, ob es unerwünscht ist oder stört, ob die Eltern keine Zeit für das Kind haben, ob sie sich ihm zu wenig mit Ansprache, Körperkontakt und Liebe zuwenden. Und wenn kleine Kinder statt Liebe, Zuwendung, Zeit und Liebe Materielles wie Nahrung, Spielzeug und später Geld bekommen, dann lernen sie schon früh, daß das eigentlich Gemeinte auch stofflich substituiert werden kann, also mit etwas, daß dem Körper und der Seele nicht gut tut. Suchtverhalten als autoaggressive Ersatzbefriedigung wird auf diese Weise schon ganz früh weichenstellend geprägt, auch wenn sie erst mit 14 oder 16 Jahren offenkundig wird.

Gewalt in Form von Sprache und Körpersprache muß unter dem Motto »Wehret den Anfängen!« schon früh verpönt und durch deutliche Grenzerfahrungen verhindert werden, damit nicht Gewöhnung an diese Art der Kommunikation eintritt.

Vor allem aber muß Erziehung so angelegt sein, daß sich junge Menschen ihre Kindlichkeit nach Möglichkeit bis ins Greisenalter bewahren können; der Orientierung an gewaltreichen Männeridealen muß also entgegengewirkt werden; das können zwar Mütter am besten, aber geschickter ist es, wenn auch die Väter liebevolle, zärtliche und friedliche Vorbilder sind. Dazu müssen sie vorhanden sein. Denn fehlt dem Kind der Vater gänzlich, sucht es sich männliche Vorbilder woanders, aber die sind dann meist eher männlich als väterlich.

Gegen Gewalt hilft auch, wenn Kinder multikulturell im Kindergarten, in der Schule, in Spielgruppen und Sportvereinen aufwachsen, weil sie dann schon früh das Andere, das dann nicht mehr Fremdes ist, kennenlernen. Vorurteile gegen Ausländer, gegen andere Religionen und Lebensweisen werden auf diese Weise vermieden.

Ansonsten muß sozialerzieherisch gegen Rangordnungen und das Kriterium Körperkraft gewirkt werden. Die Kraft der Seele, des Geistes und der Altruismus müssen über die Männlichkeitsideale gestellt werden, und Kinder sollten lernen, aufgestaute Aggressionen sozial verträglich zu kanalisieren, also durch sinnvolle Konfliktbewältigungsstrategien mit sich allein, im Gespräch, im Rollenspiel, im Sport oder demonstrativ auszutragen.

Für fremdenfeindliche Jugendliche, die Opfer von Informationsdefiziten und vorurteilsvollen Manipulationen geworden sind, ist das Projekt zum gegenseitigen Kennenlernen vorbildlich, das junge Türken aus Kiel mit Skinheads aus Hoyerswerda durchgeführt haben:

Sie haben Steine und Molotow-Cocktails auf Ausländerheime in Rostock und Hoyerswerda geworfen. Sie haben gejohlt, als es brannte. Sie ordnen sich selbst als ausländerfeindlich ein. Um die »Feinde« kennenzulernen, wurden 20 Skinheads eingeladen, drei Wochen mit türkischen Jugendlichen in Kiel und Anatolien zu verbringen.

Die jungen Türken, Schüler und Auszubildende, handelten nach der Devise »Wenn wir mit ihnen reden, dann schlagen sie uns nicht«. Ungläubiges Staunen bei den Ost-Skins, die alle ohne Arbeit und ohne Lehrstelle sind. Mitgemacht haben sie, um wenigstens einmal im Leben zu fliegen. Am Ende war ihre Ausländerfeindlichkeit deutlich reduziert, Verständnis, Toleranz, Hilfsbereitschaft und selbst Solidarität stellten sich wenigstens ansatzweise auch bei ihnen ein. Für mehr war die Zeit zu kurz, waren sie schon zu alt.

Zehn mal leichter sind diese sozialen Lernziele zu erreichen, wenn die Kinder erst 6 bis 10 Jahre alt sind, wie die Erfahrungen mit sozialen Lernformen im Offenen Unterricht, in Integrationsklassen für Behinderte und Nichtbehinderte sowie in multikulturellen Klassen und internationalen Schulen belegen.

Auch die pädagogische Farm »Kuttula« von Kari Björkman in Finnland, die für verwahrloste und straffällig gewordene Kinder und Jugendliche eine Rund-um-die-Uhr-Betreuung mit festen Bezugspersonen, die es auch über Krisen hinweg mit den jungen Menschen aushalten, vorsieht, die ihnen Ansprache, emotionale Zuwendung, graduelle Selbstverwaltung, schulische und berufliche Perspektiven, Judo statt Gewalt, Musisches und Erfolgserlebnisse, aber auch multinationales Zusammenleben anbietet, ist sozialerzieherisch sowie Lebensenttäuschungen und Aggressionen kompensierend vorbildlich. Der »Spiegel« schreibt dazu in seiner Ausgabe 28 vom Juli 1993:

»Mehr als hundert Kinder haben die Björkmans bisher aufgenommen – Kinder, die geraubt haben, vergewaltigt, die Dealer waren oder versucht haben, andere zu töten. Junge Straftäter oder Drogensüchtige oder Lebensunwillige, für die es sonst nur noch den Knast gab oder die geschlossene Anstalt.

Und wer jung genug war und lange genug blieb, der hat den Ausstieg geschafft. Eine Therapie vielleicht auch für die neuen Schreckgestalten, die rechten Schläger mit Kindergesicht?

Sogar altgediente Sozialarbeiter glauben allmählich an diese ›Wunder‹, von denen Kari so großspurig spricht. Die finnische Regierung schießt jetzt immer mal wieder etwas aus den Kassen der staatlichen Lotterie zu, weil das Geld sonst nicht reichen würde, das die Jugendämter für die Heimplätze bezahlen. Eine EG-Kommission hat das Projekt für ›vorbildlich‹ erklärt.

Kuttula wächst. Fünf Nebenfamilien wurden gegründet, neue Holzhäuser für die Ableger werden zur Zeit im Wald gebaut. In Wales existiert ein Schwesterdorf, in Nepal auch, in Irland ist eines vorgesehen, und in Schleswig-Holstein gibt es jetzt solche Pläne: Auch deutsche Behörden haben Kuttula entdeckt. Vor rund einem Jahr hat das Hamburger Amt für Jugend den ersten Jungen nach Finnland geschickt, inzwischen sind es drei – Crash-Kids, denen kaum mehr jemand eine Chance auf ein sicheres Leben gab.

René, der 16 wird, hat in Hamburg mehr als 50 Autos geknackt, ist über Landstraßen und Autobahnen gereist und ein paarmal knapp am Tod vorbeigeschrammt. Chris, ein Jahr jünger, saß auf dem Beifahrersitz, als ein Kumpel den Wagen gegen einen Baum fuhr. Auch er hat Glück, daß er lebt.

Dennis ist 14 und benimmt sich oft, als wäre er 7. Er war am tiefsten drin in der Szene am Hamburger Hauptbahnhof und hat dort mehr Elend erlebt, als Erwachsene sich vorstellen können. Vor einem Jahr baute er diesen Unfall, bei dem ein Junge starb. ›Mörder‹ haben sie ihn damals genannt.

Früher Nachmittag: Judotraining. Die Jungen knien nieder, dasselbe Ritual wie jeden Tag...

Sie haben auf Gitter verzichtet, Schlösser und Riegel gibt es nicht. Ein bißchen Summerhill, ein bißchen SOS-Kinderdorf, ein bißchen Sportinternat – so haben sie ihr Konzept zusammengeklaubt. Kein Alkohol, keine Drogen, keine Zigaretten, kein Sex. Statt Fernsehen zeigt der Bildschirm nur ausgewählte Videofilme, und nicht mal Fluchen ist erlaubt...

Kinder, die kaum mehr wußten, wie man Bücher liest, gehen nach ein paar Jahren Kuttula-Unterricht in öffentliche Schulen und machen ihre Prüfungen wie andere auch. Und die meisten schaffen das Abitur.

Es geht dabei nicht nur um die Leistung, um die Noten, um den zukünftigen Beruf. Es geht um mehr: um das miese Bild, das fast jeder Neuling von sich hat. Um die verzweifelte Suche nach Respekt vor sich selbst.

Es geht um dieses Gefühl, das Niina hatte, und Pasi, und auch René: Dieses Mißtrauen, die Unfähigkeit, Nähe zu ertragen. Um den nagenden Verdacht: Ich bin schlecht. Ich tauge nichts, und die trauen mir nicht, und deshalb kann ich auch keinem Menschen mehr trauen.«

Soziale Lern- und Erziehungsziele liegen den Schulen fast aller alten Bundesländer seit langem vor. Es muß an der Lehrerbildung und an der Arbeitsplatzbeschreibung für Lehrer bzw. an der unzeitgemäßen Gestaltung von Schulen liegen, wenn sie sich nicht gewaltreduzierend im Schulleben niederschlagen. So sind die »Allgemeinen Lernziele« für die Hamburger Schulen seit 1976 gültig; ihr Katalog umfaßt 11 Erziehungsziele, von denen mehrere gegen Haß, Gewalt, Egoismus und Vorurteilsbildung wirken sollten:

- unter 1. steht »Emotionalität«,
- unter 7. »Sprachkompetenz«,
- unter 8. »Kommunikationsfähigkeit«,
- unter 9. »Kooperationsfähigkeit«,
- unter 10. »Fähigkeit, sich an Normen zu orientieren«,
- unter 11. »Fähigkeit, Zusammenhänge zwischen Interessen und Normensetzung zu begreifen und daraus Folgerungen zu ziehen«.

Warum nimmt Gewalt dann in Hamburger Schulen zu, warum zeigt sie sich bei immer jüngeren Schülern, warum wird ihre Qualität stets schlimmer? Offenbar erfüllt Schule ihren Erziehungsauftrag nur unzureichend...

Während Schule über Jahrhunderte eigentlich nur als Institution der Wissensvermittlung, der intellektuellen Schulung, des kognitiven Lernens verstanden wurde, sind ihr seit etwa 70 Jahren und ganz besonders nach dem Zweiten Weltkrieg weit darüber hinaus gehende Aufgaben des Sozialen Lernens und der politischen Bildung zugewachsen. Auftrag der Schule ist heute nicht mehr allein Verstandesbildung, Kenntnisvermittlung und Gedächtnisschulung; die heutige Schule hat den jungen Menschen zu einem gesellschaftlichen Wesen mit kognitiven, sozialen und politischen Kompetenzen zu erziehen, und zwar um so mehr, je weniger Familie und Kirche – die ehemaligen Instanzen für diese Erziehungsziele – diese Funktionen wahrnehmen können.

Die Schule ist heute vor allem auch eine sozialpädagogische Einrichtung, in der der Schüler soziales Verhalten lernen und zum Staatsbürger erzogen werden soll. Schule hat diese ihr zunehmend zugespielten Aufgaben offensichtlich nur widerstrebend übernommen, denn ihre gesamte Organisation und der Einsatz ihrer Lehrer sind nach wie vor überwiegend auf das Erreichen kognitiver Lernziele hin konzipiert, Werteerziehung, Soziales Lernen und politische Bildung ereignen sich in der Schule am Rande, kaum präventiv, sondern mehr reaktiv aus Anlaß von bedrängenden sozialerzieherischen Defiziten, die der Schüler durch familiäre Sozialisation bewirkt und gesellschaftsbedingt im schulischen Zusammenleben offenbart.

Die zahlreichen Störungen der Persönlichkeitsentwicklung des Schülers, seine Schwierigkeiten im Umgang mit anderen Menschen und mißliche Erfahrungen mit politischen Kompetenzen der Bürger in der Weimarer

Republik und während der nationalsozialistischen Epoche haben zu einem neuen Verständnis vom Auftrag der Schule geführt. Prozesse der Identitätsfindung des Schülers, Formen sozialen Lernens und politische Bildung haben daher immer mehr an Bedeutung bei der Gestaltung der modernen Schule gewonnen und sind aus dem Schulalltag nicht mehr wegzudenken.

Identitätsfindung als schulisches Lernziel bedeutet, Spannungen zu erkennen, auszuhalten und jeweils situationsabhängige Standorte zu finden und gegenüber anderen auch zu verteidigen. Es geht also um das, was in der Literatur als »Persönlichkeitsbildung«, als »Ich-Identität« oder als »Personalisation« umschrieben wird und was zum Idealbild des »erwachsenen«, »reifen«, »autonomen« Gesellschaftsmitglieds führt. Identität läßt sich als ein spezifisches Resultat der gegenläufigen Prozesse der Vergesellschaftung des Menschen und seiner Individuation, der Internalisierung sozialer Rollen, Normen, Werte und der autonomen Distanzierung von ihnen definieren. Ziel von erzieherisch gestalteten Identitätsfindungsprozessen ist, daß der Mensch als sprach- und handlungsfähiges Subjekt Kontinuität und Konsistenz seines Selbsterlebens in wechselnden Situationen und seiner Lebensgeschichte insgesamt herstellen kann. Das erfordert vom Individuum die Fähigkeit, zwischen sozialer und personaler Identität eine Balance zu schaffen (und daraus seine Individualität zu gewinnen); denn es muß einerseits den in Rollenentwürfen formulierten Verhaltenserwartungen seiner Mitmenschen normal sich fügen, andererseits seinen Interaktionspartnern gleichzeitig in einer unverwechselbaren Biographie scheinbar einzigartig sich präsentieren.

Für den Lehrer im schulischen Alltag bedeutet das, einen Mittelweg zwischen Anpassung des Schülers an gültige Normen und Förderung seines individuellen Persönlichkeitsprofils zu finden. Überall dort, wo der Schüler mit legitimer Andersartigkeit von anderen Menschen kollidiert, muß er zurückstecken lernen, überall dort, wo seine Andersartigkeit nicht die Kreise anderer Menschen stört, hat er das Recht, sie zu entfalten und zu akzentuieren. Es geht also um die klassische Antinomie Theodor Litts, »Führen und Wachsenlassen«, wobei der Schüler sowohl zum »Normalen«, also zum Verhalten entsprechend gesellschaftlicher Spielregeln, geführt wird, als auch in seiner unwiederholbaren »Einzigartigkeit« im Sinne von Wachsenlassen sich entfalten darf. Eine Pädagogik des Totalitären oder Autoritären akzeptiert nur das Führen: im Verlauf ihres Vollzugs wird der junge Mensch von seiner Identitätsfindung abgelenkt, weil seine Identität als einmalige Individualität die kollektive Priorität stören könnte.

Ein Mangel an Identitätsfindung ist immer ein Mangel an Selbstverwirklichung und führt zu Persönlichkeitskrisen, die bekannt sind als Überanpassung des Massenmenschen, Neurosen und Psychosen, aggressive oder regressive Devianz, Schizophrenie, kriminelle Karriere, Minderwertigkeitskomplexe, Mitläufersyndrom oder Restbewußtsein. Viele sexuelle Störungen pädophiler, sodomistischer, fetischistischer, exhibitionistischer, voyeuristischer, gerontophiler oder homophiler Art haben ihre Ursache in einem Identitätsdefizit; am deutlichsten werden derartige Identitätskrisen und das Bemühen der Betroffenen um Kompensation bei Transvestiten.

Folgende Aspekte von Identitätserziehung muß der Lehrer im schulischen Alltag beachten und sein Handeln gegenüber dem einzelnen Schüler einbeziehen:

- Eine Förderung der assoziativen, der kreativen, der logischen und der ästhetischen Kräfte im Schüler beschleunigt seine Eigenständigkeit und sein Selbstwertgefühl. So trägt z.B. Geschmacksbildung zur Identitätsfindung bei.
- Von zu Hause her überversorgte, verwöhnte, überstark behütete und verzärtelte Kinder haben ihr Ich bislang nicht ausreichend erproben können. Sie haben als »overprotected children« zu wenig Grenzerfahrungen in Auseinandersetzung mit der gegenständlichen und sozialen Umwelt machen können, weil ihnen stets die meisten Schwierigkeiten von anderen aus dem Weg geräumt wurden. Sie haben einen Nachholbedarf mit Betroffenheiten und Reaktionen anderer auf ihr Handeln. Egoismus ist häufig eine Folge von Overprotection.
- »Underprotected children« sind in ihrem bisherigen Leben zu wenig geführt worden; ihnen fehlt es daher an Anbindung an das Normale, also an die gesellschaftlichen Normen, deren Notwendigkeit ihnen zu wenig erläutert worden sind; ihr Ich ist zwar häufig sehr groß, aber zur Außenwelt zu wenig abgegrenzt. Da unterversorgte Kinder verwahrlost im Sinne von bindungsarm sind, müssen sie vor allem Grenzerfahrungen in bezug auf ihr Ich durch Bindungserlebnisse machen, sie müssen an Personen, an Normen, an ihre Zukunft (durch Perspektiven) oder gar an eine Ideologie angebunden werden.
- Jeder Schüler hat ein individuelles, vom Nachbarn und auch vom Lehrer abweichendes Interessen- und Leistungsprofil, das begabungs- und biographieabhängig ist. Der Schüler muß erfahren, daß sein zufälliges Profil bejaht und nicht etwa durch schulische Selek-

tionsprozesse »nach unten« abgewertet wird. Wenn Leistungs- und Neigungsprofile in der Schule durch ein Einstufen in höher- und minderwertige Lerngruppen hierarchisiert werden, dann gibt es für Schüler mit rangniederer Einstufung Identitätskrisen. Wenn Schule die jungen Menschen statt in andersartige Kurse und Bildungsgänge in andersartige, aber grundsätzlich gleichwertige sortieren würde, dann würden bei weitem nicht so viele Identitätsprobleme bei Andersprofilierten auftreten. Wahlpflichtkurse, Neigungskurse und Leistungskurse sind legitim, wenn nicht das Fach Musik gegenüber dem Fach Mathematik öffentlich abgewertet werden würde; wenn nicht ein Leistungskurs II im Vergleich zum Leistungskurs I ein »Versagerkurs« wäre und wenn nicht eine technische Begabung ein geringeres Sozialprestige hätte als eine naturwissenschaftliche. Die Veränderung des diesbezüglichen Bewußtseins dauert aber gewiß noch Generationen, wenn sie überhaupt dermaleinst möglich werden sollte.

– Negative Selektionserfahrungen, wie sie sich ereignen durch ständige schlechte Noten und Zeugnistexte, durch Nichtversetzung in die nächsthöhere Klasse, durch Schullaufbahnkorrektur vom Gymnasium zur Realschule und von der Realschule zur Hauptschule, durch Scheitern bei Ausleseprüfungen für weiterführende Schulen, durch Kursabstieg, durch Nichterreichen eines gewünschten Schulabschlusses oder schlicht durch das Verbleiben in der Hauptschule, während Mitschüler zum Gymnasium oder zur Realschule wechseln, führen zu einem Restbewußtsein und zur Stigmatisierung eines ungünstigen Selbstkonzepts, zu der sich selbsterfüllenden Prophezeiung (»Self-fulfilling-prophecy«) im Sinne von Internalisierung einer geringen Erwartung der sozialen Umwelt. Man erlebt, daß Lehrer, Mitschüler, Eltern und Nachbarschaft nicht viel von einem halten und erwarten und hält und erwartet schließlich selbst nichts mehr von sich. Derartige durch negative Selektionserfahrungen stigmatisierte Menschen verlieren den Glauben an ihre eigenen, durchaus vorhandenen Möglichkeiten, sie geben sich selbst auf und verlieren ihr vielleicht einmal vorhandenes Selbstwertgefühl. Solche Effekte, die von der Fremddiskriminierung über die Selbstdiskriminierung zur Selbstaufgabe und damit zum Identitätsverlust führen, sind aus der Arbeit mit Hauptschülern, mit Ausländerkindern oder auch mit jugendlichen Strafgefangenen bekannt; sie kommen aber auch als Folge religiöser, rassistischer oder nationaler Diskriminierung vor. Ein Effekt von derartigen Abwertungserlebnissen ist eigentlich immer, daß die Betroffenen weit hinter ihren eigenen Möglichkeiten zurückbleiben, weil sie das Ver-

trauen in ihre eigene Leistungsfähigkeit, in die Kräfte ihres Soseins und damit ihre Identität verloren haben.
Ähnlich sieht es mit regressiv bzw. autoaggressiv gestörten Schülern aus. Sie nutzen den ihnen von der Gesellschaft, aber auch von Lehrern und Schülern zugestandenen Verhaltensspielraum nicht aus, zumeist aus Angst vor Versagen. Sie nutzen ihre Möglichkeiten nicht und vermuten die Grenzen für erlaubtes Verhalten viel enger gezogen, als sie in Wirklichkeit sind.

- Negativ stigmatisierte und regressiv gestörte Schüler haben ein zu kleines Ich. Sie müssen zur Emanzipation herausgefordert und ermuntert werden, indem ihnen Bewährungsfelder zur Erprobung ihrer Möglichkeiten und zur realistischen Grenzerfahrung eröffnet werden. Sie müssen Zutrauen zu ihren Möglichkeiten über Erfolgserlebnisse gewinnen. Jeder Mensch hat Stärken: bei stigmatisierten und regressiven Schülern muß der Lehrer diese Stärken erkunden und möglichst häufig Situationen organisieren, in denen diese Stärken herausgefordert werden. Erfolge bewirken dann emanzipatorische Ausstrahlungseffekte auf andere Leistungsbereiche der Persönlichkeit.

- Es gibt allerdings auch Schüler, die ein unangemessenes starkes Ich haben, die sich überschätzen, die ständig Betroffenheiten bei anderen Menschen verursachen, weil sie die Grenzen, die als Normen gelten, permanent überschreiten; sie werden aufdringlich und wirken peinlich, weil sie von mehr eigenen Möglichkeiten ausgehen, als vorhanden sind. Um ihre Fähigkeiten und Kräfte richtig einschätzen zu lernen, müssen derartige Schüler häufiger als andere Grenzerfahrungen machen, die sich aus der Interaktion mit anderen Menschen und der gegenständlichen Umwelt ergeben. Ihnen gegenüber muß der Lehrer Situationen organisieren, aus denen der Schüler mit einer Korrektur des Ich-Bildes herauskommt; er muß sein Ich zurücknehmen und versuchen, es mit seinen Möglichkeiten zur Deckung zu bringen.

- So wie der sich überschätzende Schüler Grenzerfahrungen machen muß, ist für den aggressiv gestörten Schüler Sozialerfahrung nötig. Er muß aus den Rückwirkungen seines Verhaltens lernen, daß er Betroffenheit bei Mitmenschen verursacht, indem er ihre Handlungsspielräume, ihre Gefühle, ihr psycho-physisches Gleichgewicht oder ihre legitime Interessen verletzt. Der aggressive Schüler muß daher möglichst häufig in Gruppensituationen mit großer Interaktionsintensität eingebunden werden, braucht danach aber interaktionslose Ruhephasen, in denen er die gemachte Sozialerfahrung als

Rückwirkung seines Verhaltens mit dem Resultat einer Ich-Korrektur verarbeiten kann.

- Fehlende Identität führt zu einer außengelenkten Persönlichkeit. Schüler, die ein verkümmertes, nichtemanzipiertes Ich haben, orientieren sich kaum an eigenen Normenvorstellungen, aber um so mehr am Verhalten anderer Menschen. Mangelnde Identitätsfindung sorgt daher für ein unauffälliges, angepaßtes Verhalten. Das Ja-nicht-auffallen-Wollen führt dazu, daß man sich Trends, Modeströmungen anschließt, weil man seine Verhaltensmaßstäbe nicht aus sich selbst heraus gewinnt. Das Bekleidungsverhalten, der Musikgeschmack, das Sprachverhalten, das Freizeitverhalten, das Reiseverhalten werden von außen gesteuert, zur Freude der Verbrauchsgüterindustrie und der Werbebranche. Uniformes Verhalten wird durch schwache Persönlichkeitsbildung gefördert. Und massenhafter Gleichschritt in den aufgezählten Verhaltensbereichen ist ein Symptom für Defizite in Sachen Identitätsfindung. Ein schwacher Grad an Identitätsfindung begünstigt außengelenktes normatives Verhalten, also Orientierung an anderen, demnach auch die Unfähigkeit, mit sich selbst allein fertig zu werden, so daß sich rasch Einsamkeitsgefühle und Bedürfnis nach Gruppenbindung einstellen. Jugendliche Cliquenbildung und die Identifikation mit einer bestimmten subkulturellen Lebensweise wie beispielsweise derjenigen von Skins, Punks oder Fans eines bestimmten Fußballvereins sind häufig das Resultat unzureichender Ich-Findung; daraus resultierendes Anpassungs- und Vermassungsbedürfnis (vgl. auch die aktuelle Tekkno- bzw. Techno-Welle) sind eine Chance für Demagogen, totalitäre Systeme, autoritäre Erzieher und konsumorientierte Werbung, aber auch für Verführer aller Art. Denn bei optimaler Identitätsfindung müßte sich bei jedem Menschen eine individuelle gen- und schicksalsabhängige Normenkombination, also ein vom Nachbarn zumindest etwas abweichendes Weltbild ergeben. Ein Identitätspluralismus wäre demnach das Resultat optimaler gesellschaftlicher Erziehungsprozesse; Vermassung ist dagegen die Folge defizitärer Identitätsfindungsprozesse.
- Die Rolle des Kindes in der Familie ist eine völlig andere als die des Erwachsenen; der Jugendliche lebt in einer Phase des langsamen Ablegens alter Rollen und der Übernahme neuer Rollen. Dieser Prozeß bedarf der Erprobung neuer Rollen auf der Suche nach einer neuen Identität. Erprobung neuer Rollen bedeutet aber vor allem, ihre Wirkung auf andere und auf das eigene Wohlbefinden zu testen, bedeutet, neue Grenzerfahrungen und neue Sozialerfahrungen mit

Hilfe ungewohnter Rollen, die nur vorübergehend eingenommen werden, zu machen. Wenn Erzieher um die wichtige Funktion derartiger Rollenerprobungen auf dem Weg zu einer neuen Identität wissen, reagieren sie gewiß nicht so allergisch auf alternative Verhaltensweisen junger Menschen. Die vorübergehende Übernahme neuer Rollen entspricht nämlich auch dem natürlichen Bedürfnis eines jeden Menschen, irgendwie aufzufallen, etwas zu gelten, etwas zu bewirken, etwas wert zu sein und geschätzt zu werden. Und um so mehr das Erproben neuer Rollen von der sozialen Umwelt bejaht und unterstützt wird, um so eher ist diese Phase auch wieder abgeschlossen. Eltern und Lehrer, die ungewohnte Verhaltensweisen in der Pubertät zu unterbrechen und nicht etwa zu kanalisieren versuchen, verlängern damit zwangsläufig die für sie unbehagliche Phase.

- Menschen, die zu ihrer Identität gefunden haben, müssen aus sich heraus in der Lage sein, normative Positionen der Umwelt zu begutachten; d.h. nur der selbständige Mensch hat seine Identität gefunden. Der selbständige Mensch ist in der Lage, zu allen Ereignissen eine normative Position unabhängig von anderen Positionen bei Mitmenschen einzunehmen. Dazu gehört selbstverständlich, daß er kritik- und konfliktfähig sowie gesprächskompetent ist. Lernziele um Identität sind also Kritikfähigkeit, Sprach- und Gesprächskompetenz. Gesellschaftliche Kräfte, die vor kritikfähigen, konfliktfähigen und sprachkompetenten Bürgern oder Schülern Angst haben, sind demnach nicht an einer optimalen Identitätsfindung der jungen Leute interessiert.

Soziale Lernziele sollen dazu dienen, daß die Schüler kompetenter miteinander interagieren, daß sie mehr Verständnis für das Anderssein des Nachbarn bzw. des ausländischen Mitschülers haben, daß Rangordnungsdistanzen in einer Klasse verringert werden, daß Konflikte human ausgetragen werden, daß Fähigkeiten, arbeitsteilig vorzugehen, entwickelt werden und daß ein Zusammengehörigkeitsgefühl im Sinne von Solidarität und Toleranz, aber auch von Hilfsbereitschaft wächst.

All diese Ziele können über verballastigen und lehrerzentrierten Frontalunterricht kaum erreicht werden. Lernziele um Sozialkompetenz und politische Mündigkeit brauchen eine andere Lernorganisation, andere Unterrichtsmethoden wie den Offenen Unterricht und vor allem eine alternative Einstellung des Lehrers zum schulischen Auftrag und zum Schüler, als aus der klassischen Schule gewohnt:

- Soziales Lernen und politische Bildung erfordern Lernformen, die das Handeln der Schüler miteinander begünstigen, also beispielsweise nicht-frontale Sitzordnungen (Gruppentische, kreis-, ring- oder u-fömige Tischanordnung), Gruppenräume als Nebenräume zum Klassenraum für innere Differenzierung, das Zusammenarbeiten von Nachbarn in Form der Partner- oder Gruppenarbeit, Projektmethode, Unterrichtsgestaltung durch Schüler (z.B. Delegieren der Unterrichtsverantwortung in einem Fach wie Geschichte an die Schüler), das eigenverantwortliche Erkunden und Handeln (Praktika) von Schülergruppen außerhalb der Schule.
- Soziales Lernen benötigt einen Lehrer, der nicht mehr nur allein kognitive Leistungen anerkennt, sondern der Wert auf die gleichrangige gesellschaftliche Anerkennung von sozialem Verhalten und emotionalen Kompetenzen legt und der politische Auffassungen toleriert, auch wenn sie mit seinen eigenen nicht übereinstimmen.
- Soziale Lernziele müssen durch pluralistische unterrichtliche Interaktionen in Ergänzung zum Dozieren des Lehrers und zum Frage-Antwort-Ritual gefördert werden: das freie Unterrichtsgespräch, das nicht vom Lehrer, sondern von den Interessen der Schüler gelenkt wird, das häufige Diskutieren auch über Konflikte des Klassenlebens und das Trainieren von Zuhörenkönnen sorgen für soziale Gesprächskompetenzen in der Gruppe und im Alltag.
- Das Initiieren von Patenschaften zwischen älteren und jüngeren Klassen einer Schule, zwischen einzelnen älteren und jüngeren Schülern, zwischen das Klassenleben tragenden und neuen Schülern, zwischen deutschen und ausländischen Schülern, zwischen einer Schulklasse und einem benachbarten Altersheim oder Kindergarten, zwischen besseren und schwächeren Schülern in Form von Hausaufgaben-Arbeitsgemeinschaften unter Aufsicht eines Elternteils, zwischen einer deutschen Schulklasse und einer Klasse eines benachbarten europäischen Auslands mit Schüleraustausch in den Ferien und Schülerbegegnung aus Anlaß von Klassenfahrten fördern Soziales Lernen und das Bewußtsein im Schüler für den Wert anderer Lernformen mehr als lediglich in Einsamkeit stattfindende kognitive Auseinandersetzungen.
- Soziale Leistungen zwischen Schülern sind sehr vom Modellernen abhängig, das der Lehrer durch sein Vorbild ermöglicht. Er muß soziales Verhalten gegenüber Außenseitern, Benachteiligten, neuen Schülern, Kindern ausländischer Mitbürger und Behinderten vorle-

ben, wenn sich vergleichbare soziale Kompetenzen beim Schüler entwickeln sollen.

- Weil der Alltag emotionale Bedürfnisse des Menschen weitgehend vernachlässigt, verkümmern so viele Gefühle im Umgang der Menschen. Emotionaler Unterversorgung und daraus erwachsenen Neurosen und Psychosen vermag der Lehrer entgegenzuwirken, indem er emotionale Äußerungen der Schüler nicht etwa mit »Reiß Dich zusammen!« oder »Als Junge weint man nicht« unterdrückt bzw. ignoriert, sondern indem er emotionale Regungen bejaht, sie als Kanal für Dialoge nutzt, zum Gesprächsgegenstand in der Klasse macht und zum Eingehen auf Gefühle des Mitmenschen erzieht. Auch hier muß er mit seinem Verhalten erwünschte emotionale Kompetenzen vorleben, dazu gehören Takt im Umgang miteinander, Mitgefühl für den anderen, daß Sich-in-die-Lage-des-anderen-Hineinversetzenkönnen, die Fähigkeit, dem anderen eine Freude machen zu können oder auch nur mit eigenen Gefühlen auf die Gefühle des Nachbarn eingehen zu können. Eine derartige Erziehung müßte relativ leicht durchführbar sein, weil Kinder in der Regel noch über größere emotionale Kompetenzen verfügen als Erwachsene, bei denen sie durch Verkrampfungen und »coole« Umwelterwartungen versteckt werden. Das »Cool«-sein-Wollen des Jugendlichen ist bereits ein erster Schritt zur Reduktion emotionaler Offenbarungen auf dem Weg zum Erwachsenseinwollen.

- Soziales Lernen ereignet sich überwiegend schülerzentriert, also als Resultat der Eigendynamik von Gruppenprozessen; es kann daher vom Lehrer initiiert und begünstigt, aber nicht wie beim kognitiven Lehrer gelenkt werden. Beim Sozialen Lernen gibt der Lehrer die Fäden des Lernprozesses aus der Hand und überläßt sie, wenn auch als Beobachter zugegen, der Eigenbewegung der Schüler. Sie lernen dabei über Unter- oder Überschätzen ihrer Möglichkeiten, durch Grenzerfahrungen im Umgang mit Gegenständen, Mitschülern oder anderen Menschen, durch Kollisionen mit Sachzwängen oder alternativen Normen viel rascher, als würde der Lehrer diese Lernerfahrungen nicht komplex der Lebenswirklichkeit entsprechend, sondern systematisch sortiert in ein gelenktes Nacheinander bringen wollen. Möglichst viel Gruppenarbeit organisieren, möglichst viel Projektmethode vorsehen, möglichst viel Handeln der Schüler in Werkstatt, Labor, Aula, Turnhalle, auf dem Schulhof, im Gruppenraum, beim Spiel, im Klassenraum, in der Schulküche, auf der Klassenfahrt, bei

Festen und Feiern, aus Anlaß von Erkundungen außerhalb der Schule, aber auch im Klassenraum herauszufordern und die Schüler dabei zu zweit, zu dritt, zu viert oder in größeren Gruppen zur Problemlösung zusammenzuwerfen – das sind die richtigen Wege in Richtung Lebenstüchtigkeit, in Richtung Autonomie, Sozialkompetenz und politische Mündigkeit als Resultat sozialer Lernformen.

– Der Lehrer ist Organisator, Initiator, Ratgeber und Anwalt kompensatorischer Individualisierung beim Sozialen Lernen, aber nie Führer der sozialen Lernprozesse innerhalb der von ihm gewollten Gruppenprozesse. Der Irrweg, das Scheitern, der Konflikt, die Krise sind als fruchtbare Höhepunkte sozialer Dynamik von ihm gewollt, weil die Schüler aus ihnen um mehrere soziale und emotionale Grunderfahrungen reicher herauskommen. Lediglich psychische und physische Gefahren muß er durch sein Eingreifen abwenden. Soziale Lernprozesse brauchen – gemessen an kognitiven Lernprozessen – viel mehr Zeit. Sie wirken daher auf Außenstehende wie Eltern, die nur auf Wissensvermittlung, Gedächtnistraining und intellektuelle Schulung fixiert sind, wie Zeitverschwendung; aber dieses Mehr an Zeit ist ja gerade die Investition in die Lebensbereiche sozialer und politischer Leistungen. Soziales Lernen benötigt auch seine Zeit, und deshalb funktionieren Gruppenarbeit oder Projektunterricht nicht sofort, wenn man damit beginnt. Die Erfolgserwartungen des Lehrers bedürfen mindestens ebensolcher zeitlichen Toleranzen, wie sie gegenüber Rechenfertigkeit oder Rechtschreibung selbstverständlich sind, nämlich Jahre. Immerhin geht es um so wertvolle Dinge wie Kooperationsfähigkeit, Kommunikationsfähigkeit, Hilfsbereitschaft, Gruppenfähigkeit (Fähigkeit, funktionales Mitglied einer Arbeitsgruppe zu sein), Toleranz, Solidarität, Konflikt- und Kritikfähigkeit, politische Mündigkeit einschließlich der demokratischen Fähigkeit, mit dem Übereingestimmtsein fertig zu werden, sowie um Disziplin (einschließlich der Selbstdisziplin) als Bereitschaft zur Bindung an gruppenspezifische, gesellschaftliche und internationale Normen, um Courage, vor den Augen der anderen zu sich selbst zu stehen, um den angemessenen Umgang mit eigenen und fremden Aggressionen und schließlich um den richtigen Umgang mit der zukünftigen Zeit in Form von Planungskompetenz (zu der auch das gemeinsame Planen einer Gruppe gehört). Der Lehrer der heutigen Schule muß um die Aufwertung derartiger Kompetenzen im Bewußtsein von Schülern, Eltern und Öffentlichkeit bemüht sein, erst dann kann er sich die erforderliche Zeit für Soziales Lernen nehmen und erst dann wird er einen spürbaren Beitrag zur Überwindung sozialer und emotionaler Defizite in unserer Gesellschaft zu leisten vermögen.

- Soziales Lernen ist ein Prozeß, der über Vorformen sozialen Verhaltens gegenüber dem Fremden, dem Nachbarn, dem Gegenüber, über soziale Leistungen innerhalb überschaubarer und konkreter Gruppen des Nahbereichs (Familie, Schule, Freizeitgruppen, Peer-Groups, Nachbarschaft) schließlich bis zum politisch mündigen Verhalten innerhalb unüberschaubarer, abstrakter Strukturen (Gemeinwesen, Gesellschaft, Staat, Internationalität) reicht. Er erfordert vom einzelnen Schüler eine Fülle von Kompetenzen, die nicht nur nebenbei, also neben den herkömmlichen schulischen Unterrichtsprozessen erworben werden können, sondern die einer gezielten und zeitlich aufwendigen und in bezug auf Lernfortschritte geduldigen sozialerzieherischen Gestaltung des Schulalltags durch den Lehrer bedürfen. Und wenn Schule schon benotet, dann muß sie auch die Elemente und die Fortschritte des Sozialen Lernens benoten.

41. Schulische Strategien gegen Gewalt

- *Die Selektionsmechanismen des dreigliedrigen Schulsystems mit seinen hoch- und minderwertigen Abschlußberechtigungen und die Notenzeugnisse sind aggressionsfördernd.*
- *Soziale Lernformen und sozialpädagogisch ausgebildete Lehrer, die sich auch als Freunde ihrer Schüler engagieren und mit ihnen ein Stück weit zusammenzuleben bereit sind, wirken gewaltreduzierend.*
- *Schulen brauchen mehr Wertekonsens, mehr Autonomie und mehr Geld.*

Da nicht nur die Schüler Gewalt in die Schule mitbringen, sondern auch die Schule selbst gewalttätig gegenüber Schülern ist, ihnen allzu viele Niederlagen und Versagenserlebnisse zufügt, muß ihre strukturelle Gewalt erst einmal verringert werden:

- Die Selektion nach Klasse 4 ist zu früh, die Schullaufbahnprognosen erweisen sich allzuoft bei 10jährigen, die noch keine Erfahrung mit einer Fremdsprache haben und noch vor der Vorpubertät stehen, als falsch, außerdem werden Spätentwickler benachteiligt. Verlierergefühle minimalisierend wäre dagegen eine sechsjährige Grundschule wie in Berlin und Brandenburg.
- Das dreigliedrige System der Sekundarstufe I mit Hauptschule, Realschule und Gymnasium muß durch ein zweigliedriges ersetzt werden, das nicht mehr höher- und minderwertige Bildungsgänge kennt, sondern zwei gleichwertige, aber andersartige, nämlich einen mehr studienbezogenen, der in die Hochschulen führt, und einen mehr berufsbezogenen, der nach der 10. Klasse in Berufsfachschulen, Fachoberschulen oder Ausbildungsverhältnisse einmündet.

- Die drei herkömmlichen Schulabschlüsse Abitur, Real- und Hauptschulabschluß sind nicht mehr zeitgemäß, sie produzieren zu viele gescheiterte Schüler mit Minderwertigkeitsgefühlen. Sie müssen ersetzt werden durch Profilabschlüsse, die von Fach zu Fach beschreiben, was ein Schüler kann.
- Vor allem Vor- und Grundschulen müssen zum gegenseitigen Kennenlernen und Verstehen Kinder verschiedener Nationen und auch Behinderte integrieren, damit Vorurteile und damit Fremdenfeindlichkeit und Haß gar nicht erst entstehen können.
- Soziale Lernformen wie Offener Unterricht und die Projektmethode begünstigen Sozial- und Kooperationskompetenz, Sprachentwicklung und Kommunikationskompetenz, Hilfsbereitschaft, Solidarität, Handlungskompetenz, Konfliktfähigkeit und politische Mündigkeit.
- Berichtszeugnisse sorgen für weniger Frust und damit Aggressionen als Zeugnisse mit schlechten Noten.
- Schüler dürfen nicht durch übergroße Schulen und ein übertriebenes Fachlehrer- und Kurssystem überfordert werden. Sie brauchen mehr Klassenlehrerpädagogik, die ihre Biographie und ihr Milieu stärker einbeziehen kann, und mehr umfassende Betreuung, Kontrolle und Kontinuität; nur dann kann Schule ihren Erziehungsauftrag erfüllen.
- Schüler dürfen bei Verhaltensproblemen nicht auf zu viele Spezialisten aufgeteilt werden. Sie brauchen keine Großsysteme mit Beratungszentren, in denen neben dem Tutor und vielen Fachlehrern auch noch Sozialpädagogen, Schulpsychologen, Beratungslehrer und Präventionslehrer sowie Familienhelfer an ihnen »herumreparieren«; sie benötigen statt dessen eine Bündelung dieser Kompetenzen in der Person des Klassenlehrers.
- Lehrer müssen sozialpädagogischer, psychologischer, lernbehindertenpädagogischer und verhaltensgestörtenpädagogischer ausgebildet werden. Die augenblickliche Lehrerbildung macht sie fachwissenschaftlich überqualifiziert, beläßt sie jedoch sozialpädagogisch defizitär.
  Eine stärker sozialpädagogisch akzentuierte Lehrerbildung, die auch zum Klassenlehrer qualifiziert, würde andere, engagiertere Menschen in das Lehrerstudium bringen, an denen es in den Schulen mangelt.
- Männliches Gehabe und Gewalt – auch in der Sprache – müssen schon früh über Texte, Rollenspiele, Gesprächskreise und aus Anlaß von Dilemmata im Schulleben verpönt werden.

- Mit Filmen aus dem Dritten Reich, mit Hiltler- und Goebbels-Reden muß so vorsichtig umgegangen werden, daß nicht der Eindruck von Stärke faszinierend und damit werbend auf die Schüler wirkt.

- Schule muß sich gezielt um Werteerziehung bemühen, wobei in der pluralistischen Gesellschaft kaum konkrete Werte vorgegeben werden können – sieht man einmal von den Menschenrechten, dem Grundgesetz und den 10 Geboten ab –; vielmehr müssen die Schüler veranlaßt werden, selbst angemessene Werteentscheidungen treffen zu können; und das zu können dauert ebenso viele Jahre wie das Erlernen von Lesen, Schreiben und Rechnen.

Darüber hinaus hat die Kultusministerkonferenz an Maßnahmen gerade vorgeschlagen:

- Klassen- und Schulfeste mit besonderem Schwerpunkt auf der Kultur ausländischer Mitschüler,

- Partnerschaften und Brieffreundschaften mit ausländischen Schulen und Schülern,

- schulische Nachbarschaftshilfe für ausländische Mitbürger,

- Auszeichnung von Schülern und Klassen, die sich besonders um Toleranz und Solidarität bemühen.

Wichtig sind aber noch drei Gedanken:

- Schulen müssen mehr Autonomie zu ihrer inneren Gestaltung und Profilierung erhalten. Sie brauchen ein Kollegium »aus einem Guß« und eine Akzentuierung ihres jeweiligen Angebotes, auch in bezug auf einen Wertekonsens. Dazu sollten die Schulen die zu ihnen passenden Lehrer selbst einstellen können, wie Hessen es konzipiert hat. Schon jetzt bevorzugen viele Eltern solche entschieden akzentuierten Bildungsinstitutionen, häufig sind es Privatschulen, manchmal humanistische staatliche Gymnasien; besonders stark ist im Moment der Zulauf zu Konfessions- und Waldorfschulen, weil in ihnen Werte eine größere Rolle spielen, und dabei ist es vielen Eltern sogar egal, welche Werte das im einzelnen sind. Denn daß es überhaupt eine Schule ist, in der alle an einem Strang ziehen, ist ihnen wichtiger als ein fraktioniertes, zerstrittenes und für viele Richtungen stehendes Lehrerkollegium.

- Wer an Schulen und damit an Kindern spart, spart an der Zukunftsinvestition unserer Gesellschaft. Marode Schulgebäude, aus vergangenen Zeiten stammendes, orthopädisch gesehen katastrophales Schulmobiliar, Sparmaßnahmen bei Lehr- und Lernmitteln, die Erhöhung von Klassenfrequenzen trotz immer schwieriger werdender Schüler und die Aufstockung der wöchentlichen Unterrichtsverpflichtung für Lehrer, statt ihnen die dringend erforderlichen Freiräume für Erziehung und sozialpädagogische Kompensation sowie Schulleben zu geben, all das fördert Aggressionen im Sinne der düster prognostizierten »Spirale der Gewalt«.

- Lehrer müssen schließlich ihren Beruf mehr als ein Stück-weit-mit-Kindern-Zusammenleben verstehen, sie sollten mit ihren Schülern frühstücken, feiern, Sport treiben, spielen und auch verreisen, sie müssen ihre Rolle vielen Kindern gegenüber auch als familienersetzend verstehen. Der Bielefelder Jugendforscher Klaus Hurrelmann hat in der September-Nummer von »Forum E« in einem Aufsatz über »Streß in der Schule« geschrieben;

  »Im Kindesalter liegen in instabilen Betreuungstrukturen durch veränderte und im Umbruch befindliche Familienformen erhebliche Belastungen; Kinder sind vor allem durch die ungesicherten Beziehungen zwischen Eltern gefährdet: Die Eheschließungsziffer hat sich in der Bundesrepublik von 1950 bis 1990 halbiert. Über die Hälfte der Kinder in der Bundesrepublik Deutschland wachsen als Einzelkinder auf. Die Zahl alleinerziehender Eltern wächst ständig weiter an. Schließlich wächst auch die Zahl der Familien, in denen Väter und Mütter einer außerhäuslichen Erwerbstätigkeit nachgehen. Die Konsequenz in allen Fällen: Kindern wird permanentes innerfamiliales Beziehungsmanagement abverlangt, das ihre sozialen Kompetenzen oft erheblich überfordert.«

  Diesem häuslichen Streß darf Schule nicht nur ergänzenden Schulstreß hinzufügen; sie muß auch bei immer mehr Kindern für Entlastung, Entspannung, Geborgenheit, ruhige Kontinuität, sichere Beziehungen und emotionale Zuwendung sorgen, damit sich ihre Frustrationen nicht als Schulhofgewalt oder Autoaggressionen niederschlagen. Entspannungsecken, Entlastungsräume und Kuschelecken schaffen Linderung, am wichtigsten ist jedoch, daß Lehrer sich auch als Freunde ihrer Schüler verstehen...

42. Entwicklung einer sozialpädagogischen Schule

- *An den 45 000 deutschen Schulen gibt es 11,6 Millionen Schüler und 700 000 Lehrer; 60 Milliarden Mark werden dafür jährlich ausgegeben, dennoch gibt es einen Schulnotstand, weil die Schule sozialpädagogisch defizitär gestaltet ist.*
- *Die sozialpädagogische Schule muß einspringen für Defizite an Lebenserfahrung, Geborgenheit, Emotionalität, Kommunikation und Werteerziehung.*
- *Lehrer und Schüler müssen in einer zeitgemäßen Schule enger zusammenleben.*
- *Schulleben ist genauso wichtig wie Wissensvermittlung.*

Wenn Schule zeitgemäßer werden soll, ist Lehrern vor allem der Sekundarstufen I und II bewußt zu machen, daß sie über die Aufgabe, Wissen zu vermitteln und Fachlernziele zu erreichen, hinaus eine erzieherische Verantwortung tragen, daß sie in der Schule ein Klima schaffen müssen, in dem neben Unterricht auch Erziehung möglich ist. Das bedeutet, daß Zeit für Gespräche zwischen Schülern und Lehrern und zwischen Eltern und Lehrern vorhanden sein und daß der Lehrer bereit sein muß, mit dem Schüler nicht nur über Unterrichtsprobleme zu sprechen, sondern auch über dessen Lebensprobleme. Er sollte bereit und fähig sein, den Schüler jederzeit, auch zu »Unzeiten« wie abends, nachts, an Wochenenden und in Ferien, anzuhören, mit ihm zu kommunizieren und zu interagieren. Dieses meinten Herman Nohl mit dem »pädagogischen Bezug« und Martin Buber mit dem »dialogischen Prinzip«. Das heißt, das »Du«, das Gegenüber nicht nur als Lernobjekt, sondern als fragenden, hilfesuchenden, sich selbstverwirklichen wollenden Lebenspartner zu akzeptieren. Der sozialpädagogische Lehrer gibt nicht nur Stunden, er wendet sich dem Schüler zu.

Die sozialpädagogische Schule muß einspringen für die Ausfälle an Lebenserfahrung, an Geborgenheit, an Emotionalität, an Kommunikation und an vorgegebenen Orientierungsnormen, die die gesellschaftliche Veränderung mit sich gebracht hat. Die sozialpädagogische Schule muß selbst gegen den von ihr mitbewirkten »Schulstreß« arbeiten, und zwar durch eine Verstärkung der Elemente Sport, Spiel, musische und ästhetische Erziehung, Atmosphäre, Stil, Ton, Takt, Entspannung und Muße. Die Erwartungshaltung der Gesellschaft, die die Institution Schule als Leistungsschule versteht, muß durch die Schule selbst korrigiert werden. Der Ehrgeiz der Elternhäuser in Sachen sozialer Aufstieg ihrer Kinder und die kognitiven Leistungserwartungen der Ausbildungsbetriebe, der Berufsschulen und der Hochschulen sind verhängnisvoll genug für die Entwicklung der modernen Schule gewesen. Dies dokumentiert vor allem die potentiell zu Konkurrenzverhalten, Opportunismus, Egoismus, Gesellschaft-, Politik- und Staatsverdrossenheit sowie Drogenabhängigkeit führende reformierte Oberstufe der Gymnasien. Da die Schule sich zum Funktionär dieser Leistungserwartungen gemacht hat, versteht sie soziales Verhalten nicht in gleicher Weise als Leistung, ebensowenig die Fähigkeit zu Entspannung und zu mußevollen Beschäftigungen. Das Produkt ihrer so sich ergebenden funktionalen Erziehung wendet sich daher gegen sie selbst: in Form von Aggressionen, Autoaggressionen, Verhaltensauffälligkeiten, Schulunlust oder Motivationsstörungen und der »Angst des Lehrers vor seinem Schüler«, wie Horst Brück es formuliert hat. Die große emotionale Beteiligung des Schülers an der wichtigsten Institution seines jungen Lebens findet im Lehrer vielfach nur eine rationale Entsprechung.

Die bundesdeutsche Halbtagsschule tut sich schwer, Kindern und Jugendlichen Bewährungs- und Erfolgsfelder zu geben. In unserer modernen zubetonierten, durch Zäune und Straßen zerschnittenen Welt bieten sich dem jungen Menschen zur Selbsterprobung und Selbstverwirklichung und zum Abbau von Aggressionen eigentlich nur der Sportverein, die Diskothek, die Straße (Motorrad, Mountain-Bike, Mofa, Fahrrad), der Fußballplatz (einschließlich des aggressiven Imponiergehabes als Zuschauer in Stadien), die Sexualität der Zweierbeziehung und – zur Flucht aus der Gesellschaft – Alkohol, Nikotin und andere Drogen an.

Die völlig fehlende Entsprechung von Erwartungen der Kinder und Jugendlichen einerseits und dem Angebot der Schule andererseits macht die Freude am Musikkonsum und Diskothekenbesuch bei gleichzeitiger Unlust gegenüber dem Musikunterricht in der Schule deutlich. Wer einmal die glücklichen jungen Menschen in einer Diskothek mit ihren emotionalen, musischen, rhythmischen und ästhetischen Entäußerungen, ihrem damit verbundenen Bewegungsdrang und ihrer Orientierungskompetenz in der angstfreien Umgebung ohne Erwachsene beobachtet hat, fragt sich ratlos, warum die Schule nicht häufiger, als sie es jetzt tut, derartige Lebensformen anbietet, strukturiert und in gemeinsamer Reflexion mit den Schülern aufarbeitet. Ich habe mehrfach beobachten können, wie die Atmosphäre der Diskothek, die von Erwachsenen allzu gern durch Begriffe wie »Subkultur«, »Jugendkultur« oder »Ausweichraum« abgewertet wird, zahlreiche intensivere Kommunikationsmöglichkeiten zwischen Lehrern und Schülern schafft als der Unterricht. Denn in der Diskothek sind sehr viel mehr Kommunikationskanäle legalisiert: Mimische, gestische, taktile, visuelle, akustische Dialoge und solche der übrigen Körpersprache.

Selbstverständlich verzichtet Schule auf sozialpädagogische Einwirkung, wenn sie einfach nur Schul-Diskotheken widerwillig oder gleichgültig zugesteht. Sie muß die Diskothek pädagogisch strukturieren, Interaktionen gestalten und gruppendynamische Prozesse aufarbeiten. Die Pädagogen dürfen nicht nur die Diskothek tolerieren, sie müssen sie wollen, zugegen sein und für Interaktionen zur Verfügung stehen.

Mit der Diskothek ist es natürlich bei weitem nicht getan. Die Schule muß sich vielmehr bemühen, selbstverständliche Lebensformen, die außerhalb ihrer Mauern gepflegt werden, zur Ergänzung und Stützung ihres Unterrichtsbetriebes hineinzunehmen. Dazu gehören das gemeinsame Essen und Trinken von Lehrern und Schülern, das gemeinsame Feiern, das gemeinsame Spielen, das gemeinsame Sporttreiben, das gemeinsame Reisen, das gemeinsame Wohnen, das gegenseitige Besuchen. Lehrer, die viel Zeit in den außerschulischen und außerunterrichtlichen Bereich mit Fahrradtouren oder Zeltlagern, mit Hausbesuchen, mit Einladungen an die Schüler zum Klönen und Kuchenessen, mit gemeinsamen Wochenendfahrten oder Feriengestaltungen, mit der wohnlichen Einrichtung des Klassenraumes, mit einem abendlichen Sport- oder Laienspielkreis, mit gemeinsamen Besuchen von Kinos, Theatern oder Ausstellungen verbringen, sparen sehr viel physische und psychische Kraft im Unterricht. Zeitliche Investitionen des Lehrers im außerschulischen Bereich zahlen sich mit einer Verringerung von Verhaltensproblemen und einer deutlichen Motivationssteigerung innerhalb des Unterrichts aus, weil der Unterricht von den Schülern nur als ein Teil des umfassenden pädagogischen Bezugs zwischen Lehrer und Schüler erfahren wird. Ist der Unterricht hingegen das einzige Element des pädagogischen Bezugs zwischen Lehrer und Schüler und bleibt die für den Schüler sehr viel bedeutsamere Lebensproblematik ausgeklammert, dann entsteht ein reduziertes, unnatürliches Verhältnis zwischen Lehrer und Schüler mit allen dann nicht ausbleibenden Konsequenzen der Verhaltens- und Motivationsschwierigkeiten in der Schule.

Sicher ist ein Lehrer mit einer Unterrichtsverpflichtung von 27 Wochenstunden, mit Familie und vor allem, wenn er älter wird, durch den Anspruch des eben geschilderten Engagements stark gefordert oder überfordert. Will er aber eine erzieherisch effektive, eine sozialpädagogische Schule, dann muß er bereit sein, soweit es ihm möglich ist, in diese Richtung zu gehen, und dann muß er zugleich bereit sein, sich mit seinen Kollegen und über seinen Berufsverband für eine Verbesserung seiner Arbeitsbedingungen einzusetzen. Ungeeignet für den Beruf des Lehrers ist er jedoch, wenn er in seinem Verhalten ausschließlich von Fachinteressen geleitet wird, und wenn er den Beruf lediglich als Erwerbsquelle ausübt. Ungeeignet ist er auch, wenn er an einem überkommenen Lehrerrollenverständnis festhält, aus dem heraus er es für seiner unwürdig hält, sich den Schülern zuzuwenden, mit ihnen zu leben und sich um ihre außerschulischen Probleme zu kümmern. Da die Schule nicht für die Lehrer da ist, ist Distanz kein Wert und Autorität kein Selbstzweck. Wenn die Autorität des Lehrers lediglich auf seiner Repräsentanz der Institution, in der er unterrichtet, beruht, dann ist er als Erzieher untauglich. Erzieherische Autorität, die von den Schülern anerkannt wird, beruht nie auf Äußerlichkeiten wie Anrede, Kleidung, Bewegungen und institutionellen Machtmitteln. Ein guter Lehrer verliert nicht an Autorität, wenn er mit einer Schülerin bei einem Klassenfest tanzt, wenn er mit seinen Schülern in einer Handballmannschaft spielt oder mit ihnen im Schullandheim in einem Zimmer schläft, wenn er mit ihnen skiläuft, wenn er Jeans trägt oder sich duzen läßt.

Im Gegenteil: durch eine derartige Distanzverringerung entsteht eine Atmosphäre des Vertrauens, die Ängste und damit »Schulstreß« abbaut, die zusätzlich Kommunikations- und damit Interaktionskanäle öffnet, kompensatorische Effekte einzuleiten vermag sowie soziale Integration begünstigt. Daß sich Lehrer und Schüler in Richtung auf einen gemeinsamen Lebensvollzug näher kommen, daß sie ihren Bezug als eine Phase des Zusammenlebens begreifen und daß zu diesem Zweck pädagogische Atmosphäre vom Lehrer gestaltet wird, ist für eine sozialpädagogische Schule kennzeichnend.

43. Projektunterricht gegen Gewalt

> - *Projektunterricht ist problem- und praxisbezogen, handlungsorientiert und berücksichtigt den Lebenszusammenhang.*
> - *Die Projektmethode hat mehr als der übliche Lehrgang mit der Zukunft des Schülers zu tun.*
> - *Projektunterricht eignet sich besonders zur Erziehung gegen Haß, Fremdenfeindlichkeit und Gewalt.*

Die schülerzentrierte Konzeption des Projektunterrichts erfordert statt festgeschriebener Lehrpläne offene Curricula und eine »offene Schule«, die nicht nur selbst als kleine Gemeinde gestaltet ist, sondern bewußt die intensive Wechselwirkung mit der Gesamtgesellschaft sucht.

Der Begriff des Projekts läßt sich demnach ganz allgemein wie folgt festlegen:

- Projekte lagern sich um Probleme oder Aufgaben, und zwar unabhängig von Grenzen herkömmlicher Unterrichtsfächer. Die Orientierung erfolgt dabei nicht primär an der Systematik der Wissenschaften; der Bezugsrahmen ist vielmehr der Lebenszusammenhang (Realbewegung).
- Das Projektziel ist die Lösung des Problems oder die Bewältigung einer situationsbezogenen Aufgabenstellung.
- Das Projektziel wird von den Mitarbeitern selbst gesetzt und mitgestaltet.
- Für die Bearbeitung des Projekts stellen die Mitarbeiter Verlaufsplanungen auf, die ständig überprüft und notfalls variiert oder verworfen werden.
- Die Initiatoren des Projekts verpflichten sich zu seiner Ausführung.

- Projekte können von einzelnen oder von Gruppen aufgenommen und ausgeführt werden.

Projektunterricht ist problem- und praxisbezogen, ist handlungsorientiert (erkennen, beobachten, konstruieren, herstellen, prüfen, verkaufen...) und berücksichtigt den Lebenszusammenhang. Er geht im Unterschied zum Lehrgang induktiv vor und ist in der Regel fächerübergreifend oder sogar überfachlich; er erfordert eine Dreigliederung in Planung, Durchführung und Auswertung, ist also stärker perspektivisch angelegt als fachbezogener und daher meist deduktiv arbeitender Unterricht; er ist meist auf Gruppenarbeit angewiesen und vermag so Kooperationsbereitschaft (Soziales Lernen) zu entwickeln; er ermöglicht Unterrichtsformen in der Werkstatt oder im Labor und den Gang aus der Schule heraus (Erkundung, Studienfahrt). Beim projektorientierten Unterricht geht es mehr um exemplarisches Lernen als um systematisierende Betrachtung, er läßt sich vom Lehrgang im Rahmen des Fachunterrichts absetzen, aber auch mit ihm verknüpfen.

Unter Projekt bzw. Vorhaben ist demnach eine schulische Arbeitsform zu verstehen, die von einer gemeinsamen Arbeitsaufgabe für eine Gruppe ausgeht und auf ein vorweisbares bzw. vorführbares Ergebnis als Werk gerichtet ist. Die Aufgabenstellung orientiert sich dabei an den Möglichkeiten und – zum Teil erst durch das Projekt geweckten – Interessen der Schüler, von denen jeder einen Arbeitsteil, der zur Vollendung des Werks oder zur Lösung des Problems notwendig ist, übernimmt und ausführt. Es handelt sich noch nicht um ein Projekt, wenn alle Schüler einer Klasse das gleiche tun, etwa ein Blütenschema von der Tafel abzeichnen oder mit einem einheitlichen Fragebogen in ein Asylbewerberheim gehen, sondern erst, wenn ein gemeinsames Werk in der Weise vollbracht wird, daß jeder Schüler nach seinen Kräften zum Gelingen beiträgt. Dem Lehrer obliegt es, geeignete Vorhaben auszuwählen; entscheidend ist, daß die auszuführenden Werke auf das Interesse der Schüler stoßen oder ihr Interesse wecken und daß sie vollendet werden. Projekte können im Rahmen eines Unterrichtsfachs (fachbezogen), unter Beteiligung mehrerer Unterrichtsfächer (fächerübergreifend) oder fachunabhängig (überfachlich) ausgeführt werden. Der Ansatz liegt allerdings nur selten im einzelnen Unterrichtsfach. Vielmehr ergibt sich aus der Planung, welche Unterrichtsfächer zur Bewältigung der Aufgabe etwas beitragen können und daher einbezogen werden müssen.

Die verschiedenen Möglichkeiten der Projektformen lassen sich wie folgt systematisieren, wobei sich allerdings die Gesichtspunkte für die Unterscheidung nicht ausschließen:

Fachaspekt:

- innerfachliche Projekte,
- fächerübergreifende Projekte,
- überfachliche Projekte.

Lerngruppenaspekt:

- Projekte mit der ganzen Schule oder mit einer Schulform (nur Hauptschule oder nur Realschule),
- Projekt einer Klassenstufe,
- Projekte im Klassenverband,
- Projekte mit Interessengruppen:
  - innerhalb einer Klasse,
  - innerhalb einer Klassenstufe der Schule,
  - klassenstufenübergreifend,
  - schulformübergreifend.

Lehreraspekt

- Projekte unter Anleitung des Klassenlehrers,
- Projekte unter Anleitung des Fachlehrers,
- Projekte unter Anleitung mehrerer Lehrer.

Lernortaspekt

- Projektunterricht in der Schule:
  - im Klassenraum,
  - in Fachräumen.
- Projektunterricht außerhalb der Schule:
  - Studien- bzw. Klassenfahrt,
  - Betriebs- und Sozialpraktika,
  - Erkundungen von Betrieben, Ämtern, Berufsschulen, Theatern, Museen, Büchereien, Kinder- und Altersheimen, Containerdörfern, Asylbewerberheimen, multikulturellen Klassen u. a.

Zeitaspekt

- Projekte, für die einzelne Unterrichtsstunden erforderlich sind,
- Projekte, die einen Tag oder wenige Tage benötigen,
- Projekte, die eine oder mehrere Wochen beanspruchen (Studienwochen).

Der Begriff des Projekts ist also sehr stark mit dem der Perspektive, also mit der Zukunft als Erziehungsmittel, und – aus diesem Zusammenhang leicht abzuleiten – mit dem der Motivation verbunden. Es ist selbstverständlich, daß eine Übertreibung des Zukunftsbezuges im Projektunterricht, wie sie sich in totalitären Systemen (z.B. durch planwirtschaftliche Vorgaben) vielfach zeigt, vermieden werden muß.

Jonas Lanig, der Leiter des Projektbüros Schule in Nünberg, beklagt, daß bislang zu wenige Lehrer bereit sind, überhaupt Projektunterricht durchzuführen und insbesondere auch auf Gewalt und Ausländerfeindlichkeit bezogene Projektthemen zu wählen. Er schlägt aber einige Themen vor, die geeignet sind, Vorurteile, Haß und Aggressionsbereitschaft gegen Fremdes mit der Projektmethode zu überwinden:

- Gastschüler in der eigenen Klasse und Familie,
- Sprachlos in der City (Schüler versuchen, einen Tag lang ohne Sprache auszukommen),
- Türkenwitz-Judenwitz-Auschwitz,
- Off limits für Ausländer,
- Multikulturelle Feiertage,
- Neues Wörterbuch der Unmenschen,
- Etymologie der Namen,
- Gewalt in der Schule,
- Telefonkette für Ausländer,
- Gewalt im Spiel,
- Schule zur NS-Zeit,
- Spielstube im Asylbewerberheim,
- Anders wohnen.

44. Präventionspädagogik

- *Verhaltensschwierige Jugendliche von ihrer Gewalttätigkeit abzubringen ist zehnmal schwieriger, als sie präventiv davor zu bewahren.*
- *Je früher kleine Kinder aggressiv sind, desto größer ist die Chance, daß sich ihr Aggressionsverhalten bis ins Jugend- und Erwachsenenalter fortsetzt.*
- *Kinder fest in den Arm zu nehmen, auf den Boden oder gegen die Wand zu drücken, kann ihnen, richtig dosiert, Halt geben.*

»Die Zeit ist wie ein Fluß, sie fließt immer nur in eine Richtung«, sagt ein altes Sprichwort. Der Vergleich mit der Kindesentwicklung mag hinken. Aber so wie ein Fluß Spuren aller Regionen mitnimmt, durch die er fließt, einschließlich aller in ihn einmündenden Gifte, so trägt das Kind alle früheren Einflüsse irgendwie ein Leben lang mit sich herum.

Die Gewalt, die man ihm antut, hinterläßt lebenslange Spuren, die sich in seinem Verhalten niederschlagen. Erzieherisch von Anfang an möglichst viel richtig zu machen, ist jedenfalls sehr viel leichter, als späterhin ein verhaltensschwieriges Kind zu therapieren; ein 14jähriges aggressives Kind ausgeglichen und stets friedliebend zu machen, ist kaum noch möglich.

Vorbeugend gegen Gewalt und Autoaggressionen zu erziehen und Verhaltensstörungen zu minimalisieren ist Aufgabe der Präventionspädagogik. Wer Gewalt in der Gesellschaft reduzieren möchte, muß deshalb bei den kleinen Kindern anfangen.

Verfolgt man die Biographie von Kindern mit einer relativ starken, widerstandsfähigen, weitgehend unverletzbaren Persönlichkeit zurück, dann stellt man folgende erzieherisch relevanten Faktoren fest:

Als besonders wichtig hat sich erwiesen, daß neben einem gerüttelt Maß an Selbstachtung und der Überzeugung, etwas bewirken zu können, mindestens eine verläßliche Bindung zu einem Menschen von früh an erforderlich ist. Das muß, wie zahlreiche Forscher betonen, nicht unbedingt die Mutter sein – Hauptsache sei, daß diese Person sich liebevoll und beständig um das Kind kümmere. Besonders vorteilhaft ist auch, wie darüber hinaus die seit 38 Jahren und damit weltweit längste Untersuchung der Psychologin Emmy Werner von der University of California in Davis ergab, wenn dem in schwierige Umstände hineingeborenen Kind nicht unmittelbar ein neues Geschwisterchen folgt.

Zahlreiche Studien haben mittlerweile übereinstimmend gezeigt, daß frühkindliches Problemverhalten, wenn ungünstige Faktoren hinzukommen, sich bis ins Jugendalter und darüber hinaus fortsetzt. Dabei gilt: Je eher ein Kind zum Beispiel ausgeprägt aggressiv, impulsiv oder unkonzentriert ist, desto hartnäckiger bleiben ihm seine Schwierigkeiten erhalten, je später es derart auffällig wird, desto harmloser sind die Folgen.

Für eine solche Einschätzung sprechen auch die Resultate einer Untersuchung am Zentralinstitut für seelische Gesundheit in Mannheim, in der eine Gruppe um den Psychologen Günter Esser knapp 400 zufällig ausgewählte Kinder des Jahrgangs 1970 im Alter von acht, 13 und 18 Jahren begutachtete. Dabei zeigte sich, daß bei 16 Prozent dieser Heranwachsenden mäßige bis schwere psychische Störungen vorlagen, die sich über alle Meßzeitpunkte hinweg hielten. Fünf Prozent der Kinder wurden als »unbedingt behandlungsbedürftig« eingestuft. Eine der diagnostizierten Störungen, das sogenannte hyperkinetische Syndrom, auch »Zappelphilip-Syndrom« genannt, erwies sich als recht hartnäckig. Während die Hälfte der Betroffenen – es sind weitaus öfter Knaben als Mädchen – die damit verbundenen Symptome nach der Pubertät verlor, mündeten die Schwierigkeiten bei 40 Prozent im späten Jugendalter in dissoziales Verhalten ein.

Vor allem in den vergangenen 30 Jahren haben sich enorme Wandlungen im Zusammenleben der Familien vollzogen, Veränderungen, wie es sie bis dato nicht in der Menschheitsgeschichte gab. Vermehrte Berufstätigkeit der Mütter, die deshalb nicht mehr rund um die Uhr für ihre Kinder da sind, zunehmende Scheidungsraten, viele Alleinerziehende, weniger Kinder pro Familie und ein beängstigend gestiegener Fernsehkonsum. Der menschliche Organismus hat sich über lange Zeiträume hinweg an Bedingungen angepaßt, die es nun plötzlich nicht mehr gibt. Die Babys aber kommen immer noch mit der »alten«, nun weniger passenden genetischen Ausstattung zur Welt.

Präventionspädagogik versucht, die Kollision zwischen den immer gleich bleibenden kindlichen Grundbedürfnissen und einer rasant veränderten Welt, in der die Kinder aufwachsen, zu verhindern oder ihre Auswirkungen zu entschärfen.

Sie versucht, dem Kind das nachzureichen, was ihm fehlt: Sinneserfahrungen, Umgang mit verschiedenen Materialien, Bewegungskoordination über psychosomatisches Turnen, Körperkontakt, Erfolgserlebnisse, Zuwendung, Anerkennung, Verstehen seines Äußeren und Inneren, Ansprache, Zuhören sowie Zeit für die Wahrnehmung seiner Probleme, . . .

Präventionspädagogische Einrichtungen sind daher reich mit Materialien, Geräten und Spielmöglichkeiten ausgestattet; man kann in ihnen schaukeln, rutschen, balancieren, klettern, rollen, kriechen, matschen, musikmalen, computerspielen, sich durch Springen auf Matratzen entlasten, in Höhlen verkriechen, kuscheln, eisenbahnspielen, töpfern, kochen, backen, mit Tieren interagieren, allein sein oder lange Gespräche mit dem Verhaltensgestörtenpädagogen führen. Gelegentlich darf man auch seine Aggressionen an Punching-Bällen, durch Schreien oder mit Box-Handschuhen und im Ringen ausleben.

Ganz wichtig ist aber auch, was Roswitha Defersdorf in ihrem Buch »Drück mich mal ganz fest« schreibt. Kinder, die keinen inneren Halt haben, die mit einem Mangel an Bindung zu Menschen, Normen und ihrer Zukunft aufwachsen, die aus tiefer innerer Unzufriedenheit und Zerrissenheit hyperaktiv, ungerichtet aggressiv oder orientierungslos sind, genießen es, wenn man sie ganz lange fest in den Arm nimmt oder drückt oder gar für einige Minuten auf den Boden oder an eine Wand preßt. Sie bekommen dann eine Ahnung von Halt, von Boden unter den Füßen, von ernstgemeinter Autorität, von Durchhalten der Zuwendung auch über Krisen hinweg, von der Kraft der pädagogischen Führung. Sie fühlen sich nach so einer nur auf den ersten Blick an Freiheitsberaubung und Zwang erinnernden deutlichen Gewaltaktion des Pädagogen meist befreiter, entspannter, sicherer und zukunftsfroher. »Endlich Grund unter den Füßen« nennt Roswitha Defersdorf das Gefühl des Kindes nach dem Festhalten und Drücken.

45. Andere Lehrer und eine neue Lehrerbildung braucht das Land

- *Würde man jetzt die Lehrerbildung reformieren, würde es mehr als 20 Jahre dauern, bis die Schulen für die Mehrheit der Kinder zeitgemäßer wären.*
- *Allzu wenige Lehrerstudenten ergreifen das Pädagogikstudium aus kind- bzw. erziehungsbezogener Motivation.*
- *Lehrer brauchen Verfügungsstunden für sozialpädagogische Zuwendung.*
- *Engagierte Lehrer sind momentan nicht infolge ihrer Ausbildung, sondern aufgrund des Charismas ihrer Persönlichkeit und weil sie autodidaktisch an sich gearbeitet haben, erfolgreich.*

Die meisten Lehrerstudenten wollen ebensolche Lehrer werden, wie sie sie aus ihrer Schülerzeit kennen, also im wesentlichen Stundengeber.

Es kommen viele falsche Menschen in den Beruf, die nicht vor allem kind- bzw. erziehungsorientiert sind, sondern fachwissenschaftlichen Stoff vermitteln wollen. Die Lehrerprüfungsordnungen sind in Anbetracht veränderter Kinder, veränderter Familienstrukturen und einer veränderten Gesellschaft nicht mehr zeitgemäß, sie sorgen für eine Überqualifizierung in bezug auf die Didaktik von Deutsch, Geschichte, Physik, Französisch, ... bei gleichzeitigen sozialpädagogischen, pädagogisch-psychologischen und sonderpädagogischen (lern- und verhaltensgestörtenpädagogischen bzw. präventionspädagogischen) Defiziten.

Lehrerstudenten werden überwiegend als Fachlehrer, jedoch kaum zu Klassenlehrern ausgebildet, die auch das Milieu und die Biographie des Kindes sowie seine in die Schule mitgebrachten Probleme wahrnehmen und verstehen können, ganz zu schweigen von ihrer mangelnden devianzpädagogischen Handlungskompetenz.

Meine Lehrerstudenten geben zu, daß sie zu 80 % ihrer Kraft und Zeit Chemie, Englisch, Mathematik, Geographie, ... studieren müssen, und die restlichen 20 %, die für Erziehungswissenschaft bleiben, werden dann auch noch vorwiegend mit Didaktik-Sequenzen in Sachen Chemie-, Englisch- oder Lateinunterricht gefüllt.

Professoren und Studenten des Fachbereichs Erziehungswissenschaft an der Universität Hamburg haben gerade einen Katalog mit der Überschrift »Hamburger Thesen zur Revision der Lehrerbildung« vorgelegt, in dem unter anderem steht:

- Lehrerbildung in den derzeitigen Strukturen ist überholt,
- Lehrerbildung in der inhaltlichen Gestaltung ist desolat,
- Lehrerbildung in der einseitigen Ausrichtung auf die Vermittlung von Fachwissen ist wirklichkeitsfremd,
- Lehrerbildung wird sozialen Problemlagen nicht gerecht,
- Lehrerbildung geht an gesellschaftlichen Herausforderungen vorbei.

Die Thesen gründen auf der Beobachtung, daß soziale Probleme im Umfeld der Kinder, Aggressivität, Nervosität und Konzentrationsschwäche zunehmen. Immer öfter bräuchten Lehrer langer dafür, Klassen »in den Griff zu bekommen«, als ihnen Zeit bliebe, Stoff zu vermitteln. Und wenn sie sich schließlich »durchsetzen« könnten, dann liege es am Charisma ihrer Persönlichkeit oder an ihrer autodidaktisch erworbenen Kompetenz, nicht aber an ihrer Ausbildung in Studium und Referendariat, allenfalls an den freiwillig aufgesuchten Seminaren der dritten Phase von Lehrerbildung im Institut für Lehrerfortbildung.

Leider gibt es immer noch allzu viele Lehrerstudenten, die den Beruf als »kleine Morgenstelle« mit guter Bezahlung und reichlich Ferien anpeilen, die bloß Lehrer werden wollen, um Chemie, Geschichte oder Biologie unterrichten zu können, die – lediglich politisch interessiert – über Kinder am ehesten Gesellschaft verändern zu können glauben oder die rein studienbezogen ihre eigene ungünstige Biographie oder ihre Störungen aufarbeiten wollen, ohne daß sie je den Beruf auszuüben beabsichtigen.

Nur etwa jeder 10. Lehrerstudent nimmt »aus Liebe zu Kindern« ein Pädagogikstudium auf, das sind einfach zu wenige. Würde es eine andere Arbeitsplatzbeschreibung für Lehrer geben, mit mehr Verfügungsstunden für sozialpädagogische Zuwendung, mit mehr Schulleben (Stadtteilarbeit, Hausbesuche, Elternstammtische, gemeinsames Frühstücken vor Beginn des Unterrichts, Entwicklung zur Ganztagsschule, Unternehmungen, Spiel, Feiern, Offener Unterricht, Projektmethode, Klassenlehrerprinzip als Form des Zusammenlebens von Schülern und Lehrern, Team-Teaching, Co-Teaching...) und ein Lehrerbildungsprofil mit reichlich Sozialpädagogik, Pädagogischer Psychologie und Sonderpädagogik, dann würden auch ganz andere Menschen, die engagierter im Sinne einer Entwicklung zur Rund-um-die-Uhr-Pädagogik wären, in den Beruf kommen. Das Symptom Gewalt in der Schule würde sich dann deutlich reduzieren.

Ursula Drews schreibt dazu in der Nr. 5 der »Deutschen Lehrerzeitung« vom Februar 1993:

»Das ungeliebte Kind beginnt zu rebellieren. Ist die Situation an den Universitäten ohnehin desolat, die Lehrerbildung trifft es besonders. Nicht nur, weil sie des längeren schon ein Stiefkinddasein führt, sondern hier obendrein noch in besonderer Weise Menschen im Spiele sind: Hochschullehrer sollen ihre Studentinnen und Studenten nicht nur zu fachlichen Spezialisten heranbilden, sondern ihnen obendrein (oder eigentlich?) noch dazu verhelfen, Ansprechpartner, Berater, Begleiter von Kindern und Jugendlichen zu werden. Die brauchen das mehr denn je.

Kaum eine ernstzunehmende pädagogische Schrift verzichtet heute zum Beispiel noch darauf, Bronfenbrenner zu zitieren: ›Kinder brauchen Menschen, um menschlich zu werden‹. Studentinnen und Studenten vielleicht auch? Aber wie soll das gehen? Bei vollgestopften Seminaren, wo kaum mehr ein normaler ›menschlicher‹ Dialog stattfinden kann...

Und außerdem: Wann lernen denn diese zukünftigen Pädagoginnen und Pädagogen ihre zukünftige Klientel einmal etwas näher kennen? Ein Kind in Farbe auf einem Video, eingespielt in eine Lehrveranstaltung, ist etwas anderes als ein Kind in Farbe im realen Leben. Ein Kind, das wirklich spuckt, schreit, sich freut, bockig ist, anhänglich ist, einen braucht, einen abwehrt, voller Fragen ist, wissen will, egozentrisch ist, Gemeinschaft braucht... Aber wie ist es denn um den Praxisbezug in der Lehrerausbildung bestellt?«

Würde man heute anfangen, die Lehrerbildung in diesem Sinne zu verändern, würde es 7 Jahre dauern, bis die ersten anders ausgebildeten Lehrer in die Schulen kämen, und weitere 5 Jahre würde es dauern, bis eine zeitgemäße Wandlung in den Schulen zu spüren wäre, und weitere 10

Jahre, bis die Mehrheit der Schüler überhaupt einen Nutzen von der Lehrerbildungsreform hätte, es sei denn, man würde alle Lehrer verpflichten, fortan einen Teil ihrer Ferien für Fortbildungsseminare zu investieren. Wie lange wollen die Bildungspolitiker also noch warten, um zu verhindern, daß »die Welt immer mehr aus den Fugen gerät«?

46. Autorität, Autoritäres und antiautoritäre Erziehung

- *Das Autoritäre ist um 1968 mit Recht abgelehnt worden, weil es nicht nach der Zustimmung des jungen Menschen fragt.*
- *Autorität ist ein positiv besetzter Begriff, der nie in der Erziehung hätte in Zweifel gezogen werden dürfen, weil er die freiwillige Zustimmung des Kindes voraussetzt.*
- *Alexander Sutherland Neill ist mit dem auf sein Summerhill-Projekt zurückgehenden Begriff der antiautoritären Erziehung falsch verstanden worden.*

Viele Eltern sind heute hilflos in Sachen Forderungen an das Kind, Wachsenlassen des Kindes und Grenzsetzungen zum Aufbau eines stimmigen Weltbilds, weil sie selbst nach 1968 in der Zeit der antiautoritären Bewegung und der Kinderladenpädagogik aufgewachsen sind.

Der Begriff Autorität wird im allgemeinen falsch benutzt. So steht am 26. August im »Hamburger Abendblatt«:

»40 Prozent der Deutschen sind für mehr Autorität an den Schulen. Das ergab eine Umfrage des Dortmunder ›Forsa-Instituts‹ im Auftrag der Zeitung ›Die Woche‹ unter 1016 Eltern.« Eigentlich müßten 100 Prozent der Befragten dafür sein.

Als man um 1968 das Autoritäre in der Erziehung mit Recht abschaffen wollte, weil es nicht nach der Zustimmung bzw. Akzeptanz des Kindes fragte, hat man aus Versehen gleich den positiv besetzten Begriff der Autorität, der die freiwillige Zustimmung des Kindes voraussetzt, mit über Bord gekippt. Und das war fatal.

Kinder brauchen Autoritäten in ihrer Umgebung, an denen sie sich orientieren können, damit sie ein Wertebewußtsein, Kompetenz und Sozialverhalten aufbauen können. Vieles tun sie nur, um auszuprobieren, was geschieht, wenn sie an die Grenzen des Erlaubten stoßen oder sie gar überschreiten. Wenn dann gar nichts passiert oder inkonsequenterweise nur gelegentlich, lernen sie etwas Falsches, das sie graduell lebensuntüchtig macht. Sie wissen dann nicht, warum sie die Rechte und zugestandenen Freiräume anderer beeinträchtigen, sie können dann kein Rechts- bzw. Schuldbewußtsein aufbauen.

Sie brauchen Forderungen, um ihre Kräfte entwickeln zu können. Nur wer ihnen etwas zutraut, zeigt auch, daß er sie achtet, nur wenn man sie fordert, lernen sie auch, daß sie mehr können, als sie vermuteten.

Alexander Sutherland Neill, auf dessen Summerhill-Projekt die antiautoritäre Pädagogik zurückgeht, hat diesen Begriff selbst gar nicht benutzt. Was er meinte, war so etwas wie zwangfreie Erziehung. Aber er wurde falsch verstanden, wenn man annahm, er wollte Kinder ohne jedwede Zwänge aufwachsen lassen. Er hat nur die von den Erwachsenen üblicherweise ausgehenden Zwänge weitgehend auf die Zwänge der Schülergruppe im Sinne von Selbstverwaltung, Selbstbestimmung, Selbstregulierung oder Autonomie verlagert. Die Grenzerfahrungen bei sozial unverträglichem Verhalten sollten von den Gleichaltrigen selbst kommen, und die finden bekanntermaßen meist viel deutlicher und strenger statt, als wenn sie von verständnisvollen Pädagogen organisiert werden.

Die antiautoritäre Erziehung ist also stets mißverstanden worden, wenn man annimmt, Neill wollte Kinder ohne Führen, ohne Autoritäten und ohne Grenzsetzungen einfach nur liberal-chaotisch sich entwickeln lassen. Das geht gar nicht, wenn man wie er eine Vollversammlung aller Schüler institutionalisiert, die das Zusammenleben regelt.

Auch in den deutschen Kinderläden gab es brutale Grenzerfahrungen durch die Kinder selbst, wenn so ein »freies Kind« seinen Frust über ein anderes dadurch zum Ausdruck brachte, daß es ihm einen Eimer mit Farbe über den Kopf stülpte.

Autoritäten sind Vorbilder für Kinder, an denen sie reifen können, über die sie Triebe zu kanalisieren lernen, von denen sie viel lernen.

1993 war der 25. Jahrestag der 68er Bewegung. Dazu hat die Abgeordnete der Grünen im Landtag von Nordrhein-Westfalen, Beate Scheffler, eine »Bilanz-Broschüre« vorgelegt.

Sie ist heute 40 Jahre alt, Lehrerin, Mutter von drei Kindern und jugendpolitische Sprecherin ihrer Fraktion. Sie selber rechnet sich der 68er Generation zu.

Sehr offen gesteht sie: »Die Jugendlichen von heute, unsere Kinder, sind auch das Produkt unserer Erziehung. Es war unsere Revolte, die viele Wertsysteme zusammenbrechen ließ. Wir haben jede Autorität in Frage gestellt. Wir wollten die Familie am liebsten auflösen. Wir aber haben unsere Erziehungsziele nicht erreicht.«

Tatsächlich hat die antiautoritäre Erziehung nicht jene mündige, sozial und ökologisch engagierte, politisch hochmotivierte Jugend herangezogen, die eigentlich gewünscht wurde. Jene Eltern und Lehrer, die damals an den konservativen Erziehungsmethoden festhielten, wurden belächelt und als rückständig taxiert. Heute muß von Mitgliedern der 68er Generation zugegeben werden, daß der überwiegende Teil ihrer Zöglinge egozentrisch und konsumorientiert ist, in gewissen Fällen sogar gewalttätig und fremdenfeindlich.

In rechtsradikalen Kreisen sowie in Sekten wird der antiautoritär erzogenen Jugend ein festes Normengefüge, Autorität und natürlich auch ein Gemeinschaftsgefühl geboten, was viele in ihrer Familie vermißten. Antiautoritäre Erziehung hieß vielfach Verzicht auf Erziehung überhaupt.

Die von den Antipädagogen aufgestellten Forderungen »Freiheit des Kindes« und »Rechte für Kinder« bedeuteten in vielen Familien, sich nicht um die Kinder zu kümmern. Die Resultate dieser antiautoritären Phase zeigen sich in Deutschland besonders deutlich.

Der Essayist Thomas Schmid hat dazu im »Focus«-Magazin Nr. 12 vom März 1993 völlig richtig geäußert;

»Ich plädiere ... keineswegs für die Rückkehr zum alten erzieherischen Stiefel, also zur prügelbewährten Law-and-Order-Pädagogik. Wohl aber dafür, erneut bzw. erstmals über Autorität nachzudenken: über die Notwendigkeit von Autorität. Lange lag ein Tabu über dem Wort. Autorität galt als etwas, das der Erörterung gar nicht erst wert ist. Alles schien gegen sie zu sprechen; Untertanen, nicht Bürger brachte sie hervor. Dagegen trat schwungvoll die neue Erziehung an: Alles sollte anders, besser und vor allem kinder- und jugendfreundlicher werden. Statt der alten Autorität nun gar keine mehr, also: Abriß, nicht Neubau. Daß die abstrakte Leugnung von Autorität für sich genommen noch keinen Fortschritt darstellt, hatte schon die Studentenbewegung bewiesen; nicht zufällig sind aus ihr sehr schnell extrem autoritäre Kadersekten hervorgegangen. Natürlich wäre es Unsinn, eine direkte Linie von der antiautoritären Erziehung zur jugendlichen Fremdenfeindlichkeit von heute zu ziehen. Doch es gilt auch: Der antiautoritäre Geist hat in der Regel nicht das hervorgebracht, wovon seine Apologeten so oft und gerne geschwärmt haben – Solidarität, Aufmerksamkeit, Mündigkeit, Verantwortungsgefühl. Viel eher hat dieser Geist zur Verbreitung von Wurstigkeit, Egoismus und Gleichgültigkeit geführt. Niemanden wurden mehr Grenzen gezogen, alles war selbstverständlich, und die Älteren mühten sich vor allem, als Vorbild auszufallen und unsichtbar zu werden. Für sie mag das praktisch und bequem gewesen sein; den Kindern und Jugendlichen aber wurde der Widerpart entzogen, sie stießen nirgendwo auf Widerstand, sie griffen ins Leere.

Im Grunde steckte in der Idee von der antiautoritären Erziehung ein Stück modernen Größenwahns. Es sei möglich, so glaubte man, Werte und Verbindlichkeiten der Gesellschaft ohne Rückbezug auf Traditionen und damit auch Autoritäten jeweils neu zu schaffen. Damit hat man sich überhoben und teilweise zumindest, das Gegenteil des Gewünschten erreicht: antiautoritäre Ellenbogenmonster. Freiheit und Bindung sind alles andere als Gegensätze. Nicht Autorität, sondern nur begründungslose Autorität ist schädlich.«

Und diese »begründungslose Autorität« ist ja das Autoritäre, das zumindest für Jugendliche in der Tat ein ungeeignetes Erziehungsmittel ist, weil Jugendliche Tabus nur mit Überzeugungen respektieren können. Das Autoritäre arbeitet nämlich mit der Angst als Handlungsmaxime, die Autorität hingegen mit akzeptierten Normen, Werten und Grenzsetzungen.

47. Härte, Forderungen, Konsequenz und Grenzerfahrungen als positive Gewalt

- *Kinder brauchen zu ihrem Wohlbefinden, ihrer Orientierung und ihrer Verhaltenssicherheit die Wiederentdeckung von Grenzen in der Pädagogik.*
- *Härte ist für Kinder im Sinne von Sachlichkeit und Deutlichkeit der Forderungen wichtig.*
- *Konsequenz entspricht der großen Bedeutung von Normen und Werten.*
- *Gewalt wächst auch aus dem Wirrwarr sich widersprechender und nicht konsequent durchgesetzter Forderungen und Zugeständnisse.*

Was pädagogische Fortschritte und die Rechte des Kindes anbelangt, hat die 2. Pädagogische Bewegung dieses Jahrhunderts um 1968 eine ganze Menge an Positivem gebracht, man denke dabei nur an Integration, an die Abschaffung der Noten in den beiden ersten Schuljahren, an die Projektmethode, an schülerzentrierten Unterricht, Soziales Lernen, offene Unterrichtsformen und die Reduzierung überwiegend negativ sanktionierender Erziehungsweisen.

In einem Punkt hat diese Bewegung aber geirrt; sie hat die Strafe als Sozialisationsmittel der Erwachsenen ganz abgeschafft und durch Selbstregulierung der Kinder in der Gruppe ersetzen wollen. Die »antiautoritären« bzw. zwangfreien Methoden und die Kinderläden standen beispielsweise dafür. Nun sind die damals ausgebildeten Pädagogen heute in Amt und Würden und mit ihnen die ideologische Vernachlässigung des Grenzerfahrungs- und Strafbedürfnisse der Kinder. Mit dem Abholzen von Autoritäten, Forderungen und Grenzsetzungen hat man nicht gleichzeitig Neues aufgeforstet, so daß bei vielen heutigen Eltern, die damals aufgewachsen sind, vor allem Hilflosigkeit in bezug auf einen angemessenen erzieherischen Führungsstil übriggeblieben ist.

Wir brauchen also dringend die Wiederentdeckung der Grenze in der Pädagogik, wenn Gewaltphänomene in unserer Gesellschaft nicht eskalieren sollen. Leider wird dabei nur in Extremen diskutiert; der täglich brutal schlagende Vater wird dem Laissezfaire-Führungsstil gegenübergestellt. Daß es zwischen der schlimmen Willensbrechung des Kindes durch unangemessene Gewalt und dem Immer-Gewährenlassen eine reiche Palette von gemäßigten, aber notwendigen Nuancen gibt, wird dabei oft vernachlässigt. Politisch ist es aus Signalwirkungsgründen wichtig, den Eltern das Schlagen ihrer Kinder gesetzlich zu verbieten, aber ein kleiner Klaps auf den Po, der vom Kind nach einer Missetat voll und ganz akzeptiert wird, kann dennoch sehr sinnvoll sein, wenn er nur gelegentlich vorkommt, für Deutlichkeit sorgt und die Seele des Kindes nicht verletzt.

Gewalt muß schon früh und im Ansatz in der Familie, im Kindergarten und in der Schule verpönt werden, so wenn sie in der Sprache beginnt oder wenn sie als Neid, Haß oder Fremdenfeindlichkeit aufkeimt.

Der 15jährige Hamburger Autoknacker Lars S., gegen den mehr als 100 staatsanwaltliche Vorgänge anhängig sind und der gerade nach 10 Monaten Haft erneut in einem gestohlenen Auto in Pinneberg aufgegriffen worden war, sagte zur Haftrichterin am Amtsgericht Pinneberg den denkwürdigen Satz: »Wenn ich beim ersten Mal gleich richtig bestraft worden wäre, hätte ich es wohl nicht wieder getan.« Und die Psychiaterin, die Lars untersucht hat und ihn wie viele andere, die ihn kennen, als eigentlich »lieb und nett« beschreibt, äußerte erklärend: »Lars kann nicht einschätzen, was richtig und falsch ist.«

Wie sollte er auch nach dem Schicksal einer kaputten Familie und den zahlreichen Einrichtungen und den vielen Maßnahmen des »Umtopfens«, nach den vielen Erziehern, Sozialpädagogen, Psychologen, Polizisten und Juristen, zwischen denen er immer wieder hin- und hergeschoben wurde und die alle nicht den Mut hatten, es mit ihm gerade auch über Krisen hinweg auszuhalten? Er hat letztlich nie die Chance bekommen, über sichere Bezugspersonen, die rund um die Uhr mit ihm in Liebe und mit Forderungen und Grenzerfahrungen zusammenleben, ein stimmiges Weltbild aufzubauen, auch weil Heimerzieher und Sozialpädagogen in Hamburger Jugendwohnungen nicht da leben, wo die Kinder wohnen, sondern woanders.

Erziehung ohne Strafe mißrät genauso wie sie auch nicht ohne Autorität gelingt, wobei Autorität sich im Kind ereignet, also nicht durch Anmaßung der Erwachsenen entsteht, sondern durch freiwilliges Akzeptieren der Kompetenz des Erwachsenen auf dem Überzeugungsweg. Wer total auf jede Art von Strafe verzichtet, nährt im Kind den Eindruck, daß es zu wenig wert ist, um strafwürdig zu sein.

Erwachsene, die zum Nichtreagieren neigen und sich gleichzeitig als Opfer darstellen, vernachlässigen ihr eigenes Recht auf Persönlichkeitsentfaltung, auf das Ausleben ihrer Bedürfnisse im Rahmen des ihnen zustehenden Freiraumes, und sie erziehen ihre Kinder zu rücksichtslosen Egoisten, wenn sie nicht auf den Zufall vertrauen, daß das Kind das Respektieren von Grenzen durch andere, also beispielsweise von Gleichaltrigen oder über natürliches Strafen lernt.

Der gänzliche Verzicht auf jede Art von Strafe verschafft dem Kind ein schweres Leben mit Anpassungs- bzw. Integrationsproblemen. Was ist das für eine Liebe zum Kind, die ihm die Möglichkeit verwehrt, sich an solchen Grenzen zu orientieren, die ihm erst Verhaltenssicherheit geben? Man läßt Kinder aus der Öffentlichen Erziehung in ihrem Elend allein und baut das Fundament für eine miese Zukunft, wenn sie auch nach dem 100. Autoaufbruch, Wettrennen mit der Polizei und Crashs gegen Bäume, Zäune oder andere Autos mit dem Wissem um Straffreiheit lediglich zum Kinder- und Jugendnotdienst chauffiert und dort wieder laufen gelassen werden, so daß sie zwei Stunden später das 101. Auto knacken können? Sie erfahren dabei nicht einmal, daß sie irgend einem Bürger einen für ihn großen Schaden und eine Unzahl von folgenden Unannehmlichkeiten zugefügt haben; sie sollen aber ihr Alleingelassensein als Selbständigkeit, als stete Chance zum Neuanfang und als eine letztlich unrealistische Liebe zum Kind verstehen, die plötzlich ausbleibt, wenn sie strafmündig oder erwachsen sind. Sie können sich auf diese Weise überhaupt nicht an die sonst in normalen Familien und für Erwachsene geltenden Spielregeln gewöhnen; sie müssen eines Tages den Übergang ganz plötzlich schaffen, wenn sie nicht Opfer einer kriminellen Karriere werden wollen, und das fällt ja gerade ihnen mit ihrer unendlich trostlosen Biographie um ein Vielfaches schwerer als aus geordneten Verhältnissen stammenden jungen Menschen. Aus Mangel an Grenzerfahrungen wurden sie Heimkinder, aus Mangel an Grenzerfahrungen Crash-Kids und aus Mangel an Grenzerfahrungen bleiben sie weiterhin hilflose Opfer einer Gesellschaft, die ihnen erlaubte Erfolge, akzeptierten gesellschaftlichen Aufstieg, also Geborgenheit, Orientierung, Integration und Selbstwertgefühl verwehrt, denn nicht einmal die

Schulpflicht, der Schutz des eigenen Lebens und des Lebens anderer werden ihnen von der für sie verantwortlichen Behörde als sozialisationsfördernde Grenzerfahrungen zugestanden.

Die freiwillig akzeptierte und für das eigene Leben für wichtig gehaltene Autorität einer geliebten Bezugsperson birgt für so manchen Verwahrlosten die erste Grenzerfahrung, wenn nämlich der junge Mensch befürchtet, sie wegen seines ständigen Fehlverhaltens zu verlieren. Kinder und Jugendliche verzichten im Anfang einer Wertebindung auf so manche Missetat um eines Freundes willen, um ihn nicht zu enttäuschen, um sich seinen Erwartungen anzupassen. Erst danach lernen sie dann langsam, dessen Normen zu verstehen, teilweise – d. h. mit gewisser Modifikation durch allgemeinen Wertewandel – zu akzeptieren und in ihrem eigenen Verhalten wirksam werden zu lassen. Und nur wer hohe Forderungen, keineswegs jedoch Überforderungen, an einen jungen Menschen stellt, zeigt auch, daß er ihn achtet, weil er ihm etwas zutraut. Jedenfalls ist dieser Weg besser als der vom schleswig-holsteinischen Kultusministerium vorgesehene, Lehrer in der Selbtverteidigungskompetenz zu stärken. Am 26. September 1993 berichtet dazu die »Welt am Sonntag«: »Die SPD-Landesregierung Schleswig-Holsteins hat ungewöhnliche Konsequenzen gezogen, um der zunehmenden Gewalt an den Schulen Herr zu werden: Lehrer werden jetzt auch in Selbstverteidigung ausgebildet, können an Judo-, Kyushu- und Akido-Kursen teilnehmen. Im Rahmen eines Landesprogramms ›Gewaltprävention an Schulen‹ finanziert das Bildungsministerium seinen Pädagogen Judo- und Jiu-Jitsu-Selbstverteidigungsseminare.«

Die Jugendsenatorin Rosemarie Raab weist jede Kritik an der Hamburger Art der Verwaltung von Kindern in Öffentlicher Erziehung zurück. Gleichzeitig hat sie im Widerspruch dazu drei der Crash-Kids (Dennis N., René B., Christian P.) nach Finnland in die pädagogische Farm »Kuttula« von Kari Björkman geschickt, wo sie an Anerkennung, Förderung, Forderungen, umfassender Kontinuität, Bildung, Geborgenheit und Familienersatz alles finden, was Kritiker auch für die in Hamburg verbleibenden Kinder und Jugendlichen der Öffentlichen Erziehung seit langem fordern, auch die nötigen Grenzerfahrungen.

Härte ist übrigens nur dann eine positive pädagogische Kategorie, wenn damit nicht Kälte und brutale Männlichkeit, sondern Sachlichkeit und Deutlichkeit gemeint sind, die Entscheidungen für Kinder einfacher und Forderungen für sie klarer machen. Der ukrainische Pädagoge A.S. Makarenko spricht in diesem Zusammenhang von der notwendigen »Dur-Stimmung« in der Erziehung.

Konsequenz ist insofern wichtig, als Kinder große Schwierigkeiten mit immer wieder wechselnden, widersprüchlichen Normen bzw. Forderungen haben. Entweder eine Richtlinie bzw. Verhaltensmaßregel gilt bzw. ist gut, oder sie ist nicht relevant bzw. unwichtig. Das Schwanken von Eltern, Lehrern und Erziehern in den Ansprüchen sorgt jedenfalls für ein ungeordnetes Weltbild und führt zu Orientierungsschwächen und Verhaltensschwierigkeiten.

48. Erziehung gegen Gewalt ist mehr als Friedenserziehung

- *Eigentlich müßten Kinder und Jugendliche in Anbetracht ihrer gewaltreichen Umwelt noch gewalttätiger sein, als sie es sind.*
- *Die Konkurrenzmechanismen unserer Gesellschaft fördern Egoismus.*
- *Die Schule hat pädagogische Elemente wie soziale Kontrolle, Kontinuität, feste Gewohnheiten, das Durchhalten über Krisen des Schülers hinweg, Ästhetik, Takt und Spiel vernachlässigt.*

Als der polnische Arzt und Pädagoge Janusz Korczak 1942 mit seinen 200 Waisenkindern in den Gaskammern von Treblinka den Tod fand, hat er sein Buch »Wie man ein Kind lieben soll« mit dem Motto hinterlassen: »Wer die Welt verbessern will, muß die Erziehung verbessern.«

Wenn wir jetzt eine »Spirale der Gewalt« befürchten oder sogar vermuten, daß »die Welt langsam aus den Fugen gerät«, dann müssen wir vor allem die Kindererziehung als die wichtigste Zukunftsinvestition unserer Gesellschaft begreifen. Wenn Politiker momentan bundesweit aus Sparzwängen heraus die Unterrichtsverpflichtung der Lehrer um eine Stunde heraufsetzen und die Klassenfrequenzen erhöhen wollen, statt umgekehrt Lehrer teilweise für Erziehungsaufgaben zu entlasten, dann tragen sie ganz gewiß zur Gewalteskalation bei.

Das Bundesjugendministerium hat gerade festgestellt, daß 8 % der westdeutschen und 18 % der ostdeutschen Menschen Verständnis für Gewalt haben. Bei den Schülern Mecklenburg-Vorpommerns sind aber bereits 45 % bereit, Konflikte mit Gewalt zu lösen, und in Hamburg 18 %.

Die bloßen Zahlen besagen aber nicht viel über das Befinden unserer Kinder, denn erstens ist Gewaltbereitschaft nur ein Symptom für eine Fülle unterschiedlicher Ursachen, und zweitens wird beim Begriff

Gewalt immer nur vordergründig an Gewalt gegen Sachen und Menschen gedacht; das zahlenmäßig viel größere Problem der Gewalt gegen sich selbst wird aber vernachlässigt: Magersucht, Freßsucht, Bulimie, Spielsucht, Alkoholismus, Nikotin- und Tablettensucht, Asthma, Neurodermitis, Nägelkauen, Bettnässen, Todessehnsucht und Suizidversuche zeugen ebenso von Frustrationen, von dem Sich-nicht-wohl-Fühlen in der eigenen Haut. Junge Menschen mit diesen Symptomen sind häufig autoaggressiv, also gewalttätig gegen sich selbst, weil sie immerhin das Tabu der Gewalt gegen Sachen und Menschen akzeptieren.

Eigentlich muß es verwundern, daß Kinder und Jugendliche nicht noch gewalttätiger sind, weil sie ja immerhin viele gewaltreiche Vorbilder in der zum Teil korrupten Ellbogengesellschaft der Erwachsenen und über Film- bzw. Fernseherfahrungen und selbst bei Politikern haben.

Die veränderte Kindheit mit dem Mangel an aktiven Spielerfahrungen, das Defizit an Bewegungen, an Klettern, Balancieren und Schaukeln, die Überforderung von Auge und Ohr durch den Bildschirm, der Kommunikationsverlust in der Familie, der das einsame Kind zum inneren Exil und in die Angst vorm Alleinsein in seiner oft zerfallenden Familie zwingt, die Langeweile und die Unfähigkeit, sich für Werte zu entscheiden, haben mittlerweile alle gesellschaftlichen Schichten und Milieus erfaßt.

Die Suche nach Lebensgenuß durch Geld, Konsum und hohe Rangordnungspositionen in irgendwelchen Nischen der Gesellschaft bringt viele junge Menschen zur Umtriebigkeit und zur unbehausten Aushäusigkeit. Wer heute in der Nacht von Freitag auf Sonnabend zwischen 2 und 3 Uhr unterwegs ist, sieht überwiegend 13- bis 17jährige junge Menschen auf den Straßen, unterwegs von Party zu Party und Disco, relativ ziel- und sinnlos, letztlich aber auf der Suche nach Kommunikation und nach Anerkennung durch Gleichaltrige, denen gegenüber sie beliebt, tüchtig und stark sein wollen. Und stark sind sie, wenn sie es möglichst lange gegen den Willen der Eltern, gegen die eigene Müdigkeit und mit Alkohol, eventuell mit dem Mut zum Hasch-Konsum und mit dem Wunsch nach sexuellen Erfahrungen durchhalten.

Konkurrenz um hohe Anerkennungspositionen fördert nicht nur Egoismus, sondern führt auch zur Akzeptanz von Gewalt als Kommunikations- und Interaktionsmittel; sie untergräbt die gesellschaftliche Notwendigkeit zu einem Mehr an Solidarität, also auch zu einem Mehr an Solidarität gegenüber Ausländern, Zuwanderern und anderen Minderheiten.

In unserer Leistungsgesellschaft ist Konkurrenz wichtig. Wir fördern sie mit Schulnoten und -abschlüssen, mit Selektions- bzw. Ausleseprozessen, mit dem Mangel an erwünschten Ausbildungs-, Studien- und Arbeitsplätzen, mit Wohnungsnot und hohen Mieten. Alles ist auf Erfolg ausgerichtet, er ist wichtiger als das Glück der Harmonie und Geborgenheit. Am anderen Ende produziert sie aber auch Verlierer, deren über alle Zeiten hinweg immer gleichbleibenden Grundbedürfnisse nach Liebe, Geborgenheit, Selbstwert und Erfolg auf der Strecke bleiben.

So ist es nicht die Fremdenfeindlichkeit, die Gewalt hervorbringt; sondern die primär vorhandene Gewaltbereitschaft sucht sich erst sekundär den Ausländerhaß. Die zunächst ungerichtete Aggression wählt sich Feindbilder, wobei die Opfer relativ beliebig sind; es können bei den Hooligans die Fans des gegnerischen Vereins sein, und wenn die ausbleiben, muß die Polizei als Feindbild herhalten, es können aber auch Asylbewerberheime sein. Jugendliche kämen gar nicht von selbst ausgerechnet auf Ausländerhaß, weil nur die wenigsten schlechte Erfahrungen mit Fremden gemacht haben. Dieses Feindbild ist ihnen eben auch von Medien oder von Eltern geliefert worden.

Für junge Menschen, die sich langweilen oder überflüssig fühlen, die die Erwartungen der Schule oder ihrer Eltern nicht erfüllen konnten und die bei Gleichaltrigen nie beliebt waren, sind Feindbild, Haß und Gewalt Möglichkeiten, wieder Aufgaben, Sinn, Orientierung und damit Selbstwert zu erreichen; überdies finden sie in Gruppen oder Cliquen eine familienersetzende Geborgenheit und damit auch den Genuß der Macht über andere, schwächere und ebenfalls untenstehende Menschen. Die Gewalt äußert sich dabei nicht nur im Zuschlagen und Zerstören, sondern auch in der Sprache, in Intoleranz und in Form von Psychoterror.

Die rapide Zunahme kaputter Familien bewirkt bei vielen Jugendlichen einen Sog der Gruppe, die als solche einen höheren Wert besitzt als ihre zufälligen – z.B. gewaltverherrlichenden oder rechtsextremistischen – Inhalte. So macht manch einer der Gruppeneinbindung wegen etwas mit, was er eigentlich ablehnt. Deshalb ist der Grad der Schuld der vier Täter von Solingen mit Sicherheit höchst unterschiedlich, und deshalb wird von so vielen Pädagogen, Psychologen und Polizisten immer wieder geäußert, daß Täter von gewaltreichen Gruppenaktionen, wenn man dann einzeln mit ihnen spricht, eigentlich »ganz nett« sind.

Zu den Ursachen von Gewalt bei Jugendlichen läßt sich aber auch noch folgendes zusammenfassen:

- Als mit der 68er Generation zu Recht das Autoritäre in der Erziehung abgeschafft wurde, weil es nicht nach der Zustimmung der Kinder fragt, hat man die Autorität gleich mit abgeschafft, obwohl sie ja etwas Positives ist, weil Kinder sie brauchen und weil sie ihre Zustimmung bzw. Akzeptanz voraussetzt. Die Folge ist, daß die heutigen Eltern, die damals erzogen wurden, hilflos oder inkonsequent mit Forderungen, Wertevorgaben und Grenzerfahrungen, die Kinder zum Aufbau eines stimmigen Weltbildes dringend benötigen, umgehen. Vielen Eltern, die um 1968 mit den Idealen von antiautoritärer Erziehung und falsch verstandener Friedenserziehung im Sinne von Pazifismus aufgewachsen sind, fehlt, selbst wenn sie alles richtig machen wollen, ein Gespür für den richtigen Führungsstil.

- Wir haben 30 Jahre lang bei der ausländerpädagogischen Integration in den Schulen fast nur gastfreundliches Entgegenkommen von den deutschen Kindern erwartet, aber den ausländischen Kindern kaum Integration in Richtung auf unsere Erziehungsziele zugemutet, z. B. gegen Frauenfeindlichkeit und machohaftes Gehabe. Die im Moment diskutierte doppelte Staatsbürgerschaft für schon lange hier lebende Ausländer hätte immerhin auch den Vorteil, daß sich Zuwanderer leichter mit den sozialen Lernzielen deutscher Schulen identifizieren könnten.

- Werteerziehung ist in einer pluralistischen Gesellschaft schwieriger als in einer totalitären. Deshalb kommt es nicht so sehr darauf an, welche konkreten Werte vermittelt werden, sondern daß das Kind überhaupt in die Lage versetzt wird, z. B. über die ständige kritische Auseinandersetzung mit Dilemmata im Schulalltag selbst Werteentscheidungen treffen zu können.

- In den Schulen fehlt es an gewaltverpönenden Texten und an Materialien, die über Diskussion und Rollenspiele Anlaß zur Ächtung von Gewalt bieten.

- Vielen Schülern mangelt es an einem historisch und politisch stimmigen Weltbild. Die Gefahr des Einsatzes von Hitler- und Goebbels-Reden sowie von Filmaufnahmen aus KZs und dem Warschauer Ghetto ist, daß sie – ungeschickt dargeboten – geradezu werbend im Sinne von rechtsextremen Parteien wirken können.

- Viele Eltern haben zu wenig Zeit für Gespräche mit ihren Kindern, sie achten oft nicht auf Auswahl, Dosierung und Gesprächsbegleitung beim Bildschirmkonsum, so daß Gewaltbereitschaft über Imitationslernen multipliziert werden und eine hohe Akzeptanz unter jungen Menschen erreichen kann.

- Mehr als zwei Drittel der gewalttätigen Jugendlichen haben erkannt, daß sie nicht den sozialen Status der Eltern erreichen und nicht den elterlichen schulischen Erwartungen, z.B. in Hinblick auf das Abitur oder den Realschulabschluß, entsprechen können.

- Ein großes Problem unserer Gesellschaft sind die Väter. Allzu viele von ihnen fördern mit ihrem Verhalten das Heranwachsen von Machos und sind häufig schlechte Vorbilder für die Söhne in bezug auf Emotionalität, Körperkontakt und flexible Formen harmonischen Zusammenlebens.

- Die Schule hat eine Reihe wichtiger pädagogischer Elemente vernachlässigt, wie soziale Kontrolle, Kontinuität, feste Gewohnheiten, das Durchhalten mit dem Schüler über seine Krisen hinweg, Ästhetik, Takt, Spiel und das Angebot umfassender Bezugspersonen, die nicht nur Stunden geben, sondern auch Klassenlehrer sind, weil nur sie die Biographie und das Milieu des Kindes kennenlernen können. Die Universitäten und die Studienseminare bilden solche Lehrer aber auch gar nicht aus.

- Niemand übt Gewalt aus, der nicht vorher schon selbst Opfer von Gewalt war, und sei es psychische Gewalt. 90 % der Täter, aber auch 70 % der Opfer sind Jungen. Mädchen richten die Gewalt mehrheitlich gegen sich selbst.

- Gewalt ist selten geplant; deshalb stehen hinter fremdenfeindlichen Aktionen nur selten Organisationen. Sie ergeben sich eher aus einer Laune, einer gerade erlebten Frustration und aus Gruppenzwängen heraus sowie unter Alkoholeinfluß. Meist sind sie mit Dummheit bzw. Informationsdefiziten gepaart; die Täter haben in der Regel noch keine ausreichenden Erfahrungen mit den mehrheitlich liebenswerten Ausländern gemacht und wissen nicht um die Bereicherung unseres gesamten Lebens durch sie.

- Jeder junge Mensch braucht Werte in bezug auf das Ich (guter Umgang mit sich selbst), das Du (Sozialverhalten gegenüber anderen), das Wir (Gruppeneinbindung), die Natur (Umweltbewußtsein), den Staat (Gemeinsinn) und das Transzententale (die Sinnfrage bzw. das Religiöse).

49. Deutsche und Ausländer

- *Deutschland ist ein Einwanderungsland, für seine Wirtschaft braucht es in den nächsten Jahren noch mehr ausländische Arbeitskräfte.*
- *Integrationspädagogik hat vor allem von deutschen Schülern Anpassung an Multikulturelles erwartet, aber kaum von ausländischen Schülern und Zuwandererkindern Anpassung an hiesige Normen.*

Mit dem Bewußtseinswandel, daß Deutschland mittlerweile längst zu einem Einwanderungsland wegen seiner höheren Lebensqualität und seiner pluralistischen Toleranz bei der Mehrheit der Bevölkerung geworden ist, muß man sich nicht nur politisch, sondern auch pädagogisch umstellen.

Neben der Verbesserung der demokratischen, ökonomischen und ökologischen Bedingungen in den Heimatländern und der Begrenzung des Zustroms von Migranten durch beschleunigte Asylverfahren ist daher gleichzeitig eine Optimierung des Zusammenlebens von Deutschen und den zwischen ihnen lebenden Ausländern zu organisieren. Und das erzwingt nicht nur stadtteilarchitektonische, arbeitsweltpolitische und sozialgestalterische Handlungskonzepte zur Reduzierung der sozialen Randständigkeit sowohl von Deutschen als auch von Ausländern, sondern es erfordert vor allem auch eine bessere Integrationspädagogik.

Die Überwindung von Ausländerfeindlichkeit und Rechtsradikalismus muß bei Kindern und Jugendlichen in den Schulen beginnen. In den neuen Bundesländern sollte vor allem in der Nachfolge vorheriger politischer Indoktrination rasch ein stimmiger Geschichts- und Politikunterricht durch entsprechende Richtlinien sowie über Lehreraus- und -fortbildung aufgebaut werden.

In den alten Ländern sind ausländerpädagogische Konzepte, die sich bislang mit den Lernzielen Sozialkompetenz, politische Mündigkeit, Toleranz und Kooperationsfähigkeit fast ausschließlich an deutsche Schüler richteten, zu erweitern um erzieherische Methoden, die den ausländischen Mitbürgern die Eingliederung in eine künftige multikulturelle Gesellschaft auch durch Anpassung erleichtern.

Das setzt die Aufhebung der Ghettoisierung von Migranten in bestimmten Stadtteilen und in besonderen Schulen voraus, verlangt die integrative Durchmischung von deutschen und ausländischen Schülern in möglichst allen Klassen und offenere Unterrichtsformen, die über Partner- und Teamarbeit das gegenseitige Verstehen und Wertschätzen nach gemeinsam erzielten Erfolgen fördern. Damit lassen sich dann auch deutschen und ausländischen Jugendlichen gemeinsame Sinn-, Lebens- und Berufsperspektiven anstelle eines Ohnmachtsgefühls auf beiden Seiten gegenüber sozialen und regionalen Unzulänglichkeiten aufbauen.

50. Schlußbemerkungen: Gerät die Welt immer mehr aus den Fugen?

- *Laut Bundeskriminalstatistik gab es allein 1992 etwa 6,3 Millionen Straftaten.*

- *200 000 Kinder in Deutschland sind alkoholkrank.*

- *Bereits 750 000 deutsche Kinder und Jugendliche leben von der Sozialhilfe, also mit der »neuen Armut«, 500 000 Kinder leben in Obdachsiedlungen, allein in Berlin gibt es 3 000 Straßenkinder ohne jegliche Betreuung.*

- *Etwa 13 000 Kinder und Jugendliche machen pro Jahr einen Suizidversuch.*

- *Nach einer Studie der Bundesregierung wird in Großstädten jeder vierte Bewohner über 60 Jahre mindestens einmal pro Jahr Opfer einer Gewalttat.*

- *Andererseits gilt aber auch: Immer mehr junge Menschen werden bildungsorientierter und friedfertiger und lehnen Gewalt ab.*

- *Der stetig kleiner werdende Anteil von Verlierern mit Restbewußtsein neigt zu einem Mehr an Gewalttätigkeiten.*

- *Immer mehr Lehrer, vor allem weibliche, können sich gegen gewalttätige Schüler nicht mehr wehren. Die Zustände an den Schulen sind so schlimm, daß das Kieler Schulministerium landesweit Kurse zur Selbstverteidigung anbietet.*

- *So gewalttätig wie die Ellbogengesellschaft der Erwachsenen ist, müßten junge Menschen eigentlich aggressiver sein, als sie es sind.*

Die 17 Millionen deutschen Kinder und Jugendlichen sind so gut und so böse wie alle Generationen vor ihnen. Kaputte Familien, schulische Selektion, Versagenserlebnisse, Verlierergefühle, Kriege, brutale Filmszenen, korrupte Politiker, Umweltzerstörung, Ozonloch und reihenweise negative Vorbilder in der Gleichaltrigkeit sowie unmenschliche Wohnbedingungen und fehlende Spielmöglichkeiten haben nicht die Mehrheit der deutschen Jugend versaut. Im Gegenteil, gewalttätige Kids sind spektakuläre Einzelfälle, an die sich Medien klammern.

Zwar werden immer weniger junge Menschen immer gewalttätiger, gleichzeitig werden aber stetig mehr Kinder und Jugendliche friedfertiger, optimistischer und zielstrebiger.

Die Erklärung ist einfach: In den letzten 30 Jahren hat sich der Anteil von Kindern, die auf das Gymnasium gehen, und auch der der jungen Menschen, die Abitur machen, etwa versechsfacht. Ihre breiteren Bildungsfundamente und ihre Zukunftsfreudigkeit lassen sie Gewalt verachten. Weil aber immer mehr junge Menschen so gut dastehen, wächst bei dem Rest, der in der Schule scheitert und in desolaten Milieus lebt, das Restbewußtsein, das Gefühl, Verlierer der Konkurrenzkämpfe zu sein. Und diese Restkonzentration macht dann aggressiv.

Wenn immer weniger Jugendliche scheitern, wird deren Situation auch immer trost- und hoffnungsloser, so daß Frustrationen durch den Vergleich mit der Masse zunehmen. Eine erhöhte Gewaltbereitschaft bei immer weniger Gewalttätigen ist die Folge.

Die Kriminalitätszahlen spiegeln das wider: Der Anteil der jugendlichen Straftäter ist in den letzten 20 Jahren um 25 % zurückgegangen. Berücksichtigt man, daß die weniger gewordenen Straftäter aber doppelt so viele Delikte begehen wie vor 20 Jahren, dann ist der Rückgang noch stärker.

Auch die vordergründige Annahme, daß Fernsehen, Video und Computerspiele gewalttätiger machen, scheint völlig falsch zu sein, denn gewalttätige Kinder und Jugendliche sehen viel weniger fern als ihre durch und durch friedlichen Altersgenossen.

1965 gab es noch keine Rambos, Zombies und andere Fernsehmonster, trotzdem war die Zahl der Totschläger und Mörder unter Kindern und Jugendlichen damals wesentlich größer als heute.

Was sich geändert hat, ist vor allem die Wahrnehmung der Medien bzw. der Öffentlichkeit auch für kleinste Gewaltformen, und das ist gut so.

Denn auch wenn Gewalt seltener wird, muß sie präventionspädagogisch reduziert oder verhindert werden.

Daß die Öffentlichkeit heute Gewaltphänomene eher zur Kenntnis zu nehmen bereit ist und sie stärker verachtet als früher ist ein Beleg dafür, daß unsere Gesellschaft insgesamt weniger gewalttätig ist; sie ist Gewalt gegenüber nicht mehr so gleichgültig wie in den 50er Jahren, als man vom Dritten Reich und vom Zweiten Weltkrieg her durch überdosierte Gewalt noch abgestumpft war.

Alleinerziehende berufstätige Mütter können übrigens nicht unbedingt der Auslöser für schwierige und gewalttätige Kinder sein, denn sie gab es nach dem letzten Weltkrieg in Deutschland in erheblich größerer Zahl als heute.

Berichte über eine schlimme Jugend begleiten die ganze Menschheitsgeschichte, offenbar weil viele Erwachsene ihre eigene Kindheit vergessen haben oder verdrängen.

Schon vor 3000 Jahren schrieb ein Babylonier seinen Unmut in eine Lehmtafel: »Die heutige Jugend ist von Grund auf verdorben, böse, gottlos und faul.« Sokrates äußerte ähnliches, denn die Alten haben stets mit Neid und Sorge auf die Nachwachsenden gesehen, und was sie nicht verstanden haben, haben sie dem Übel zugeordnet.

Natürlich gibt es schlimme junge Menschen voller Haß und Gewalt; aber nicht das Fernsehen oder die Gleichaltrigkeit machen sie gestört oder kriminell, sondern sie werden es, weil sie alleingelassen sind, zu wenig Ansprache und Gespräch haben, weil ihre Ängste und Sehnsüchte nicht mit Liebe, Zuwendung und viel Zeit aufgefangen werden. Wer junge Menschen pauschal der erhöhten Gewaltbereitschaft bezichtigt und verdächtigt, macht es sich zu leicht, weil er sie damit pauschal aus dem Kern dieser Gesellschaft ausgliedert.

Dabei stellen sie den Kern dar, die Zukunft und die Hoffnung, denn sie sind in ihrer Mehrheit viel umweltbewußter, gerechter, optimistischer und meist auch sozialer und friedfertiger als die Mehrheit der an Ellbogen gewöhnten Erwachsenen unserer Karrieregesellschaft.

Die Jugend von 1945 bis 1955 beschrieb der Soziologe Helmut Schelsky als die »skeptische Generation«, die von 1955 bis 1965 wurde als die »gelangweilte Generation« bezeichnet, die von 1965 bis 1975 als die »rebellierende Generation«, die von 1975 bis 1985 als die »sich ängstigende und sich verweigernde Generation«. Und die Jugend seit 1985 könnte man als eine unpolitische bzw. politikverdrossene, aber individuell ehrgeizige Generation beschreiben, die mit viel Egoismus, aber ohne nennenswerte aktive Gewalt, vor allem »karrieregeil« ist. Sie wurschtelt sich optimistisch durch eine verworrene Weltlage, durch das pluralistische, offene und widersprüchliche Normengemenge, vertraut auf Technik, Materialismus und die eigenen Kräfte, auf die Selbstgestaltungs- und Selbstregulierungsfähigkeit der Mehrheit der Menschen unserer Gesellschaft, aber nicht auf Parlamente und Regierungen, die sie für hilflos, zu zahlreich, zu groß und für weitgehend ohnmächtig hält. Arbeit und Beruf, Lernen und Leistung bieten engagierten und selbstbewußten jungen Menschen Herausforderung und Freude. Die »Null-Bock«- und die »No-future«-Mentalitäten sind weitgehend verschwunden.

Nur die 60 000 bis 80 000 jährlichen Schulversager sind gefährdet, mißtrauisch, haßerfüllt, gewalttätig, ausländerfeindlich oder rechtsradikal zu werden, sie stellen aber insgesamt eine kleine Minderheit dar.

Schwerwiegender ist schon die große Zahl junger Menschen voller Ängste und Überforderungsgefühle, die zwar am Ende auch irgendwie erfolgreich sind, die sich ihre Erfolge aber mit autoaggressiven Gewaltfolgen, beispielsweise also mit psychosomatischen Störungen erkauft haben.

Vor allem Jungen und Männer leider unter Übererwartungen und unter Streß, weil man von ihnen mehr erwartet als von Mädchen und weil sie ihre Gefühle aufgrund überholter Männlichkeitsideale, die sie von sich selbst entfremden lassen, nicht herauslassen können, sondern gegen sich selbst richten müssen.

Männer, die immer über zuviel Streß klagen, leiden in Wahrheit häufig an Angstgefühlen. Sie klagen nur deshalb über Streß, weil richtige Männer keine Angst haben dürfen. Frauen dagegen dürfen eher Angst zeigen und müssen sich deshalb nicht in die Streß-Ausrede flüchten.

Bis zu 3,4 Millionen Deutsche leiden an krankhaften Angstgefühlen (Angst-Syndrom), schätzen Psychiater, und das sind fast immer Männer. Während die normale Furcht ein sinnvolles, lebenserhaltendes Warnsignal ist, macht die unbegründete Angst krank. Herzrasen, Magenschmerzen und Schweißausbrüche sind typische Zeichen des Angst-Leidens. Denn Jungen und Männer dürfen ja auch nicht weinen. Nach einer Umfrage halten es 50 % der deutschen Männer für unangebracht zu weinen oder überhaupt Emotionen zu zeigen, nur 26 % finden es »in Ordnung«, den Tränen gelegentlich freien Lauf zu lassen; viel weniger tun es aber und das nur äußerst selten. Dabei täte es den Männern nur gut, wenn sie häufiger weinten.

»Meine Stiefmutter hat mich mißhandelt, sie ließ mich nie meine Gefühle ausleben«, sagte neulich ein junger Mann zu mir, der ein Leben lang Gewalt gegen sich selbst gerichtet hat und deshalb psychotisch schwer gestört ist.

Für ihn ist die Welt so ziemlich »aus den Fugen geraten«, aber die Welt leidet nicht so sehr unter ihm wie er unter der Last der hinter ihm liegenden Männlichkeitserwartungen. Leichter haben es die jungen Männer, die ihre Aggressionen als Gewalt gegen Menschen und Sachen nach außen richten, sie können sich damit entlasten, belasten aber die Welt immer stärker. Und sie tragen zu dem Eindruck bei, daß »die Welt langsam aus den Fugen gerät«.

Jugend hat sich also verändert, zum Besseren und zum Schlechteren zugleich; es gibt keinen einheitlichen Jugendbegriff mehr, wie Klaus Hartung am 17. September 1993 in der »Zeit« feststellt:

»Es wäre naiv zu glauben, man könne die jugendlichen Mordbrenner, die Skins, die unter Gegröle einen Rollstuhl umkippen oder einen Afrikaner aus der S-Bahn stoßen, oder die schlagbereiten Freunde der ›Oi‹-Musik aus dem Bereich jenes utopischen Jugendbegriffs verbannen und diesen Begriff gleichzeitig fortschreiben. Jene sind nicht aus dem Freiraum ›Jugend‹ ausgebrochen, sondern er ist mit ihnen zusammengebrochen...

Dennoch, der Begriff der Jugend ist zählebig, insbesondere in Verbindung mit einem anderen Begriff, dem der ›sozialen Ursache‹. ›Jugendprobleme‹ und ›Ursachenforschung‹ gehören ganz selbstverständlich zusammen, bestätigen sich gegenseitig.« –

Wenn wir einen Zusammenbruch von Welt, Gesellschaft und Jugend verhindern wollen, müssen wir Jungen zu Menschen erziehen, nicht aber zu Männern, die – wie in Bosnien oder auf unseren Schulhöfen und in unseren Familien – dann auch Männer spielen wollen...

Literatur

Aichhorn, August: Verwahrloste Jugend (1925) Bern, 1974[8].
Arlt, Marianne: Pubertät ist, wenn die Eltern schwierig werden, Freiburg i. Br. 1992.
Ayres, A. Jean: Bausteine der kindlichen Entwicklung, Berlin 1984.
Axline, Virginia M.: Dibs, München o.J.

Bader, Birgit/Ellinor Lang (Hrsg.): Stricher-Leben, Hamburg 1991.
Badry, Elisabeth/Maximilian Buchka/Rudolf Knapp (Hrsg.): Pädagogik, Grundlagen und Arbeitsfelder, Neuwied 1992.
Baensch, Torsten: Jugendlichen Raum lassen? Maßnahmen und Projekte gegen national-autoritäre Orientierungen und rechtsextremistische Tendenzen, Hamburg 1992.
Bärsch, Walter: Erziehungskonflikte, Königstein/Ts. 1978.
Bäuerle, Siegfried (Hrsg.): Der suchtgefährdete Schüler, Regensburg 1993.
Benz, Ute und Wolfgang (Hrsg.): Sozialisation und Traumatisierung, Kinder in der Zeit des Nationalsozialismus, Frankfurt a.M. 1992.
Bettelheim, Bruno: Liebe allein genügt nicht, Die Erziehung emotional gestörter Kinder, Stuttgart 1991.
Bieler, Manfred: Still wie die Nacht, Memoiren eines Kindes, Hamburg 1989.
Bollnow, Otto F.: Die pädagogische Atmosphäre, Heidelberg 1964.
Brück, Horst: Die Angst des Lehrers vor seinem Schüler, Reinbek 1978.
Buber, Martin: Reden über Erziehung, Heidelberg 1962.
Büttner, Christian: Mit aggressiven Kindern leben, Weinheim 1992[3].
Büttner, Christian: Wut im Bauch, Gewalt im Alltag von Kindern und Jugendlichen, Weinheim 1993.
Büttner, Christian/Aurel Ende (Hrsg.): Trennungen, Kindliche Rettungsversuche bei Vernachlässigungen, Scheidungen und Tod, Weinheim 1990.
Büttner, Christian/Eberhard W. Meyer (Hrsg.): Rambo im Klassenzimmer, Weinheim 1991.
Burkowski, Ursula: Weinen in der Dunkelheit, Bergisch-Gladbach 1992.

Callahan, Mary: Tony, Bergisch-Gladbach 1990.

Dannhäuser, Albin: Mosaiksteine, Gedanken über Schule, Lehrer und Politik, München 1992.
Defersdorf, Roswitha: Drück mich mal ganz fest, Freiburg i. Br. 1991.

de Lorent, Hans-Peter: Schule ohne Vorgesetzte, Geschichte der Selbstverwaltung der Hamburger Schulen von 1870 bis 1986, Hamburg 1992.
Deutscher Bildungsrat: Strukturplan für das Bildungswesen, Stuttgart 1970.
Dieckmann, Dorothea: Unter Müttern, Eine Schmähschrift, Reinbek 1993.
Dreikurs, Rudolf/Vicki Stoltz: Kinder fordern uns heraus, Stuttgart 1992.

Eisenberg, Götz/Reiner Gronemeyer: Jugend und Gewalt, Reinbek 1993.
Ekmann, Paul: Warum Kinder lügen, Hamburg 1990.
Eppendorfer, Hans: Kleine Monster, Innenansichten der Pubertät, Hamburg 1985.
Ernst, Andrea/Sabine Stampfel: Kinder-Report, Wie Kinder in Deutschland leben, Köln 1991.
Ernst, J./J. Angst: Birth Order, Its Influence on Personality, Berlin 1983.

Farin, Klaus/Eberhard Seidel-Pielen: Krieg in den Städten, Berlin 1991.
Faulstich-Wieland, Hannelore: Koedukation – Enttäuschte Hoffnungen? Darmstadt 1991.
Fend, Helmut: Theorie der Schule, München 1981[2].
Fend, Helmut: Sozialgeschichte des Aufwachsens, Weinheim 1989.
Flitner, Andreas: Mißratener Fortschritt, München 1977.
Flitner, Andreas: Reform der Erziehung, München 1992.

Gardner, Howard: Der ungeschulte Kopf, Wie Kinder denken, Stuttgart 1993.
Giesecke, Hermann: Das Ende der Erziehung, Neue Chance für Familie und Schule, Stuttgart 1985.
Glöer, Nele/Irmgard Schmiedeskamp-Böhler: Verlorene Kindheit, Jungen als Opfer sexueller Gewalt, München 1990[3].
Goldstein, Sonja/Albert J. Sonit: Wenn Eltern sich trennen, Was wird aus den Kindern? Stuttgart 1989.
Grell, Jochen: Techniken des Lehrerverhaltens, Weinheim 1989[12].
Gudjons, Herbert: Pädagogisches Grundwissen, Bad Heilbrunn 1993.

Hacke, Axel: Der kleine Erziehungsberater, Erfahrungen eines liberalen Elternpaares mit drei Kindern, München 1992.
Hansen, Wilhelm: Die Entwicklung des kindlichen Weltbildes, München 1960[5].
Heinemann, Evelyn/Udo Rauchfleisch/Tilo Grüttner: Gewalttätige Kinder, Frankfurt a.M. 1992.
Hesse, Silke/Klaus Hurrelmann: Gesundheitserziehung in der Schule, in: Prävention 2/1991, S. 50. ff.
Hurrelmann, Klaus: Sozialisation und Gesundheit, Weinheim 1989.

Hurrelmann, Klaus: Familienstreß, Schulstreß, Freizeitstreß, Gesundheitsförderung für Kinder und Jugendliche, Weinheim 1990.

Jungjohann, Eugen: Kinder klagen an, Angst, Leid und Gewalt, Frankfurt a.M. 1991.

Kammerer, Dorothea: Aggression und Gewalt bei Jungen, München 1993.
Knoll, Joachim H.: Gewalt und Spiele, Düsseldorf 1993.
Koch, Friedrich: Negative und positive Sexualerziehung, Heidelberg 1971.
Kohlberg, Lawrence: Zur kognitiven Entwicklung des Kindes, Frankfurt a.M. 1974.
Korczak, Janusz: Wie man ein Kind lieben soll, Göttingen 1971.

Lasch, Christopher: Geborgenheit, Die Bedrohung der Familie in der modernen Welt, München 1987.
Lukesch, Helmut: Video im Alltag der Jugend, Regensburg 1989.

MacCracken, Mary: Charlie, Eric und das ABC des Herzens, Außenseiter im Klassenzimmer, Frankfurt a.M. 1991.
Makarenko, Anton S.: Ausgewählte pädagogische Schriften, hrsg. von Horst E. Wittig, Paderborn 1961.
Markefka, Manfred: Vorurteile, Minderheiten, Diskriminierung, Neuwied 1990[6].
Montagu, Ashley: Körperkontakt, Stuttgart 1992.
Morris, Desmond: Babywatching, Was dir dein Baby sagen will, München 1991.

Neill, Alexander S.: Theorie und Praxis der antiautoritären Erziehung, Das Beispiel Summerhill, Reinbek 1970[14].
Nelson, Jane: Kinder brauchen Ordnung, München 1992.
Nohl, Herman: Die pädagogische Bewegung in Deutschland und ihre Theorie (1935), Frankfurt a.M. 1978[8].
Nolting, Hans-Peter: Lernfall Aggression, Reinbek 1993

Oser, Fritz: Moralisches Urteil in Gruppen, Soziales Handeln, Verteilungsgerechtigkeit, Frankfurt a.M. 1981.

Posselt, Ralf-Erik/Klaus Schumacher: Projekthandbuch Gewalt und Rassismus, Mülheim 1993.
Postman, Neil: Das Verschwinden der Kindheit, Frankfurt a. M. 1982[7].
Postman, Neil: Wir amüsieren uns zu Tode, Frankfurt a. M. 1985.
Preuschoff, Gisela und Axel: Gewalt an Schulen, Und was dagegen zu tun ist, Köln 1992.

Reinprecht, Hansheinz: Kinder erziehen ohne Ärger, Graz 1993.
Richter, Horst-Eberhard: Wer nicht leiden will, muß hassen, Zur Epidemie der Gewalt, Hamburg 1993.
Röhrs, Hermann: Die Reformpädagogik, Ursprung und Verlauf unter internationalem Aspekt, Weinheim 1991[3].
Rossberg, Ewa: Einzelkinder, Reinbek 1993.
Roth, Heinrich: Der Wandel des Begabungsbegriffs, Stuttgart 1961.
Rusch, Regina (Hrsg.).: Plötzlich ist alles ganz anders, Kinder schreiben über unser Land, Frankfurt a. M. 1992.
Rutschky, Katharina: Erregte Aufklärung, Kindesmißbrauch, Hamburg 1992.

Scarbath, Horst: Träume vom guten Lehrer, Donauwörth 1992.
Schmidtbauer, Wolfgang: Die Angst vor Nähe, Reinbek 1985[3].
Schnack, Dieter/Rainer Neutzling: Kleine Helden in Not, Jungen auf der Suche nach Männlichkeit, Reinbek 1990.
Schultz, Hans J. (Hrsg.): Trennung, Stuttgart 1984.
Solms, Wilhelm (Hrsg.): Begrenzt glücklich, Kindheit in der DDR, Marburg 1992.
Spranger, Eduard: Der geborene Erzieher, Heidelberg 1963[3].
Spranger, Eduard: Psychologie des Jugendalters, Heidelberg 1960[26].
Spreiter, Michael (Hrsg.): Waffenstillstand im Klassenzimmer, Weinheim 1993.
Starck, Willy: Die Sitzenbleiberkatastrophe, Stuttgart 1974.
Stoltenberg, Annemarie/Rainer Meier: Wie zersäge ich mein Kind? Hamburg 1993.
Struck, Peter: Die Hauptschule, Stuttgart 1979.
Struck, Peter: Sozialpädagogik der Schule und Soziales Lernen, Stuttgart 1980.
Struck, Peter: Projektunterricht, Stuttgart 1980.
Struck, Peter: Pädagogik des Schullebens, München 1980.
Struck, Peter: Pädagogik des Klassenlehrers, Hamburg 1981.
Struck, Peter: Erziehungsdefizite in Familie, Schule und Gesellschaft, Hannover 1992.
Struck, Peter: Pädagogische Bindungen, Frankfurt a. M. 1984.
Struck, Peter: Schul- und Erziehungsnot, Ein Ratgeber für Eltern, Lehrer und Bildungspolitiker, Neuwied 1993[2].
Struck, Peter: Familie und Erziehung, Pädagogik zum Anfassen, Neuwied 1993[2].

Tillmann, Klaus-J.: Sozialisationstheorien, Reinbek 1990².
Tomas, Stefan: Knieriesen, Hildesheim 1992.

Upmeyer, Arnold: Soziale Urteilsbildung, Stuttgart 1985.

Voss, Reinhard/Roswitha Wirtz: Keine Pillen für den Zappelphilipp, Alternativen im Umgang mit unruhigen Kindern, Reinbek 1991.

Wallerstein, Judith/Sandra Blakeslee: Gewinner und Verlierer, München 1989.
Wallrabenstein, Wulf: Offene Schule – Offener Unterricht, Reinbek 1991.
Wieck, Wilfried: Söhne wollen Väter, Wider die weibliche Umklammerung, Hamburg 1992.
Winn, Marie: Kinder ohne Kindheit, Reinbek 1992.

Ziem, Jochen: Boris, Kreuzberg, 12 Jahre, Berlin 1988.
Zöller, Dietmar: Wenn ich mit euch reden könnte... Ein autistischer Junge beschreibt sein Leben, München 1991.

Personenverzeichnis

Institutionen und Presse

Stichwortverzeichnis